区域高质量发展研究丛书

总主编　周民良

国家民委经济司"构建沿边开放新格局"项目
国家民委"'一带一路'与'十三五'兴边富民规划推进研究"项目
中国社会科学院登峰战略区域经济学重点学科建设项目
中国社会科学院创新工程项目
宁夏生态文明智库生态政策专项
中国社会科学院京津冀协同发展智库项目

RESEARCH ON THE OPENING DEVELOPMENT
STRATEGY OF BORDER AREAS IN THE NEW ERA

新时期沿边开放发展
方略研究

周民良◎主编

经济管理出版社
ECONOMY & MANAGEMENT PUBLISHING HOUSE

图书在版编目（CIP）数据

新时期沿边开放发展方略研究/ 周民良主编. —北京：经济管理出版社，2020.11
ISBN 978-7-5096-7612-7

Ⅰ.①新… Ⅱ.①周… Ⅲ.①沿边开放—经济发展战略—研究—中国 Ⅳ.①F125

中国版本图书馆 CIP 数据核字（2020）第 222858 号

组稿编辑：乔倩颖
责任编辑：乔倩颖
责任印制：黄章平
责任校对：陈　颖

出版发行：经济管理出版社
　　　　　（北京市海淀区北蜂窝 8 号中雅大厦 A 座 11 层　100038）
网　　　址：www. E-mp. com. cn
电　　　话：(010) 51915602
印　　　刷：唐山昊达印刷有限公司
经　　　销：新华书店
开　　　本：720mm×1000mm /16
印　　　张：19.25
字　　　数：345 千字
版　　　次：2021 年 5 月第 1 版　　2021 年 5 月第 1 次印刷
书　　　号：ISBN 978-7-5096-7612-7
定　　　价：78.00 元

序 一

积极贯彻新发展理念　推动区域高质量发展

中国社会科学院荣誉学部委员、工业经济研究所研究员　汪海波

在党的十九大报告中，习近平总书记做出如下重大判断，"我国经济已由高速增长阶段转向高质量发展阶段"，要在坚持质量第一、效益优先的基础上，"推动经济发展质量变革、动力变革、效率变革"，以提升我国综合国力与国际竞争力。习近平总书记的重大论断，既表明我国经济发展方式需要重大转变，也指明了今后经济发展的奋斗目标。经济科学研究要服务于国家大局，做好高质量发展问题的研究。区域高质量发展研究是国家高质量整体研究的重要内容，要抓好抓实。

确定高质量发展重大方略的初衷，乃是因为我国经济总量已经上升到全球第二位，以往过于依赖的出口导向型增长难以维持下去，依赖于投资拉动经济增长模式负面效应出现，需要更加注重转变经济发展方式，寻求增长动力转换；经济发展中的不平衡、不协调、不可持续性问题依然存在，推动绿色发展、让发展成果更好惠及民生的工作任重而道远；产业结构、城乡结构、地区结构还不适应现代化经济发展需要，需要调整与优化；政府管理体制、行政决策模式、工作执行机制等还有许多不适应现代化经济发展的地方，亟待通过深化改革加以解决。

以习近平为核心的党中央站在实现中华民族经济复兴的高度，提出创新、协调、绿色、开放、共享的新发展理念，为推动我国经济科学发展、高质量发展提供了重要遵循。推动新发展理念在全国各个行业、各个领域、各个地区贯彻实施，是一项功在当代、利在千秋的重大工作任务，需要政府、企业、个人采取共同行动，形成推动高质量发展的合力。尤其是，我国各地资源与要素禀赋存在较大差异，探索推动区域高质量发展任务繁重，需要集成各方面智慧与

力量。必须把贯彻落实中央重大决策与本地工作实际结合起来，把增强本地比较优势与发掘本地竞争优势结合起来，统筹解决好改革、发展、稳定之间的关系，有重点、有针对性地解决制约本地高质量发展的瓶颈问题、关键问题与障碍问题，以便在各地具体政策资源动员与政策实践中，更好地发挥优势、规避劣势，更有效率地建设高质量发展区域，支撑国家层面的高质量发展。

推动区域高质量发展，是国家高质量发展的重要组成部分。要推动区域高质量发展，必须处理好一系列重大关系，包括政府与市场的关系、传统动能发挥作用与新动能培育关系、公平与效率的关系、贯彻国家大政方针与因地制宜关系、环境建设与项目建设关系，等等。如何理顺政府与市场关系依然是重中之重。政府应该进一步深化体制机制改革，激发社会投资与消费活力；应该实施积极的创新激励政策与规范的知识产权政策，鼓励企业与科研人员创造新技术、新产品、新工艺、新设备，促进创新成果产业化转化；应该处理好稳增长、防风险、惠民生之间的关系，而不是为了追求增长短期行为损害各方利益或者长远发展目标；应该纠正市场的扭曲结果，而不是让市场扭曲进一步加剧；政府应该扶弱济困，长期不懈地落实好各类反贫困方略与政策。

推动经济高质量发展，需要学术界尤其是智库配合与支持，以便专业化地为区域高质量发展提供智力支持与服务。中国社会科学院作为国家权威高端智库，长期以来为党中央、国务院重大决策提供政策咨询、政策建议、文件起草、政策宣讲、政策解释等服务，同时各研究机构的专家也结合自身专长，为地方政府提供规划思路、形成解决方案、完善政策管理、促进科学决策贡献大量针对性、合理化谋略与咨询意见，赢得了各地政府的好评。著名经济学家、中国社会科学院院长谢伏瞻教授在中国社会科学院工业经济研究所成立四十周年大会上明确提出，经济学研究要坚持问题导向，为高质量发展提供智力支持，描绘了中国社会科学院科研工作主导方向，也为各机构学术团队的研究提出了明确要求。在我看来，作为中国社会科学院从事应用经济研究的学术团队，就应该积极落实中央对智库研究的要求与中国社会科学院的工作部署，深化对国家大政方针、国内外变化趋势、经济发展理论与技术创新前景的熟悉与了解，以高质量的学术研究服务于国家的高质量发展，通过不懈努力提供优秀学术成果，在学术报国中建功立业。

中国社会科学院工业经济研究所周民良教授的研究团队，近年来结合国家和地方课题，在服务于区域高质量发展方面做了一系列努力。这些研究工作把推动国家高质量发展的相关政策与各地的具体实际相结合，把理论研究与实地调研相结合，把文献研究与数据研究相结合，积极探索符合各地规律的高质量发展之路，向中央相关部门和一些地方政府提供了区域高质量发展的意见和建议。同时，周民良教授的研究团队也把研究范围从地区层面拓展到全国层面，从全国整体区域发展的角度，开展了有价值的国家层面的区域高质量发展研究。

在经济管理出版社和中国社会科学院工业经济研究所的大力支持下，由周民良教授主编的区域高质量发展丛书将陆续出版。从最终研究成果清单上可以看到，这些成果中，有些著作是与地方政府部门合作完成，有些著作是研究团队独立承担工作的结项成果，有些著作是少数几个学者的合作研究，也有些著作是学者个人的学术成果。这些成果都围绕区域高质量发展展开，有经验总结、有问题分析、有内外比较、有政策建议。而从研究范围看，这些学术成果具有一定覆盖面和代表性：有聚焦于沿海地区的研究，有关注民族地区的研究，有关于"一带一路"的研究，也有关于兴边富民的研究。这些研究，都与中国区域高质量发展具体实践和中央大政方针相一致，属于这个时代学者创造性劳动的结晶，体现中国社会科学院高端智库在区域高质量发展研究方面对国家和地方的贡献，具有一定的学术价值与政策应用价值。

作为一个长期从事工业经济理论与实践研究的学者，我希望，周民良教授的研究团队在高质量发展方面继续深化研究，做出更多于国家于社会有益的贡献。

序　二

以服务区域高质量发展为智库崇高使命

中国社会科学院工业经济研究所研究员、博士生导师　周民良

党的十八大后，党中央积极应对国内外经济社会发展变化的形势，从全国经济持续、健康、稳定发展的角度，提出了一系列重大战略对策与决策。尤其是，在党的十八届五中全会上，中央提出创新、协同、绿色、开放、共享的新发展理念，成为推动全国经济持续、平稳、健康发展的重要指针。党的十九大进一步提出我国已经从高速增长阶段转向高质量发展阶段的重大论断。作为国家级智库成员，应该本着围绕中心、服务大局的思维，为国家尽心尽力，努力研究好涉及区域高质量发展的各类重大问题，为推动中国区域高质量发展贡献力量。本丛书是中国社会科学院从事区域经济研究的智库成员所做的研究的一部分。

期待创新是在国家级智库区域研究的心愿与心得

笔者1991年博士毕业后，就一直在中国社会科学院工业经济研究所工作。在这个研究所的区域经济研究室，一直工作了近三十年。作为一个学习了多年地理学的人，转身从事区域经济研究，有许多新内容需要补充学习。但在国家级智库，名家众多，因而不敢有半点懈怠，每年争取更多更好地完成科研工作，也算在一个较小研究领域取得了一些不算虚度光阴的成绩。

虽然自己撰写的大小文章有近500篇，获得奖项有数十项，但是深感研究中能够拿得出手的成果还不多。屈指数来，自认有这几方面创新之处。

第一个有点意义的学术努力，是对中国区域差距扩大方向有些个人认识。以往人们习惯性地认为，中国的区域差距就是指东西差距。但是，在对国家经济重心进行计算后，笔者发现原来国家的经济重心是在南北方向移动而不是东

西方向移动。这意味着，中国区域差距的扩大方向是在南北向展开的。解释这一点其实不难。这就是，在传统体制下东北在国家经济中的重要性要大得多，但改革开放后东北在全国地位下降，而南方在全国经济中的地位上升。这种市场化推进基础、起步的差别，导致了经济发展绩效的不同，最终引起中国地区经济版图发生根本性改变。

第二个有点意义的学术努力，是对中国区域发展战略提了一些自己的认识。区域经济发展战略以往的主流观点是，实行区域非均衡协调发展战略。但这里面，就有涉及两个名词组合下诸多概念如何解释的问题。可以把均衡与协调正反意义组成四对词组：均衡协调、均衡非协调、非均衡非协调、非均衡协调，这诸多概念如何界定、如何划清，划清以后如何出现或者实现，不同类型怎样转换，涉及的头绪很多，难以厘清。而且，非均衡协调发展究竟以什么优势胜出其他类型，很难在理论和实践意义上进行刻画。笔者认为，科学调控的不平衡发展战略比非均衡协调发展概念要好些，较为清楚地解释了区域发展的战略方向，并分清政府与市场在其中的不同作用。市场经济始终表现出某种意义上的不平衡发展趋势，但政府可以通过科学调控方式引导市场和干预市场，促进市场机制与政府调控目标结合，是一种相对清晰与合理的战略模式。

第三个有点意义的学术努力，是对新型城镇化问题进行了一些研究。党中央提出新型城镇化概念以后，引起社会各界关注，新型城镇化概念是什么，新型城镇化与传统城镇化的区别是什么，新型城镇化如何实现，这些问题需要学术界加以解答。区分了新型城镇化与传统城镇化，对以开征房地产税实现新型城镇化表现了期待。在推进新型城镇化中，笔者一直坚持反对泡沫经济，泡沫经济与中国梦和新发展理念背道而驰，无论对各地的高质量发展还是国家层面的高质量发展都有害无益。

第四个是对区域发展的学术努力，认为没有必要去计算区域绿色GDP。笔者认为，绿色GDP理论还不够成熟完善，以绿色GDP考核政绩更是无稽之谈，为此撰写了《绿色GDP诚可贵，惩处机制价更高》《关于绿色GDP核算理论及与政策的研究》两篇文章。笔者认为，绿色GDP难以计算，主要在于自然环境是天然生成物，不是人类加工产品，不能进行市场化交换，因而计算绿色GDP的价值意义不大而且很难得出正确结论。马克思在《资本论》中就曾讲过，价值是在交换中产生的。GDP的基本含义就是人类提供的生产与服务价值之和。空气是自然形成的生存环境，我们无法估量它的GDP含义；大量绿色植被释放氧气、涵养水分，生态价值珍贵，但因不经过市场交换也难以估价。一些国际专家就曾说过，也许绿色 GDP 永远也算不出来，因为环境无价。党的十八大以后，以习近平为核心的党中央站在全国高质量发展角度，把"绿水青山就是金山银山"作为重要理念贯彻实施，强化了环境问责和淘汰落后产能力度，全国各地的环境质量出现了明显好转。没有绿色 GDP，完全可以开创广阔绿色空间。

除此之外，笔者还一直关注制造强国、技术创新甚至生产安全。笔者曾经提出"矿长下井"的建议，一度为国家采纳，用于煤矿安全管理。

从整体上，笔者所做的研究还是以区域经济为多。作为国家级智库成员，笔者多年来撰写了较多区域发展文章，从东北振兴、中部崛起、沿海率先到西部开发，都有个人作品。党的十八大以后，笔者在"一带一路""京津冀协同发展""雄安新区建设""粤港澳大湾区"建设等方面做了些有益研究。

党的十九大提出高质量发展重大战略后，区域高质量发展的研究空间已经打开。笔者认为，智库成员尽心竭力开展这一领域研究正当其时。

区域高质量发展需要关注时代重大命题

党的十八届五中全会提出的新发展理念，力图与传统发展模式相区别，党的十九大再次重申坚持新发展理念。中央领导把新发展理念作为指挥棒，按照指挥棒指引则能够实现高质量发展，但我们依然看到某些城市以人才招聘为名，搞泡沫经济为实，脱离了新发展理念轨道，这当然不是走向高质量发展；某些落后地区的地方领导盲目效仿其他地区大铺摊子建立大格局，则难以实现高质量发展。按照围棋原理，格是规则，新发展理念也是，落实好新发展理念才能奠定高质量发展之局。假若新发展理念不能贯彻实施，那么高质量发展的格局就是空中楼阁。

笔者认为，从推动区域高质量发展的角度看，以下若干方面值得关注：

——研究区域高质量发展面临的环境与背景。要着眼于区域高速度发展转向高质量发展的全球环境、市场变化、政策变化、供求形势，研究内外环境变化、背景与高质量发展之间的关系，注重研究在变化背景下高质量发展面临的机遇与挑战。要在分析中把握哪些环境因素对区域高质量发展构成硬约束，区域高质量发展可以改变哪些内外环境，从而形成可变背景下区域高质量发展的合理路线。

——研究区域高质量发展的要素组合与结构。任何一个区域的高质量发展，都涉及要素投入、要素组合与合理运行，劳动力、技术、资本、土地、资源等投入,好的产品、专利、标准等产出。区域高质量发展是在同一起始条件下,形成不同的产出效率,更好地配置与优化要素组合与结构,最终产生更好的经济效率。

——研究区域高质量发展的演变规律。就是要研究区域高质量发展的基本阶段、判断依据与主要特征,不同类型区域高质量发展的变化方向、最佳路径,支撑区域高质量发展的主要因素和体制机制规律。在后发国家或者后发地区,有时会存在这样的案例:从低水平低质量发展阶段,通过努力演变到低水平高质量阶段,然后进一步优化结构,达到高水平高质量阶段,演变规律有经典意义。

——研究区域高质量发展的基本理论。就是从当代经济学研究出发,研究区域高质量发展的供需关系、数量、质量、效益关系、区域高质量发展的运行模式,形成有关区域空间优化配置、促进高效发展的理论观点和学说,甚至还可以建构不同区域高质量发展流派。除此之外,可从定量研究角度构造区域高质量发展的模型,研究其适用条件与限制因素,对区域高质量发展进展与目标进行测度,对不同地区高质量发展的进展进行比较。

——发掘区域高质量发展的国际经验。作为一个后起的发展中大国,中国走的是发达国家已经走过的道路。许多发达国家都经过高速发展阶段向高质量发展阶段的转变过程,也留下了许多有益的经验。在现实生活中,美国的硅谷常常被用于说明是高科技企业集聚、产学研结合较好的典范,而美国的大都市连绵带也作为城市群的建设方向,引起世界各国研究者的注意。

——提炼国内区域高质量发展的成功模式、经验与成因。在全国不少地区,区域高质量发展工作推进成效明显,国务院为此每年都有对典型地区的表彰活动。总结成功的经验和模式,发现其特殊做法与示范含义,寻求其成因和规律性,可以通过行政命令方式推广。当然,寻求区域高质量发展模式中,既要发现好人好事,也要注意发掘严重违反新发展理念的"坏人坏事"。如果个别地区个别政府官员违反新发展理念,追求短期行为,损害了长远发展方向,为扬善抑恶,也有必要对一些地区的发展教训加以总结,提醒上级政府加强干预,避免更多地区逆向选择、损害高质量发展的宏观大局。

——探索中国区域高质量发展的方向与重点。应该从全国整体区域高质量发展角度出发,考虑哪些地区是潜在高增长区域,需要解决哪些问题;哪些地区是矛盾与问题的高发地区,需要治理这些地方的"区域病""城市病";哪些区域存在关联症,要把不同类型或者跨地区问题一体化解决。在这其中,可以开展分区域高质量发展研究。比如，高质量东北振兴、高质量中部崛起、高质量沿海发展、高质量西部开发、高质量兴边富民、高质量扶贫开发，等等，以不同类型、不同区域的高质量发展支撑全国高质量发展。就沿海地区来看，按照中央确定的既定政策，粤港澳大湾区、京津冀、长三角都是国家关注的政策重点，推进这三个地区的高质量发展也应该是国家政策的重中之重。

——探索个别地区的高质量发展。从新发展理念角度出发，研究任何一个区域的高质量发展，都需要研究高质量创新发展、高质量绿色发展、高质量开放发展、高质量共享发展，等等，但是各地区环境背景不一样，需要解决的问题不一样，因而，在具体方向与举措上应该各有差异。当然，研究区域高质量发展，可能需要细化研究专题。比如，有些地区就需要重视区域高质量发展中的产业转型与产业支撑；有些地区需要突出高质量扶贫开发、高质量医疗体系建设、高质量基础设施建设、高质量自贸区建设、高质量新型城镇化、高质量工业强市、高质量乡村振兴、高质量公共服务均等化、高质量招商引资、高质量养老保障、高质量教育发展，等等。

——探索区域高质量发展的实现形式。区域高质量发展涉及区域资源有效配置。要通过改革体制机制、改善营商环境、规范政府管理、加强人才培养、推进一体化市场形成等方式，焕发经济活力，构筑对区域高质量发展的有效支撑。

——探索区域高质量发展的政策举措。我国的政策管理，既有自上而下的政策手段与工具，也有各级政府的行政授权和行政裁量权派生的政策工具，地区高质量发展必须实现这两类工具的有机结合，以高质量的政策组合推动实现高质量的区域发展。

在研究的知与行中学习传承家国情怀

中国区域面积辽阔，各地差距较大，自然面貌、山水风景、经济基础、社会文化都有不同表现，不可能由一种模式包打天下。推动区域高质量发展，需要深入调查研究，因地制宜地提出方案、思路、建议，为中央和地方政府的决策服务。所谓因地制宜的路径，就是在中央大政方针的基础上，了解各地的基本资源环境、优势劣势、要素组合、发展潜力等状况，探究下一步对策，提出切合实际的发展思路。正因为如此，要求一个区域高质量发展的最优答案，就要重视深入调查研究，把寻找不同点与寻找相同点结合起来，寻求地区发展的特色解，千万不能把一地的研究结论机械照搬、盲目复制到另一地。所谓"橘生淮南则为橘，生于淮北则为枳"，就是要从读万卷书、行万里路中观察差异、了解变化、撰一二文、尽三两言。

由此笔者联想到陆游、张载、韩愈三人的三首诗，陆游是江浙人、韩愈是中原人，张载是笔者同乡。

宋代陆游在《归次汉中境上》一诗中云："云栈屏山阅月游，马蹄初喜蹋梁州。地连秦雍川原壮，水下荆杨日夜流。遗虏屡屡宁远略，孤臣耿耿独私忧。良时恐作他年恨，大散关头又一秋。"笔者觉得，本诗算是陆游代表作之一，有区域天下之意。诗中提到汉中、云栈屏山、梁州、秦雍、荆杨、散关都是地名，纵横南北东西，表现了诗人"心在天山、身老沧州"的家国情怀。研究区域高质量发展，确实需要了解祖国的山川人文，获得各地不同发展状态的充分信息，在胸怀国家、心忧天下中，为地区高质量发展尽心尽力。

张载有诗："芭蕉心尽展新枝，新卷新心暗已随，愿学新心养新德，旋随新叶起新知。"研究区域高质量发展，需要与时俱进，推出与时代同呼吸、与人民共命运的创新作品，要时刻保持高度的理论自觉与实践自觉，在研究区域高质量发展中，查看新枝、保持新心、伴随新叶，求得新知、积养新德、书写新卷。

撰写本序言之时，正值人间三月春光明媚之时，京城"两会"召开、各界共议国事之际，遂想起韩昌黎一首人所共知的诗词，颇能代表春风杨柳下的个人心境："天街小雨润如酥，草色遥看近却无。最是一年春好处，绝胜烟柳满皇都。"一年一度春暖花开之时，雨后的柳绿草新，最能展现与现代都市对照相谐的自然胜景。京城有许多国家级智库，人文荟萃，名家众多，我们区域经济研究团队是其中一支小分队，愿意学习各家智库的好经验、好观点、好设想、好建议，与各智库携手合作，深化对区域高质量发展的研究。

如果说陆游、张载、韩昌黎是古代名家的话，就有必要展示现代名家的区域观。毛泽东终生清廉、忧国忧民，十分熟悉各地的山川大势、风土人文，在许多文章与诗词中都表达了他深厚的国家观和区域观，这里摘取其中一篇《菩萨蛮·黄鹤楼》的著名诗词："茫茫九派流中国，沉沉一线穿南北。烟雨莽苍苍，龟蛇锁大江。黄鹤知何去？剩有游人处。把酒酹滔滔，心潮逐浪高！"1927年，大革命面临低潮时期，毛泽东驻足黄鹤楼，面对自西向东的长江和贯穿南北的京汉铁路，感慨万千，抒发了一个年轻人在时局不确定下的壮志豪情，也见证了毛泽东眼中扩展的区域空间。

研究区域高质量发展，就是要在前有古人后有来者中，抱有厚德载物、爱国利民情怀。在国内外形势复杂多变的背景下，向中国历史上先贤的闪光思想与智慧学习，向中国建设和改革中的伟大人物学习。"苟利国家生死以，岂因祸福趋避之"，国家至上，人民为大。本丛书顾问汪海波先生年近九秩，依然心系国家、关怀苍生，笔耕不辍、迭有新作，是我们研究团队的学习榜样，感谢汪先生对丛书的殷切关怀。我们将持续从自身做起，学习好各类政策文件中的重大区域战略决策，把文件所学与实地所见结合起来、把理论研究与调查研究结合起来、把定量分析与定性分析结合起来，尽可能从研究角度为区域高质量发展多做贴心事、暖心事、实心事，为国家富强、民族复兴、人民幸福尽微薄之力。

目　录

调研篇

方略篇

主报告：新时期构筑沿边开放新格局的战略选择

2019 年 8 月，中华人民共和国成立 70 周年前夕，笔者接受了国家民委经济司委托的"构筑沿边开放新格局"研究课题，深感责任重大。在"十四五"前期深化对这一区域经济研究项目，体现了国家民委对中国社会科学院区域经济研究的充分信任。在此之前，中国社会科学院工业经济研究所相关研究人员一直参与兴边富民研究，参加过有关部门组织对内蒙古、新疆、云南、广西等沿边地区的调查和国家兴边富民规划研究，了解到沿边开放的一些变化规律，也撰写了一系列研究性和评论性文章。接受课题任务后，笔者所在课题组查阅了中华人民共和国成立后沿边地区实施的开放政策，改革开放以后各地推进沿边开放的实践，党的十八大以后中央和地方制定的各类沿边开放规划和政策，以及沿边省区"十三五"规划和各省区制定的沿边开放规划。而后，先后到商务部外资司、国家民委经济司等有关部门进行调研、走访和查阅相关文件，并且到云南省沿边州西双版纳进行了实地调研走访，深入商务部门、外事部门、跨境经济合作区，获得大量沿边贸易与开放信息，也了解到地方政府对"十四五"的一些设想。

在深入研究与考察的基础上，笔者对 1949 年中华人民共和国成立以来沿边开放政策进行了系统梳理，并在此基础上提出了下一步沿边开放的整体框架。笔者认为，积极推动沿边开放，构筑沿边开放新格局，对于实施"十四五"时期的兴边富民行动具有重要意义。

一、中华人民共和国成立前 30 年沿边开放的功绩不应忽略

在谈到中国对外开放时，以往存在着一种流行的错误认识，就是把中华人

民共和国成立前30年描述成对外封闭、闭关自守甚至是一潭死水状态。近年来，已经有经济学家注意到这一认识性缺陷，开始撰文纠正。江小涓在《新中国对外开放70年》的文章中①，列举了中华人民共和国成立前30年在对外开放、对外合作、利用外资等方面的做法与成绩，除了列举20世纪50年代156项重点项目外，还列举了20世纪60年代以后中国向日本、欧洲和美国购买了大量技术装备的信息，对中华人民共和国成立前30年的对外开放构成有力支撑，澄清了学术界的错误认识。

作为对江小涓文章的补充，本书要提到的是，许多经济学家没有认识到，中华人民共和国成立前30年中国还在沿边开放有过积极的政策探索实践，而且取得了明显成效。

"二战"以后，随着德日意等法西斯侵略国的战败，许多社会主义国家相继独立，其中有不少国家如苏联、越南、朝鲜等就位于中国周边。在战后东西方阵营清晰划分，社会主义国家相互支持、相互帮助的政治背景下，中国与周边社会主义阵营的国家开展了经贸合作，也因而发展起互利共赢、取长补短的边境贸易。

1952年，中越两国就开始有小范围的边境贸易。为推动边境贸易惠及两国沿边地区，1954年，中越两国签订了《边境贸易协定书》。1954年，随着凭祥铁路口岸建成，中越之间的贸易关系不断加深，边境贸易也获得较大发展。在20世纪50年代后期，中越两国还先后签订了《边贸货币兑换协定书》和《两国边境地方国营贸易公司进行货物交换议定书》，推动两国企业发展货物贸易。中越两国还在边境地区设立边贸办事处，方便处理两国边民与企业的贸易问题。

进入20世纪60年代，随着越南南北之间的战争升级，中国与越南开展贸易的重要性升高，中越边境贸易的重要性发展到沿边省份层级。1960年，中越两国签署《边境省份贸易协定》，推动沿边省区之间的贸易合作。根据相关规定，边民互市贸易产品免征关税，双方参与互市贸易的边民不仅可以物物交换，还可以获得一定限额的兑换外币。此后，中越之间的边民互市贸易范围逐步扩大，贸易额也不断上升。1960年，越南北部三省还与中国的云南省先后开放了11对边境边民互市口岸。1963年，在此基础上，又进一步确定了6对边境小额贸易口岸。在边境贸易开展的同时，中越之间十分重视边境腹地的经济合作。1960~1970年，中国的广西、云南与越南的高平、谅山等省份的对口部门签署

---

① 江小涓. 新中国对外开放七十年［J］. 管理世界，2019（12）.

了《换货协定书》，推动较大范围沿边省份贸易，促进贸易不断深化。

与此同时，在中国其他沿边地区，也与周边国家的毗邻地区发展了一定的边境贸易关系。比如，1950年，中国与苏联签署《中苏友好同盟互助条约》和《中苏贸易协定》，推动了新疆、黑龙江等边境口岸双边贸易往来。1953年，中国与朝鲜签署《中朝经济及文化合作协定》，奠定了丹东在中朝贸易前沿地位。20世纪50年代，在周边形势较好时，中国在西南地区与印度、老挝、缅甸、尼泊尔等国家建立起友好的国家关系，推动双边贸易往来，并通过加强口岸、道路等基础设施建设，便利双方边境货物进出。

对外开放还包括我国雪域高原西藏的沿边开放。1961年12月15日，在国务院召开的第114次会议上，通过了《国务院在西藏地区设立海关的决定》，明确了在亚东、吉隆、噶尔昆沙、聂拉木四地设立海关，推动西藏的对外开放。1962年，吉隆口岸正式对外开放。但直到1978年，吉隆口岸才被正式批准为国家一类口岸。

从整体上看，中华人民共和国成立前30年沿边开放，是基于政治和发展双重需求的低水平开放。历史地看，这种开放带有前强后弱特点，是有条件、不连续的开放，且因时因地受到外部环境限制与约束。

第一，沿边开放受到国家间政治关系的影响。中华人民共和国成立后，中国周边的社会主义国家相对较多，越南、老挝、朝鲜、俄罗斯、蒙古等国家都实行社会主义制度，所以在20世纪50年代，中国与周边国家都在一定程度上发展了相互贸易包括边境贸易。但贸易关系受国家政党关系的影响。中苏关系在20世纪50年代相对较好，进入60年代以后明显恶化，直接影响到沿边开放合作，1967年新疆边境口岸贸易停止。中越在20世纪50～60年代关系保持良好，但1975年越南南北统一后，中越之间关系未能变好反而恶化，最终影响到中越之间的边境相互开放。

第二，贸易平台的规范化管理和运作在跨境合作中发挥了重要作用。在中国与周边国家的边境贸易合作中，前30年十分重视发挥口岸的作用。新疆主要开通的边境口岸有霍尔果斯、吐尔尕特、巴克图、吉木乃4个陆路口岸和三道河子、布尔津河2个水运口岸。1955年，中越之间为大规模开展边境贸易，在越南与我国的广西、云南连接区域，开设了24个边境小额贸易点，其中，东段15对，西段9对①（见表1-1）。这些小额贸易点相当于今天的边民互市点。由

———————
① 周中坚.边境贸易：中越关系史上的常青树［J］.郑州大学学报，1995（2）.

于苏联地大物博人口较少，与苏联接壤的新疆地区也是地大物博，人口相对稀少，两国边境居民居住地之间的距离相对遥远，开设边境小额贸易点的运距较长，成本较大，故适合于企业之间的相互贸易。口岸贸易采用长途运输的模式有利于节约成本，提高效率。而广西、云南和毗邻的越南北部人口相对密集，但是经济发展水平都相对较低，边境居民点的距离相对较近，采用小额贸易点的模式更有效率。

表1-1 1955年按中越协定确定的中越小额贸易点

东段（15对）	西段（9对）
东兴—芒街	田蓬—上蓬
滩散—宝亥	董干—傅榜
峒中—横模	八布—那错街
爱店—峙马	田宝—清水
睦南关—同登	都龙—清门
平而关—平而	小巴子—西马关
布局—那烂、薄马	桥头—猛康
水口—伏和	河口—老街
科甲—河源	金水河—马鹿洞
硕龙—班克拉	
岳圩—班梅	
邦廪—喃戎	
龙邦—茶岭	
平孟隘—朔江	
百南—喃括	

资料来源：周中坚.边境贸易：中越关系史上的常青树 [J]. 郑州大学学报，1995（2）.

第三，沿边开放尤其是边境贸易规模有限，但对边境省区的积极作用巨大。沿边开放尤其是边境贸易发展，与国家之间是否建立起互相合作、形成相互开放的意愿有关，也与国家的经济实力有关。20世纪50~60年代，中国自身经济发展水平相对落后，沿边各省区经济实力更弱，边境贸易规模和水平就相对有限。直到1962年，新疆对苏联的进出口贸易额只达到7312.2万美元[①]。由于在

———————————

① 李建新，郝振宇，于向东，陈方.新疆边境贸易的现状与瞻望 [J]. 新疆社会科学，1989（2）.

相当长一段时期，边境贸易的参与主体是激励与约束都较弱的国有公司，边境贸易的效率不高。但是，边境贸易互通有无的作用十分重要，通过边境贸易，交换到事关国计民生的重要物资，对沿边省区作用还是十分重要的。因而，边境贸易在国家之间的积极作用是不可替代的。

第四，沿边开放合作方式相对简单，主要是贸易往来甚至是简单的物物交换。传统的社会主义国家实行计划经济体制，体制机制不够灵活，相互往来模式固定且简单，影响到贸易往来的多样性与规模性。根据相关资料记载，在新疆与苏联的贸易模式中，一度存在记账贸易、易货贸易等传统模式。在中越之间的跨境合作中，主要不是凭借口岸贸易，而是更多依托于边民互市点开展贸易。

第五，形成了差异化分工的边境合作模式。因苏联工业化水平高于我国，我国与苏联的边境贸易合作主要体现为我国出口原料，而苏联出口工业品给我国的贸易结构。新疆通过边境贸易出口到俄罗斯的产品主要有皮毛、皮张、肠衣、活畜、干果、棉花、矿产品等，从俄罗斯进口的产品主要有机械产品、农机具、汽车、钢材、建材、化肥、农药、种畜、种子等[1]。

与新疆边境贸易形成对照的是，中越之间的贸易结构则因中国的工业化水平相对较高而越南的工业化水平相对较低，则出现与新疆沿边贸易不同的结构，由中国云南、广西向越南输出工业品，而从越南向中国输入农产品和原料。20世纪50~60年代，越南从中国边境贸易进口的产品主要是以日用工业品为主的轻工业产品。这其中包括：纺织品类的棉纱、棉布、服装、西药、中药、纸张、笔、墨水、肥皂、火柴、牙膏、电池、手电筒、胶鞋、雨鞋等。与此同时，越南向中国沿边地区出口产品主要为八角、薯莨、木耳、砂仁、砧板等农副产品[2]。

第六，边境贸易在沿边发展遭遇严重困难时，发挥了互通有无的重大补益作用。边境贸易虽然规模不大，结构层次不高，但是在边境省区的作用不可或缺，甚至能够解决重大发展问题。1959年，越南与广西接壤的边境地区遭遇虫灾，越方把紧急需求信息反映到广西，广西方面积极行动，向越南提供了农药、农业机械和兽医机械，积极支持了越南方面的防灾抗灾。

中华人民共和国成立前30年的对外开放，增加了沿边地区政府、企业和居民与周边国家边境贸易往来的基础知识，使它们在交换中获得利益，也积累了

---

① 黄平晃. 新疆边境贸易现状、问题及对策研究 [J]. 新疆财经，1998（1）.
② 周中坚. 边境贸易：中越关系史中的常青树 [J]. 郑州大学学报，1995（2）.

进一步从事商品交换的经验。虽然跨国经济合作模式相对单一，以边境贸易为主，且因国家政治关系原因在大部分沿边地区戛然而止。但是，推动跨国商品与贸易往来，通过商品交换获得双边利益增加的市场经济观念已经深入人心，为中华人民共和国成立后 40 年的沿边对外大开放奠定了基础。

二、中华人民共和国成立后 40 年沿边开放的政策脉络

1978 年党的十一届三中全会，成为推动改革开放的重要标志。在中央整体改革推动下，市场作用得到重视，贸易在国家之间的重要性开始提升。在邓小平、习仲勋、谷牧等老一辈领导人推动下，中国先后设置了深圳、珠海、厦门、汕头 4 个经济特区，同时开放了 14 个沿海城市，掀起了对外开放的第一波高潮。在起初的对外开放中，中央赋予沿海先行先试的权利，沿边并不在党中央、国务院的政策考虑中。直到"七五"计划时期，沿边开放才被提到重大议事日程。自此以后，沿边开放政策不断优化深化，中央赋予的开放内容也不断增加。

从发展趋势上看，沿边开放政策实现了由无到有、由少到多、由简单到复杂的重大转变。从各个五年规划来看（见表 1-2），"六五"时期，中央政策规划中还缺乏沿边开放的内容，但是经过 40 年的变化，到"十三五"时期时，沿边开放内容已经十分丰富，开放的范围涉及沿边各省区，开放的类型多种多样，开放政策日益精细化。

表 1-2　改革开放以后国民经济与社会发展五年规划中关于沿边开放的描述

各五年规划或计划	涉及沿边开放的主要内容
"六五"计划	没有针对沿边地区的专门内容，但有适用于沿边地区和民族地区的政策："要坚持统一计划、统一政策、联合对外的原则，发挥地方、部门和企业开展对外贸易的积极性"，"发展民族特需用品生产，改善民族贸易"
"七五"计划	针对陆地边境地区，"努力发展农林牧副业和地方工业，在有条件的地方积极开展边境小额贸易"
"八五"计划	"加强陆地边境口岸建设，积极发展对外贸易和边境贸易"
"九五"计划	西北地区要"发挥联结东亚和中亚的区位优势"；"沿交通干线、沿江、沿边地区和内陆中心城市要发挥自身优势，加快开放步伐"
"十五"计划	"促进西部边疆地区与周边国家和地区开展经济技术和贸易合作，逐步形成优势互补、互惠互利的国际区域合作新格局"

各五年规划或计划	涉及沿边开放的主要内容
"十一五"规划	"加大财政转移支付力度和财政性投资力度，支持革命老区、民族地区和边疆地区加快发展"；"优先解决特困少数民族贫困问题、扶持人口较少民族的经济社会发展，推进兴边富民行动"
"十二五"规划	深入推进兴边富民行动，陆地边境地区享有西部开发政策，支持边境贸易与民族特需品发展；对老少边穷地区中央安排的公益性建设项目，取消县级并逐步减少市级配套资金
"十三五"规划	专门一节谈"推进边疆地区开发开放"，推进边境城市和重点开发开放试验区等建设；加强基础设施互联互通，加快建设对外骨干通道；推进新疆建成向西开放的重要窗口、西藏建成面向南亚开放的重要通道、云南建成面向南亚东南亚的辐射中心、广西建成面向东盟的国际大通道；支持黑龙江、吉林、辽宁、内蒙古建成向北开放的重要窗口和东北亚区域合作的中心枢纽；加快建设面向东北亚的长吉图开发开放先导区；大力推进兴边富民行动，加大边民扶持力度 在"特殊类型地区发展重大工程"中明确列举出："实施沿边地区交通基础设施提升工程、实施产业兴边工程，建设跨境旅游合作区和边境旅游试验区；实施民生安边工程，实施动态边民补助机制"

资料来源：根据全国人大网相关资料整理。

1984年12月，经国务院批准，外贸部出台《边境小额贸易暂行管理办法》。这一政策开宗明义，确立了边境小额贸易开展的四个目的：活跃边境地区经济、满足边民生产与生活需要、增加两国边民交往、发展睦邻友好关系。当时界定的边境贸易范围，实际上包括了边境小额贸易和边民互市贸易。"本办法所称边境小额贸易，是指我国边境城镇中，经省、自治区人民政府指定的部门、企业同对方境城镇之间的小额贸易，以及两国边民之间的互市贸易。"

应该着重指出的是，在20世纪80年代推动沿边开放中，一些在统战和民族事务管理领域的领导人经过深入思考，就推动民族地区和沿边地区的对外开放发表了许多重要意见，毫不犹豫地支持西部地区包括西部沿边地区的对外开放。

1985年3月，习仲勋在为《中国的大西北》丛书撰写前言时指出："大西北各省（区）一定要积极贯彻落实党中央关于'对内搞活经济，对外实行开放'的方针，面向全国，面向世界，面向未来，大胆地吸收和使用各方面的人才，引进和利用先进技术和资金，把一切积极的力量调动起来，共同把大西北建设得更加美丽富饶。"

1985 年 4 月全国"两会"后，乌兰夫在招待少数民族"两会"代表的发言中也提出："民族地区如何把经济搞好，如何对外开放，这要从当地的具体条件出发。自治法规定了自治地方可以合理调整生产关系，改革经济管理体制，放宽政策，一般地说，民族地区应该更宽些。自治法还规定，民族地区可以开展对外经济贸易活动，经国务院批准可以开辟对外贸易口岸。民族地区除参加国家一般对外经济贸易和经济联合以外，开展边境贸易也是一项重要的措施。"应该说，乌兰夫同志关于开展沿边口岸开放和边境贸易的观点是富有远见的，意味深长的。

1986 年 5~9 月，中国改革开放总设计师邓小平数次针对改革开放与和平发展问题发表重要谈话，尤其是在对外开放方面提出了较多重要论述，明确指出："我们的对外开放政策不仅要管这个世纪，下个世纪的发展也还得靠它。对外开放是一项长期不变的政策。"

1987 年 1 月，中央统战部、国家民委在《关于民族工作几个重要问题的报告》中，最早提出通过扩大对外开放兴边富民的概念："我国绝大多数陆地边境和部分沿海，是少数民族地区。有二十多个少数民族与国外同一民族相邻而居，大多信仰同一宗教，历史上就有经济文化联系。还有几十万少数民族人口侨居国外。我们应当利用这些有利条件和当前有利的国际环境，根据我国的国别政策，积极开展对外经济技术交流与合作，发展边境贸易，开展边民互市和民间友好往来，促进边疆少数民族地区的建设，兴边富民，巩固边防。"在同一报告中，中央统战部、国家民委认真刻画了以扩大对外开放推动沿边发展和兴边富民的政策思路，"在这些地区选择一些条件好的地方，借鉴国际上设立内陆开发区和边境自由贸易区的做法，采用我国沿海对外开放地区的一些政策措施，作为进一步开放的试点，探索加快发展的经验。然后，再进一步研究振兴南、北丝绸之路，扩大对外交流的新途径和政策措施"。

1991 年 4 月 19 日，国务院办公厅发布《转发经贸部等部门关于积极发展边境贸易和经济合作促进边疆繁荣稳定意见的通知》，该文件转发各省市自治区政府，具有政策效应。该"意见"是由经贸部、国家民委、财政部、国家税务总局、海关总署、国务院机电设备进口审查办公室在广泛调研的基础上撰写的政策建议。其所以强调调研的基础性，是因为整个文件中个别段落涉及对缅私人企业易货贸易交割的政策管理、新疆对巴基斯坦、西藏对尼泊尔、广西云南对越南边境贸易的管理方向。不过，在这一以"意见"形式出台的政策框架中，明确了七个方面的具体实质性内容：边境贸易的形式及政策管理办法；国家对边境贸易实行税收优惠政策；边境贸易应按照自找货源、自营易货、自行平衡、自负盈亏的原则进行；鼓励边境地区与毗邻国家的边境地区开展技术经济合作；适当简化边境贸易与劳务人员的出国手续；加强对边境贸易和经济合作的统一指导和协调管理；抓紧制订和完善边境贸易货物、人员出入境的各项管理办法，严格依法管理。

1992 年，在邓小平南方谈话的激励下，党中央、国务院不失时机地在全国范围大规模地推动改革开放。尤其是，在增量扩大开放中，中央加大了沿边开放力度。1992 年 3 月，国务院批准设立 13 个沿边开放城市：黑河、绥芬河、珲春、满洲里、二连浩特、伊宁、博乐、塔城、畹町、瑞丽、河口、凭祥、东兴。之后，又加上辽宁省的丹东，总共建设了 14 个沿边开放城市。与此政策相配套，国务院批准设立了 14 个边境经济合作区，并给予一系列优惠政策。在沿边城市扩大开放中建设边境经济合作区，就是要借鉴沿海地区先行改革中发展经济技术开发区和高新技术产业开发区的经验，把沿边开放与产业化平台建设结合起来，通过政策集聚、产业集聚、要素集聚，把政策优势转化为产业发展优势，促进沿边地区可持续性发展。

1993 年 9 月，国务院出台了《关于整顿边地贸易经营秩序制止假冒伪劣商品出境的通知》。这一政策颁布背景是，在新一轮沿边开放中，国内各地生产的假冒伪劣产品借边境贸易、地方易货贸易的方式流入俄罗斯等独联体国家，使这些国家的消费者上当受骗，造成极坏的国际影响。《关于整顿边地贸易经营秩序制止假冒伪劣商品出境的通知》开宗明义地提出，制止假冒伪劣商品出境，已经成为"关系国家和民族声誉的一个政治问题"，并为此提出了十二项措施，要求公安、检察机关、工商行政管理部门、技术监督管理机构、商检机构、海关等部门，加大对假冒伪劣商品的打击力度，在沿边开放中维护中国商品与服务的声誉，促进跨国贸易关系正常化。

1996 年，国务院出台《关于边境贸易有关问题的通知》，根据前期边境贸易发展和政策管理状况，提出对边境贸易政策调整、规范和完善的具体要求。这一通知提出五点规定：关于边境贸易管理方式；关于边境贸易进口关税和进口环节税问题；关于边境小额贸易的进出口管理问题；关于与边境地区毗邻国家经济技术合作项下进出口商品的管理问题；关于加强边境贸易管理问题。这一政策文件，规范了边境贸易管理的基本概念与范围，是在 1991 年经贸部等部委关于发展边境贸易和经济合作文件基础上的延伸和拓展，有利于深化对边境贸易的认识，加强边境贸易管理。

进入 21 世纪以后，随着中国加入世界贸易组织，对外开放的重要内容就是与全球经济加快融合。与此同时，国家先后提出西部大开发、东北振兴等重要战略。在西部大开发战略提出的过程中，国家民委不失时机地提出开展兴边富民行动。这样，把西部开发与沿边地区的发展联系在一起，突出了沿边民族地区发展的重要性，引起党中央、国务院的高度重视。不过，也必须指出的是，西部大开发战略的提出，掀开了全国区域协调发展新的一页，显示了党中央明确面对两个大局的信心与决心。西部大开发战略针对西部的薄弱环节，明确强调了基础设施建设、生态环境保护、科技教育发展、经济结构调整等多方面的工作任务。

不过，在西部大开发战略实施尤其是兴边富民行动推进中，沿边地区的开放地位不断升高。国家民委于 1999 年倡导兴边富民行动，明确了要通过具体的政策实践，"富民、兴边、强国、睦邻"。2000 年以后，兴边富民行动成为国家推进边疆发展的重要政策举措。在国家民委提出的兴边富民行动思路中，把"贸易兴边"作为推进兴边富民行动的重要着眼点。"国家除应加强边境口岸的建设投资，改善口岸的设施条件，完善口岸的管理措施外，还应制定更加优惠的政策措施，鼓励边境地区发展对外贸易，鼓励边境地区直接利用外资，鼓励边境地区有条件的企业开展跨国经营，鼓励国内外企业到边境地区直接或者间接投资"。① 在国家民委等部门的推动下，沿边开放的重要性为决策层深刻认识，针对沿边开放的政策内容也不断增加。

在由国务院颁布的《兴边富民行动十一五规划》中，在推动兴边富民行动的主要任务和政策措施中，都强调了对外开放工作。在"大力发展边境贸易，促进区域经济合作"的任务中，中央明确了要"发展边民互市贸易"，"重点建设一批边民互市贸易点"；加强区域经济合作，"发展口岸经济"，"积极开拓国际市场，带动商品出口、技术和劳务输出"。在具体政策实施上，明确了一系列具体的政策努力方向，其中包括"完善和加强重点边境口岸基础设施建设"；"加大投入，建设好互市贸易区和边境经济合作区。根据有关法规，在具备条件的边境地方，推动建设出口加工区、保税区和边境贸易区，促进边境地区积极参与区域和次区域经济合作"。

2008 年，《国务院关于促进边境贸易发展问题的批复》提出六点政策措施：加大对边境贸易的政策支持力度；提高边境地区边民互市进口免税额度；扩大

---

① 于滨. 振兴边境造福边民 [J]. 瞭望新闻周刊, 2000 (28).

以人民币结算办理出口退税的试点；促进边境特殊经济区健康发展；清理涉及边境贸易企业的收费；支持边境口岸建设。在具体政策安排中，取消了对边境小额贸易双减半政策支持，改之以财政专项转移支付支持；把边民互市贸易进口免税额度提高到8000元。

党的十八大以后，以习近平同志为核心的党中央更加重视推动沿边地区的开放开发，出台了一系列积极政策，引导和指导沿边各地的对外开放实践。2013年，《中共中央关于全面深化改革若干重大问题的决定》出台，提出了关于推动沿边开放的重大战略思路。一方面，这一重大政策文件提出，通过建设自由贸易区推进与周边国家的合作。"坚持世界贸易体制规则，坚持双边、多边、区域次区域开放合作，扩大同各国各地区利益汇合点，以周边为基础加快实施自由贸易区战略"。另一方面，提出加快沿边开放。"加快沿边开放步伐，允许沿边重点口岸、边境城市、经济合作区在人员往来、加工物流、旅游等方面实行特殊方式和政策。建立开发性金融机构，加快同周边国家和区域基础设施互联互通建设，推进丝绸之路经济带、海上丝绸之路建设，形成全方位开放新格局"。

此后，中央制定了一系列有助于沿边开放的政策措施，除了《国民经济与社会发展十三五规划》《兴边富民十三五规划》等规划中确立沿边开放的内容以外，国务院还出台了《关于加快沿边地区开发开放的若干意见》《沿边地区开发开放规划》《关于支持沿边重点地区开发开放若干政策措施的意见》《国务院关于黑龙江和内蒙古东北部地区沿边开发开放规划的批复》《中国（黑龙江）自由贸易试验区总体方案》《中国（广西）自由贸易试验区总体方案》《中国（云南自由贸易试验区）总体方案》等。尤其是，在国际贸易摩擦与冲突升级的情况下，有关部委也推出了一系列有利于沿边开放发展的重大政策举措。2019年12月，商务部出台了支持边境贸易创新发展的七大举措，支持沿边地区扩大开放。在这其中，重点开发开放试验区、自由贸易试验区相关政策是党的十八大以后确立和赋予的，得到了沿边地区的广泛欢迎。

应该说，党的十八大以后，党中央、国务院对沿边开放的重视程度前所未有，沿边开放政策出台的数量之多前所未有，沿边开放力度之大前所未有。我们完全可以说，沿边开放进入了一个新时期。这是一个恰如其分的归纳性表述。

三、沿边开放成就辉煌经验宝贵问题待解

(一) 沿边开放取得举世瞩目的重大成就

第一，沿边开放在国家对外开放中的地位与作用更加突出。

在国家老少边穷几个特殊区域发展中，沿边地区发展优势相对更加突出，在匹配以开放政策支持后，带来的发展相对更为明显。张丽君、陶田田、郑颖超的研究表明，沿边开放政策总体上促进了沿边地区的经济发展，但是对不同省区的促进作用有所差别①。张丽君、吴凡分析了云南省对外开放的变化历程后发现，2000~2012 年云南省对外开放度总体是保持扩大的②。姚书杰利用沿边九省区 1993~2014 年的面板数据，使用广义 GMM 方法进行实证分析后指出，扩大开放和产业结构变迁对沿边经济增长都有正面效应，而且对外开放度的影响比产业结构的影响要显著得多③。

根据李光辉等对省区层面的研究，改革开放以后，从 1992 年以来沿边九省区国内生产总值增长迅速，到 2018 年已经出现惊人增长。其中，第二产业增加值比 1993 年翻了四番，年均增长速度 12%，第三产业增长更快，同期增加值年均增长 14.5%。在这其中，外贸的增长作用十分明显，沿边九省区进出口总额由 1993 年的 199 亿美元增长到 2018 年的 2961.7 亿美元，年均增长 12.6%④。沿边贸易也为孙久文等所关注。孙久文等提供了一个更长时期研究视角，分析沿边地区的外贸增长变化。孙久文等的研究显示，沿边开放带来大规模的贸易增长结果，改革开放以后的外贸增长更是快于改革开放前。数据显示，8 个沿边省区的进出口额从中华人民共和国成立之初的 3 亿美元上升到 2018 年的 2901.65 亿美元⑤。1954~1978 年、1979~1998 年、1999~2018 年三个不同阶段，沿边 8 个省区进出口贸易增长速度分别达到 8.85%、10.78% 和 13.83%，对外贸易速度不断增加，在沿边省区的影响也不断扩大。但从分区域发展或分时段发展看，全国层面以及区域层面的差别都较大（见表 1-3）。

---

① 张丽君，陶田田，郑颖超. 中国沿边开放政策实施效果评价及思考 [J]. 民族研究，2011 (2).

② 张丽君，吴凡. 民族地区沿边开放效果及政策研究——以云南省为例 [J]. 黑龙江民族丛刊，2014 (1).

③ 姚书杰. 经济新常态下中国沿边开放的绩效评价 [J]. 经济问题探索，2016 (5).

④ 李光辉. 2019 中国沿边开放发展年度报告 [M]. 中国商务出版社，2019.

⑤ 孙久文，蒋治. 沿边地区对外开放 70 年的回顾与展望 [J]. 经济地理，2019 (11).

表1-3 不同时期沿边进出口贸易增长率

单位:%

地区	1954~1978年	1979~1998年	1999~2018年	1954~2018年
整个沿边地区	8.85	10.78	13.83	11.49
东北地区	8.97	9.74	12.20	10.92
内蒙古地区	0.62	20.08	14.03	11.67
新疆地区	0.32	24.32	13.63	11.25
西藏地区	8.15	11.33	8.01	9.22
滇桂地区	12.15	12.62	18.95	13.78

资料来源：孙久文、蒋治（2019）。

在这一过程中，沿边城市在推动贸易发展和繁荣过程中发挥了重要作用。以黑龙江黑河市统计局的资料为例，1987年黑河口岸开放时，黑河与俄罗斯的边境贸易只有11万美元，到2017年已经达到295.3亿美元[①]。

对于沿边开放对地方经济的贡献，一些长期在一线工作的领导同志深有体会。原广西壮族自治区政府副主席黄道伟结合广西开放的实际，指出对外开放对广西经济发展的重要作用："假如没有东盟博览会、没有北部湾经济区，广西的发展速度不会这么快。"

第二，形成了沿边重点地区开放引领和主导，多类型、多层次开放的基本格局。

在中央大力推动下，沿边地区开放不断扩大规模，形成了自由贸易区—重点开发开放试验区—口岸—开放城市—边境经济合作区—跨境经济合作区—边民互市点等的基本开放格局（见表1-4）。对9个沿边省区的沿边地区，中央政府都重视开放兴边、开放活边，并匹配了相应的开放政策，鼓励沿边地区尤其是沿边县市通过开放引领发展。因为各个边境省区的边境线长短不一，边疆面对的经济、社会、安全等形势有较大差异，匹配的政策也有一定差别。但是，改革开放以来尤其是党的十八大以来，沿边开放的步伐明显加快。有关资料显示，截至2016年底，我国陆地边境县口岸数量达到121个，其中一类口岸69个，边民互市点数量增加到556个，沿边口岸与边民互市点星罗棋布、数不胜数，如同镶嵌在沿边地区的钻石闪闪发光，引领广大边民在与周边国家发展边贸中勤劳致富。

[①] 吕白玉. 从边境贸易发展看北国侨乡黑河的70年历程［J］. 黑河学刊，2019（9）.

表 1-4　沿边对外开放的重点区域一览表

类型		名录
自由贸易区		中国黑龙江自由贸易试验区（含哈尔滨、黑河、绥芬河 3 个片区）；中国广西自由贸易试验区（含南宁、钦州、崇左片区）；中国云南自由贸易试验区（含昆明、红河、德宏 3 个片区）。
重点开发开放试验区		广西东兴重点开发开放试验区、广西凭祥重点开发开放试验区；云南勐腊（磨憨）重点开发开放试验区、云南瑞丽重点开发开放试验区、内蒙古二连浩特重点开发开放试验区、内蒙古满洲里重点开发开放试验区；黑龙江绥芬河—东宁重点开发开放试验区
沿边口岸	铁路口岸	广西凭祥、云南河口、新疆霍尔果斯、阿拉山口、内蒙古二连浩特、满洲里、黑龙江绥芬河、吉林珲春、图们、集安、辽宁丹东
	公路口岸	广西东兴、爱店、友谊关、水口、龙邦、平孟；云南天保、都龙、河口、金水河、勐康、磨憨、打洛、孟定、畹町、瑞丽、腾冲；西藏樟木、吉隆、普兰、日屋、亚东；新疆红其拉甫、卡拉苏、伊尔克什坦、吐尔尕特、木扎尔特、都拉塔、霍尔果斯、巴克图、吉木乃、阿黑土别克、红山嘴、塔克什肯、乌拉斯台、老爷庙；甘肃马鬃山；内蒙古策克、甘其毛都、满都拉、二连浩特、珠恩嘎达布其、阿尔山、额布都格、阿日哈沙特、满洲里、黑山头、室韦；黑龙江虎林、密山、绥芬河、东宁；吉林珲春、圈河、沙坨子、开山屯、三合、南坪、古城里、长白、临江、集安；辽宁丹东
	水运口岸	广西防城港、东兴；云南思茅、景洪；内蒙古室韦、黑山头；黑龙江黑河、逊克、同江、漠河、饶河、抚远、萝北、嘉荫；辽宁丹东
边境城市		广西东兴市、凭祥市；云南景洪市、芒市、瑞丽市；新疆阿图什市、伊宁市、博乐市、塔城市、阿勒泰市、哈密市；内蒙古二连浩特市、阿尔山市、满洲里市、额尔古纳市；黑龙江黑河市、同江市、虎林市、密山市、穆棱市、绥芬河市；吉林珲春市、图们市、龙井市、和龙市、临江市、集安市；辽宁丹东市
边境经济合作区		广西东兴边境经济合作区、凭祥边境经济合作区；云南瑞丽边境经济合作区、畹町边境经济合作区、河口边境经济合作区、临沧边境经济合作区；新疆伊宁边境经济合作区、博乐边境经济合作区、塔城边境经济合作区、吉木乃边境经济合作区；内蒙古二连浩特边境经济合作区、满洲里边境经济合作区；黑龙江黑河边境经济合作区、绥芬河边境经济合作区；吉林珲春边境经济合作区、和龙边境经济合作区；辽宁丹东边境经济合作区
跨境经济合作区		中哈霍尔果斯边境合作中心、中老磨憨—磨丁经济合作区、中蒙二连浩特—扎门乌德经济合作区

资料来源：根据有关公开披露的政策文件整理。

第三，实施了一系列兴边富民的重大工程建设项目。根据有关方面提供的材料，党的十八大以来，中央财政专项用于兴边富民行动资金累计 152.2 亿元，全部用于基础设施建设、教科文卫、生产发展、实用技术培训等项目。截至 2017 年，共减少无电人口 201 万、饮水不安全人口 197 万，改造危房 25.3 万户。有 131 个少数民族村寨被命名为"中国少数民族特色村寨"。各沿边地区基础设施大为改善，今非昔比。以广西来说，根据广西壮族自治区民宗委提供的信息，2017 年底，广西已经实现边境 8 个县（市、区）全部通行高速公路，基本形成"外通内联、城乡联网、通村畅乡、客车到村、安全便捷"的公路交通运输网络；边境地区 87 个乡镇已全部实现有线光纤联网，联网率 100%，边境地区已基本完成农村网络数字化转换，数字电视总户数达到 11.3 万户，实现了边境 0~20 公里范围内农村广播电视数字化、双向宽带化，打造出广播电视宽带农村边境长廊。

第四，沿边各地贸易方式体现多元化差异化发展。

多年来，沿边地区充分利用沿边优势，推动跨国商品与要素往来，充分发挥和利用了边的功能。在具体实践中，沿边各省区重视发挥政策优势，实施积极的贸易促进政策，重视稳外贸相关政策的贯彻落实，形成了各具特色、各有优势、略有差别的贸易发展模式。以省区层面比较，沿边各省区的外贸格局差异较大。云南的外贸以一般贸易为主。2019 年，云南省实现外贸进出口 2323.7 亿元。其中，一般贸易 1581.2 亿元，占全省外贸额的比重为 68.05%；边民互市贸易额 272 亿元，占全省外贸总额的比重为 11.71%，加工贸易额 212.5 亿元，占全省外贸总额的比重为 9.14%。而新疆的对外贸易结构则以边境小额贸易为主。2019 年，新疆实现进出口贸易 1640.9 亿元，其中边境小额贸易 985 亿元，占对外贸易进出口的比重为 60.03%；一般贸易 565.3 亿元，占进出口总额的比重为 34.45%；保税物流进出口 68.7 亿元，占进出口比重为 4.19%；加工贸易进出口 10.2 亿元，占进出口总额的 0.62%。但有些省区的边境贸易相对薄弱。比如，2018 年内蒙古边境小额贸易占其进出口贸易的 30%①。

即使在西南与东北的两个著名边贸州市西双版纳州与黑河市之间，贸易结构也存在非常大的差异。前者以一般贸易为主，后者以边境贸易为主。2019 年，西双版纳州一般贸易占对外贸易的比重高达 70% 以上，而黑河市同年边境小额贸易在对外贸易中所占的比重高达 80% 以上（见表 1-5）。

---

① 袁波．"一带一路"建设与我国沿边地区的开放发展［N］．中国民族报，2019-12-14．

表1-5 2019年西双版纳州与黑河市外贸成效与结构

单位：亿美元

	西双版纳州	黑河市
对外贸易总额	40.6	38.65
一般贸易	29.91	6.93
边境贸易	8.18	—
其中：边境小额贸易	1.62	31.30
边民互市	6.56	—
其他贸易方式	2.02（工程承包）	0.25

资料来源：相关地区政府网站。

从整体上看，保持一定程度发展是沿边地区贸易的基本特征。表1-6列举了2000年以后近20年中3个代表年份沿边省区外贸依存度的变化。就大部分省区看，基本上走了一条与国家外贸依存度一致的趋势变化，2000~2008年外贸依存度上升，2008~2018年外贸依存度下降。但从大部分省区看，沿边省区与国家之间的外贸依存度绝对差距在缩小。

表1-6 2000年、2008年、2018年沿边省区的外贸依存度

单位：%

主要沿边省区	2000年	2008年	2018年
辽宁	33.74	37.40	29.81
吉林	11.62	14.42	9.04
黑龙江	7.61	19.35	10.68
内蒙古	12.04	10.18	5.98
新疆	13.71	36.73	10.86
西藏	9.17	15.55	3.22
云南	7.68	14.07	11.07
广西	8.30	15.45	20.18
全国	43.93	59.21	33.88

资料来源：各地当年国民经济与社会发展统计公报。

另外，从一些沿边地州来看，贸易对经济发展有贡献在上升。根据笔者对西双版纳州的调研，2011年西双版纳贸易依存度只有32.04%，虽然此后有较

大的波动，但是到 2019 年，贸易依存度升高到接近 50%，显示贸易对经济增长
有越来越重要贡献。

表 1-7　2011~2019 年云南西双版纳州对外贸易额与贸易依存度变化

年份	2011	2012	2013	2014	2015	2016	2017	2018	2019
GDP（亿元）	197.59	232.64	272.32	306.02	335.91	366.03	392.64	417.79	568.09
贸易额（亿美元）	9.80	14.07	25.56	33.84	21.34	20.50	25.32	26.99	40.60
依存度（%）	32.04	38.16	58.10	67.90	39.58	37.19	43.53	42.77	49.88

注：贸易额采用进出口贸易数据。

资料来源：根据西双版纳州统计局提供材料整理。

第五，沿边贸易出现受政策和市场影响的积极性结构变化。

在不少沿边地区，开展对外贸易受到政策变化的影响较大。最典型的是，
广西、云南两省区因为毗邻东盟国家，中国东盟自贸区的建设影响到外贸变化
格局，表现为出现一般贸易增长较快，而边境贸易适度放缓的趋势。主要是因
为中国东盟自由贸易区的设立，双方不少产品相互赋予零关税。同时，国家双
减半政策的取消影响到边境小额贸易的开展。在一般贸易成本不大的情况下，
取消"双减半"后的边境小额贸易不符合企业选择。因而，在云南、广西的外
贸结构中，一般贸易所占比重在提升，边境小额贸易所占的比重有所下降。由
于企业参与贸易活动，更愿意规模化把价廉物美的产品推到国际市场，由企业
参与的边境小额贸易中，出口所占比重较大，而进口所占比重较小。比如，
2019 年广西的边境小额贸易总额中，出口所占的比重高达 97% 以上，而进口不
足 3%，反映了政策整体上有利于出口；同样是在广西，以 2015 年边民互市贸
易总额分析，进口比重高达 98.9%，出口只有 1% 多，反映了边民互市贸易的政
策有利于进口。

另外，在国家实施"一带一路"重大战略中，中国与"一带一路"周边国
家的贸易联系不断加强，其中一些是在沿边开展的。据中国国家信息中心"一
带一路"大数据中心等机构发布的《"一带一路"贸易合作大数据报告 2018》，
2017 年中国与"一带一路"沿线国家边境小额贸易进出口总额达 379.5 亿美
元，较 2016 年增长 17.3%，其中进口额大幅增长 27.7%。

结构性的变化不仅表现为贸易结构、区域结构层面，还表现在供给能力的
变化。比如，在改革开放初期，由广西提供给越南的边境贸易产品主要是手电

筒、自行车、日用品等。但是近年来，由广西出口到越南的边境贸易产品中资本密集类产品的比重明显上升。据有关方面的研究，在广西崇左，从越南进口的主要是农产品、海产品等初级产品，而出口的主要是轻纺产品、化工产品及日用品（见表1-8）①。从中可以看出，尽管中越之间在边境贸易中还维持着垂直分工关系，但是，相对于越南还基本提供初级产品而言，中国通过边境贸易出口产品的加工度在上升。

表1-8　2013~2016年崇左四个国家一类边境口岸主要商品进出口构成

边境口岸	进出口商品种类
友谊关	主要出口：化纤及棉纺织品；主要进口：红木家具
凭祥	主要出口：纯碱、硝铵、尿素、日用百货；主要进口：茶叶、大米
水口	主要出口：家纺及普通日用品；主要进口：坚果、海产品
爱店	主要出口：塑料制品、日用品；主要出口：中药材、海产品、花生及其他农副产品

资料来源：罗飞飞（2018）。

从各地情况看，沿边开放已经形成转型升级趋势。在广西、新疆等地，都出现了边民互市贸易转型发展的趋势。2018年8月，新疆维吾尔自治区人民政府综合全疆各互市贸易区地理位置、交通状况、基础设施、资源禀赋及贸易开展情况，决定先行在巴克图口岸、伊尔克什坦口岸启动边民互市贸易转型发展试点工作。根据政府网站披露②，试点政策主要包括：进入互市贸易区的商品不受金额限制，在互市贸易区内进行查验，出互市贸易区时享受每人每日8000元人民币免税政策；边民在互市贸易区购买的商品，视同自产自销商品；允许哈萨克斯坦公民三日免签证，进入塔城巴克图口岸边民互市贸易区。新的努力，会进一步扩大贸易规模，改变产业结构，提升贸易结构。

第六，口岸建设成效明显。

在沿边开放过程中，各地不约而同重视建设口岸，发挥口岸在区域经济带动中的作用。重点口岸的经济拉动作用十分明显。从口岸的开办到转入运营期间，口岸的过货量与过关人口都会迅速增加，这在霍尔果斯表现得极其明显（见图1-1）。各沿边地区实施的开放战略，都十分重视口岸多样化功能的发挥，

① 罗飞飞. 崇左边境贸易转型升级发展的路径分析［J］. 产业与科技论坛，2018（17）.
② 塔城巴克图中哈边民互市转型发展试点项目正式运营［EB/OL］. 新疆维吾尔自治区政府官网，2019-6-19.

不少口岸也逐渐由单纯的货物进出与人员流动功能，向综合发展功能拓展。口岸经济的重大作用，也进一步为各方所认识。

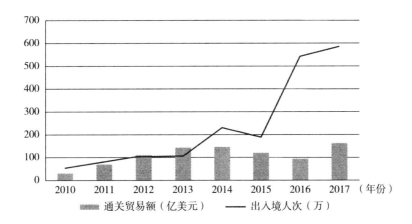

图 1-1　自 2010 年以来霍尔果斯口岸贸易及人员出入境状况

注：通关贸易额不含天然气进口额；人员出入境数据中 2016 年、2017 年数据包含了自合作中心出入境人数，其他年份只包含公路口岸出入境人数。

资料来源：霍尔果斯政府网。

近年来，越来越多的学者开始研究口岸对经济发展的影响。宋周莺等研究认为，沿边口岸在我国对外开放中占有重要位置，是"一带一路"倡议的重要门口与基础，"一带一路"倡议的实施也会为沿边口岸带来发展机会[1]，张丽君、时保国等研究了"一带一路"背景下沿边陆路边境口岸发展问题[2]，指出建设沿边陆路边境口岸意义重大。马一慧在研究 2000~2015 年东北边境口岸后认为，口岸进出口对东北沿边城市 GDP 有明显影响。她的研究表明，样本口岸的出口量每增加 1%，GDP 增长 0.2248%，进口量每增加 1%，GDP 增长 0.1456%[3]。

在政策管理实践中，各地都进行了一系列口岸综合发展有益的探索。比如，广西凭祥强调"口岸+"的建设模式，积极推进"口岸+加工"模式，形成"前岸中区后厂"的发展格局；推进"口岸+物流"模式，开通三条国际物流线

① 宋周莺，车姝韵，王姣娥，郑蕾. 中国沿边口岸的时空格局及功能模式 [J]. 地理科学进展，2015（5）.

② 张丽君，时保国等. "一带一路"背景下的中国陆路边境口岸 [M]. 中国经济出版社，2017.

③ 马一慧. 地缘因素下口岸对沿边城市的经济影响 [D]. 北京交通大学硕士学位论文，2014.

路；采取"口岸+旅游"模式，加快中越友谊关——友谊跨境旅游合作区建设。在具体规划发展时，凭祥口岸重视加强内部功能分区，利用口岸资源，逐渐形成红木城、轻纺城、水果城、边贸城、跨境电商产业城"五城"一起发展格局，口岸的多样化、集聚化作用得到极大化发挥。新疆阿拉山口注重推进"口岸强州"战略实施，发挥口岸进出口产品类型多的优势，重视综合保税区功能的发挥。内蒙古积极推进"国外种植栽植、边境口岸加工"模式，形成内外联动、国外发展初级原料供给、口岸发展加工制造的垂直分工模式，推动满洲里、二连浩特等一批边境口岸转型发展，口岸经济规模不断扩大，效益也不断提升。

第七，开放性产业平台在各沿边地区经济发展中发挥了重要作用。

从1992年中央决定开放沿边城市时，就决定建立边境经济合作区。通过20多年的不懈努力，边境经济合作区等一大批产业化平台在沿边地区得到发展，对区域经济产生程度不同的带动作用（见表1-9）。根据商务部提供的数据，到2017年，在17个国家级边境经济合作区中，有多达9个边合区的地区生产总值占所依托城市或者县生产总值的20%以上，甚至有4个边合区的生产总值占地区生产总值的50%以上，对城市或者县域的经济支撑作用十分明显。

表1-9　2017年17个边境经济合作区发展绩效及区域影响

边境经济合作区名称	边境经济合作区地区生产总值（亿元）	所在城市（县）地区生产总值（亿元）	边境经济合作区占比（%）
绥芬河边境经济合作区	24.3	137.4	17.7
黑河边境经济合作区	7.1	504.2	1.4
满洲里边境经济合作区	52.3	162.9	32.1
二连浩特边境经济合作区	4.4	101.8	4.3
丹东边境经济合作区	64	791	8.0
珲春边境经济合作区	97.3	140.9	69.0
和龙边境经济合作区	0.2	59.9	0.3
凭祥边境经济合作区	38.8	76.4	50.8
东兴边境经济合作区	62.4	104.0	60.0
瑞丽边境经济合作区	31.9	106.2	30.0
畹町边境经济合作区	7.9	106.2	7.5
河口边境经济合作区	28.9	52.0	56.0
临沧边境经济合作区	28.7	604.1	4.8

续表

边境经济合作区名称	边境经济合作区地区生产总值（亿元）	所在城市（县）地区生产总值（亿元）	边境经济合作区占比（%）
伊宁边境经济合作区	36.5	222.1	16.4
博乐边境经济合作区	37.0	105.8	25.5
塔城边境经济合作区	18.4	80.4	22.9
吉木乃边境经济合作区	3.9	12.0	32.6

资料来源：商务部外资司。

在各地的具体建设实践中，地方政府也创造性地建设了一些省级或者市县一级的开放型产业化平台，加强对外招商引资工作，显示出蓬勃发展生机。比如，广西凭祥宁明的贸易加工产业园区，通过引进原在深圳的台资企业入驻，生产高尔夫球具，形成包括高尔夫球袋、高尔夫球杆、高尔夫球帽、高尔夫球包、高尔夫雨伞、高尔夫头套在内的高尔夫球系列产品，规划建设高尔夫用品制造区、生活配套区、商务展销区、训练体验区在内的四大功能区，形成集研发、设计、生产、销售、休闲、娱乐、展览、旅游于一体的高尔夫产业集群。

第八，开放政策带来显著兴边效果。

商品的输出，放大了对地方资源与要素配置的需求；商品的进口，带来重组资源与要素和形成新产业的希望。在边贸活跃的地方，边境经济合作区发展也相应较好，地方经济相对更有活力，地方财政收入也不断增长，形成边贸融入地方经济、边贸转化提升地方经济、边贸扩散到地方经济诸多方面的良性循环。以广西东兴市来说，1991~1997年，边贸收入占财政收入40%左右；1998~2005年，边贸收入占财政收入的30%左右；2006~2012年，边贸收入占财政收入的50%以上；2013~2016年，边贸收入占财政收入的60%①。通过加强边境贸易，沿边城市的地方财政收入得到很大程度满足，增加了地方政府的可持续发展能力，鼓励地方政府奉行更加开放的战略。

第九，通过沿边开放惠及民生。

在长达20多年的政策实践中，无论是中央政府还是地方政府，都有意无意地把沿边开放的诸多政策与直接惠及边民联系在一起，尽可能通过沿边开放给国境中方一侧的民众带来切实好处。2017年，绥芬河市城镇和农村居民人均可

① 张芳，张娴. 广西东兴边境贸易发展调查报告 [J]. 西部发展研究，2019（11）.

支配收入分别较黑龙江省平均水平高出 27.4% 和 53.1%。尤其是，边民互市贸易的开展，让大量的贫困户直接受益，许多人因而摆脱了贫困状态。根据中央民族大学刘红博士的调研①，2018 年，广西东兴市边民互市贸易进出口额达到181.3 亿元，互市贸易日均成交 6219 人次，日均交易额达到 4966 万元，直接带动贫困户就业 1100 多人；凭祥市边贸合作社已从 2014 年的 1 家扩大到 2018 年的 18 家，社员从 25 人增加到 6382 人，其中贫困社员比例达到 31.02%。除此之外，近年来，中国沿边地区提供了大量手机、家电、服装等产品给周边邻国，受到周边国家居民的欢迎。2020 年 2 月 15 日，在新冠肺炎病毒肆虐全球，并且给世界许多国家包括俄罗斯造成经济和人员健康危害时，来自中国满载新鲜蔬菜的 17 辆大集装箱货运车，通过边境口岸运抵俄罗斯滨海边疆区，受到俄罗斯边疆区居民的欢迎。同时，中国城乡居民也因为边贸，直接受益很多。比如，1988 年广西凭祥发生大旱，粮食比上年减少 42.8%。但是，大量越南的廉价大米跨境流通到边贸市场，弥补了本地居民的需求缺口，使得边民生活不至于受到影响。

当然，沿边开放的许多努力是在国内展开的。通过口岸基础设施与管理制度建设，提高了国内外货物的通关能力，让直接参与贸易的企业与边民受益；边境经济合作区建设，直接吸收广大边民到园区就业，实现了从传统农牧业生产向工贸生产的转变，收入水平大大提高。这样的例子比比皆是。比如，崇左市龙州县沿边易地搬迁扶贫安置点内就专门设置有扶贫车间，搬迁贫困户一出门就可直接就地就业，把"搬得出"后与能就业、稳得住、可致富在小区域范围联系在一起。

事实上，中央采取的兴边富民等行动，也与沿边开放政策紧密结合，发挥了改善沿边居民生产生活条件的良好效果。

此外，沿边开放对国家整体经济社会发展的支撑作用有许多正向的直接或者间接效果，需要进一步深化研究。比如，自 2019 年底新冠肺炎病毒在全球发生并广泛扩散之后，沿边地区的各口岸城市积极响应中央部署和政策要求，为抗击病毒做出许多积极努力。比如，在云南省瑞丽、西双版纳等口岸，在简化进口特殊医疗物品检验审批后，当地官员加班加点进口大量医护产品进入我国，为抗击病毒前线提供了重大支持。在中国国内的新冠病毒战取得了决定性成果后，沿边地区的口岸把重点放在"外防输入"上，严防新冠病毒自口岸传入，

---

① 刘红."边贸+"模式助力广西边境地区脱贫攻坚［N］.中国民族报，2019-10-22.

把国门一线打造成严防死守、抵御病毒入侵的坚强阵地。

（二）沿边开放成功的基本经验

第一，党和国家领导人高度重视。

推动沿边开放发展，是历任党和国家领导人一直重视和强调的。在中华人民共和国成立前30年中，毛泽东在强调保卫边疆的同时，也强调建设边疆，并利用好边疆加强对外开放。改革开放后，党的领导人更加重视沿边开放，并且做出了一系列深刻阐述。不过，今天的许多人对中华人民共和国成立前30年是否有过对外开放的思想表示怀疑甚至否定，以至于不少人建立起这样的错误认识，中华人民共和国成立前30年没有开放思想。这当然是不正确的。毛泽东曾经指出："国内市场为主，国外市场为辅，这句话的后面应加一句：但国外市场极为重要，不可轻视，不能放松。"①

自党的十一届三中全会以后，邓小平一直坚持深化改革和对外开放。作为中国改革开放的总设计师，邓小平对改革开放的思考深化到许多方面，做出了一系列推动改革开放的重大决策。建设包括深圳、珠海、汕头、厦门四个经济特区，是邓小平、习仲勋、谷牧等人倡导。1983年2月24日，邓小平同志做了《办好经济特区，增加对外开放城市》的发言，提出除了办好四个经济特区外，增加大连、青岛等为沿海开放城市。按照邓小平指示，中央增加了14个沿海开放城市。1985年4月15日，邓小平在《政治上发扬民主，经济上深化改革》一文中指出，"对外开放具有重要意义，任何一个国家要发展，孤立起来、闭关自守是不可能的，不加强国际交往、不引进发达国家的先进经验、先进科学技术与资金，是不可能的"。在1987年1月20日发表的《加强四项基本原则教育，坚持改革开放政策》一文中，邓小平指出，"中国执行开放政策是正确的，得到了很大的好处。如果说有什么不足之处，就是开放得还不够。我们要继续开放，更加开放"。1992年，邓小平在视察深圳、武汉等地后发表南方谈话，其中指出："能发展就不要阻挡，有条件的地方要尽可能搞快点，只要是讲效益、讲质量，搞外向型经济，就没有什么可以担心的。"邓小平的讲话，为其后新一轮开放包括沿边开放奠定了基础。

以江泽民为代表的第三代领导集体，高度重视推动改革开放。在1992年6月召开的中央民族工作会议上，江泽民总书记对民族地区对外开放上展开了

---

① 转引自李先念.关于加快国民经济发展的几个问题（1977年3月18日）[J].党的文献，2009（2）.

极为精彩的表述，指出了在民族地区尤其是沿边地区扩大开放的重要性："要把扩大陆地边境的对外开放，作为我们整个对外开放的重要组成部分，有计划地加以实施。要选择一些连接国际国内交通干线、条件较好的边境城镇，作为对外开放的窗口，发展双边、多边或转口贸易。具备条件的，还应积极发展出口加工。"江泽民的论述，与党中央决定设置 14 个沿边城市的重大决策相一致。在党的十四大报告上，江泽民还指出，要"扩大开放沿边地区，加快内陆省、自治区对外开放的步伐"。在党的十六大报告中，江泽民又进一步提出在西部开发中，利用外资的重要性："着力改善投资环境，引导外资和国内资本参与西部开发"。

胡锦涛同志思想解放，原则性强，很早就注意到沿边开放对于边境省区发展的重要性。早在 1994 年 8 月 9 日，时任中共中央政治局常委、书记处书记的胡锦涛同志视察二连浩特口岸时，就做出了"在边字上做文章，在开放上下功夫，在内联上求发展"的重要指示，深刻阐述了作为边境城市的二连浩特向内向外开放的时代意义。在党的十六大以后，胡锦涛总书记更加重视沿边开放，多次在重大讲话中宣示积极推动沿边开放。2007 年 10 月，胡锦涛总书记在中共十七次全国代表大会上的讲话中指出："深化沿海开放，加快内地开放，提升沿边开放，实现对内对外开放相互促进。"在五年后中国共产党第十八大全国代表大会报告中，胡锦涛总书记再次重申，继续推动沿边开放，使其在全国对外开放中扮演不可或缺的重要角色，要"创新开放模式，促进沿海内陆沿边开放优势互补，形成引领国际经济合作和竞争的开放区域，培育带动区域发展的开放高地"；"统筹双边、多边、区域次区域开放合作，加快实施自由贸易区战略，推动同周边国家互联互通"。

党的十八大以后，以习近平同志为核心的党中央对沿边开放给予高度重视。习近平总书记多次主持中央全面深化改革工作会议或者财经领导小组工作会议，部署研究对外开放工作。国家重点开发开放试验区等重大政策思路，就是在 2015 年 9 月习近平总书记主持的中央全面深化改革领导小组第十六次会议上确立的。在此次中央全面深化改革领导小组会议上，党中央进一步强调沿边开放。"要以改革创新助推沿边开放，允许沿边地区先行先试，大胆探索创新跨境经济合作新模式，促进沿边地区发展新机制，实现兴边富民新途径"。在党的十九大报告中，习近平总书记明确指出，"要以'一带一路'建设为重点，坚持'引进来'和'走出去'并重，遵循共商共建共享原则，加强创新能力开放合作，形成陆海内外联动、东西双向互济的开放格局"。这段重要讲话，把沿边开放融于全国整体开放大局之中。在 2019 年 8 月 26 日中央财经领导小组会议研究东北振兴问题时，习近平总书记还进一步提出，东北地区要"打造对外开放新前沿"。在东北振兴上，"开放方面国家可以给一些政策，但更重要的还是靠东北地区自己转变观念、大胆去闯"。近年来，习近平亲自走访南部、西部、北部的各个沿边省区，调查了解沿边开放、开发、发展、改革等状况，就各省区对外开放做出重要指示批示（见表 1-10）。甚至于，在对部分边省区召开的重要会议撰写贺词时，习近平也不忘提出对外开放的要求。

表 1-10　党的十八大以后习近平提出的沿边省区开放方向

与沿边主要省区关联连接	习近平关于各省区对外开放主要观点
2013 年 8 月、2018 年 9 月考察辽宁	针对东北包括辽宁提出，要"深度融入共建'一带一路'，建设开放合作高地。要加快落实沈阳自由贸易试验区重点任务，完善重点边境口岸基础设施，发展优势产业群，实现多边合作，多方共赢"
2015 年 7 月、2018 年 9 月考察吉林	"设立长吉图开发开放先导区是中央一项重要部署，对于扩大沿边开放、加强面向东北亚的国际合作，对于振兴东北地区等老工业基地具有重要意义。先导区要全域科学规划，实现资源要素集约高效利用，努力建成东北地区对外开放的示范区"
2016 年 5 月、2018 年 9 月考察黑龙江	希望黑龙江响应国家"一带一路"倡议，参与"中蒙俄经济走廊"建设，积极扩大对外开放。要求黑龙江省"在新一轮以沿边开放为重要内容的对外开放中做出积极贡献"
2014 年 1 月、2019 年 7 月考察内蒙古	"要通过扩大开放促进改革发展，发展口岸经济，加强基础设施建设，完善同俄罗斯、蒙古合作机制，深化各领域合作，把内蒙古建成我国向北开放的重要桥头堡"
2014 年 4 月考察新疆	"新疆在建设丝绸之路经济带中具有不可替代的作用，要抓住这个历史机遇，把自身的区域性对外开放战略融入国家丝绸之路经济带建设、向西开放的总体布局中去"
2019 年 6 月给中国西藏论坛贺信	"实施更加积极的开放政策，广泛开展对外交流合作"
2015 年 1 月、2020 年 1 月在云南考察	"主动服务和融入国家发展战略，闯出一条跨越式发展的路子来，努力成为我国民族团结进步示范区、生态文明建设排头兵、面向南亚东南亚辐射中心，谱写好中国梦的云南篇章"；"云南的优势在区位，出路在开放，希望云南发挥沿边开放区位优势，主动服务和融入国家发展战略，以大开放促进大发展，加快同周边国家互联互通国际大通道建设步伐"

续表

与沿边主要省区关联连接	习近平关于各省区对外开放主要观点
2015 年 3 月参加广西代表团审议；2017 年 4 月在广西考察	提出广西三大定位："构建面向东盟的国际大通道，打造西南中南地区开放发展新的战略支点，形成 21 世纪海上丝绸之路和丝绸之路经济带有机衔接的重要门户"；"立足独特区位，释放'海'的潜力，激发'江'的活力，做足'边'的文章，全力实施开放带动战略"

资料来源：根据新闻媒体报道整理。

在国务院专业化精致化政策管理中，李克强总理十分重视沿边开放问题。在 2012 年以后的《政府工作报告》和其他政府文件中，李克强总理多次强调沿边开放。与以往各届政府相比，李克强领导的国务院是颁布沿边开放政策文件最多的一届政府。客观地说，中央政府及各个部门之所以推出大量沿边开放政策，与李克强总理的高度重视和个性化努力分不开。在国务院讨论批准《兴边富民行动十三五规划》时，李克强总理专门提到："兴边富民最关键还是要不断扩大开放"①。在《兴边富民行动"十三五"规划》讨论批准时，国务院还专门做出决定，"要深化沿边开放合作，推动相关边境地区融入'一带一路'建设，推进人员往来和通关便利化，完善相关监管，促进边民互市贸易发展"。

全国人大高度重视有关对外开放方面的立法工作，支持、策应沿边开放工作不断迈上新台阶。全国人大常委会委员长栗战书在《中华人民共和国外商投资法》制定时指出，中国开放的大门不会关闭，只会越开越大。通过国家立法促进和保护外商投资，以实际行动向世界宣示了中国始终奉行互利共赢的开放战略、支持贸易投资自由化便利化、积极推动建设开放型世界经济的鲜明态度和坚定立场。全国人大的支持有助于依法依规推动全国的对外开放，并为沿边开放保驾护航。

全国政协主席汪洋曾经在中国改革开放的最前沿广东主政，坚定支持国家各个层面的深化改革、扩大开放。2017 年 11 月 10 日，汪洋在《人民日报》撰写的文章《推动形成全面开放新格局》，力推全方位对外开放。文章主题鲜明、思路清晰、论证全面、重点突出，对新时期全国扩大开放具有重要指导意义。文章刚一发表，就引起国内外强烈反响。尤其是汪洋在文章中指出，要"坚持沿海开放与内陆沿边开放更好结合，优化区域开放布局"，实现内陆与沿边地区

---

① 李克强．新解"国门"：让沿边地区产品越来越多，人民生活越来越好［EB/OL］．中国政府网，2017-5-10.

"从开放的洼地变成开放的高地"①。汪洋在这里把沿边开放提升到与沿海开放、内陆开放等量齐观的重要位置，显然是认识到沿边开放存在着巨大潜力，沿边开放的政治与经济意义难以估量。

在党中央、国务院的重视和推动下，中央各相关职能部门、各地方政府也都十分重视边疆建设问题，积极落实党中央重大部署，在尽职履责中尽其所能推动沿边开放。比如，2017年12月，中共中央办公厅在回访调研广西壮族自治区贯彻落实习近平总书记视察广西重要指示精神时，曾有针对性地向广西壮族自治区党委和政府提出，"沿边口岸经济急需提升"②。应该说，这一表述切中要害，符合广西沿边开放实际，也反映了中共中央办公厅的问题意识、大局意识和对广西开放发展问题的高度重视。

第二，不断深化对沿边各地对外开放重要性的认识。

多年来，沿边开放在国家对外开放中的地位从来没有像今天这样重要，关键在于对沿边开放重要性、必要性有了深刻认识。尤其是，习近平总书记提出"一带一路"重大倡议以后，中央政府与各地方政府积极行动起来，加强规划和政策研究，深化对沿边开放重要性、功能与定位的研究，加强对沿边开放的政策规划与资源配置。中央政府除了出台《推动共建丝绸之路经济带和21世纪海上丝绸之路的愿景与行动》外，还出台了诸如《黑龙江和内蒙古东北部地区沿边开发开放规划（2013-2020）》等规划文件。与此同时，各沿边省区政府结合中央文件精神和本地实际，也推动了一系列规划编制研究，把沿边省区的对外开放与"一带一路"建设结合起来（见表1-11）。同时，通过沿边开放规划研究，明确了各省区在"一带一路"建设中的功能定位（见表1-12）。这既有利于推进"一带一路"建设，也有助于扩大沿边开放，显示出各省区的大局意识。

表1-11　沿边各省区积极响应"一带一路"建设的开放行动

辽宁	辽宁省参与丝绸之路经济带和21世纪海上丝绸之路的实施方案
吉林	沿中蒙俄开发开放经济带发展规划（2018-2025）
黑龙江	中蒙俄经济走廊黑龙江陆海丝绸之路经济带建设规划

---

① 汪洋. 推动形成全面开放新格局 [N]. 人民日报，2017-11-10.
② 转引自朱华丽，全面开放新格局下沿边口岸经济高质量发展路径探析 [J]. 行政与法，2019
(7).

续表

内蒙古	内蒙古自治区建设国家向北开放桥头堡和沿边经济带规划、内蒙古沿边开发开放经济带建设规划（2012-2020）
甘肃	甘肃省参与丝绸之路经济带和21世纪海上丝绸建设的实施方案
新疆	推进新疆丝绸之路经济带核心区建设的实施意见；新疆生产建设兵团参与建设丝绸之路经济带的实施方案
西藏	西藏面向南亚开放重要通道建设规划
云南	云南省沿边地区开发开放规划（2016-2020）、云南澜沧江开发开放经济带建设规划（2015-2020）
广西	广西沿边地区开发开放"十三五"规划、广西参与"一带一路"建设规划

资料来源：根据各地相关资料调研整理。

表1-12　沿边各省区在"一带一路"建设中的功能定位

省区	功能定位
辽宁	引领共建东北亚经济走廊、探索创建大连港自由贸易港，推动建设"一带一路建设先行区、东北亚国际合作先导区、全面开放引领全面振兴示范区"
吉林	建设沿中蒙俄地区开发开放经济带，将其打造成吉林连接中蒙俄经济走廊、推动与东北亚全面合作的新载体和深度融入"一带一路"建设先行区
黑龙江	打造向北开放的重要窗口，建设中蒙俄经济走廊，建设黑龙江自由贸易区、沿边重点开发开放试验区、跨境经济合作示范区、面向欧亚物流枢纽区
内蒙古	面向蒙古国的向北开放前沿阵地，推进中蒙俄经济走廊建设，把内蒙古打造为向北开放的重要窗口
新疆	建设丝绸之路经济带核心区和我国向西开放的枢纽门户，推动丝绸之路经济带和中巴经济走廊建设，发挥内引外联、东联西出和西进东出的战略通道作用
西藏	向南亚贸易开放的陆上重要通道，积极参与孟中印缅经济走廊建设和环喜马拉雅经济带建设
云南	构建面向南亚东南亚的重要辐射中心、推进中国—中南半岛经济走廊建设、孟中印缅经济走廊建设、中缅经济走廊建设、澜沧江湄公河次区域开放开发建设
广西	打造西南、中南地区开放发展新的战略支点，加速推进中国—中南半岛经济走廊建设

资料来源：根据各省区相关政策文件整理。

第三，循序渐进的政策改进是沿边开放的正确指引。

我国沿边开放政策调整和优化，往往因事而动，既有借鉴其他国家甚至国际经验的考虑，也有问题导向，针对当时的问题与矛盾有的放矢地加以政策调整。由沿边相对封闭到整体开放新形势的形成，政策的渐进式优化是一条重要经验。比如，在 20 世纪 80 年代开放初期，沿边开放的整体政策就是为了让企业和边民参与到贸易活动中来，口岸的开放也是为了打开贸易通道。但 20 世纪 90 年代开放过程中针对假冒伪劣泛滥现象，中央及时出台政策，制止边境贸易的无序竞争、损害外国消费者利益以及损害国家产品形象的行为，政策调整及时有效。

1996 年 3 月 29 日，外经贸部和海关总署出台了《边境小额贸易和边境地区对外经济技术合作管理办法》，其中提出促进边境小额贸易的优惠政策。政策规定，1996~1998 年，"进口关税和进口环节税按法定税率减半征收"。不过，这一政策的实施却没有在 1998 年到期后进行调整。

客观地说，"双减半"的政策在促进边境小额贸易发展方面发挥了重要作用，也确实培育了一批边境贸易企业，但这一政策在实施中存在问题。2002年，中国有色金属总公司反映，由于边贸有色金属的大量进口，对国内有色金属产品生产企业构成巨大冲击，因而呼吁立即取消有色金属边境贸易优惠政策和整顿边贸市场[1]。事实上，类似批评多年来一直存在，但很少像这样引起重视。2008 年 10 月，《国务院关于促进边境地区经济贸易发展问题的批复》明确指出，"自 2008 年 11 月 1 日起采取专项转移支付的办法，替代现行边境小额贸易进口税收按法定税率减半征收的政策，并逐年增加资金规模，专项用于支持边境贸易发展和边境小额贸易企业能力建设"，边境小额贸易双减半政策自此取消。从全国发展角度看，这一政策调整有其必要性。但因政策的变动与调整，对边境小额贸易企业的发展造成直接影响。在对广西的典型调研中发现，相比于双减半政策，专项转移支付政策对参与边境小额贸易的企业直接受益效果明显减弱[2]。甚至到 2020 年，云南省西双版纳州在总结 2019 年对外贸易业绩时还指出："受'双减半'政策取消的影响，削弱了边境小额贸易的优势。"[3] 2019

---

① 安泰科铜业部. 边贸进口呼唤公平，取消有色产品边境小额贸易优惠政策刻不容缓 [J]. 中国金属通报，2002（49）.

② 苏悦娟，韦万春. 广西边境贸易发展存在的问题及对策研究 [J]. 经济研究参考，2017（70）.

③ 西双版纳州商务局. 西双版纳州 2019 年进出口贸易总额突破 40 亿美元大关 [EB/OL]. 西双版纳州政府网站，2020-2-5.

年，商务部又增加了推动边境小额贸易对外出口的政策，这有助于发挥边贸企业优势，同时进一步缓解国内产能压力。

边民互市贸易的鼓励政策更是重在扶持边民致富，呈现免税幅度单边提升的趋势。1980 年边民互市贸易的免税额度是 20 元，1985 年提高到 100 元，1991 年提高到 300 元，1996 年提高到 3000 元。2008 年，为应对国际经济危机促进沿边进出口，国务院将边民互市贸易产品免税额度提高到 8000 元。尽管国际金融危机早已过去，但是因为这一项政策惠及边民，国家也从来没有提出把互市贸易免税额下调的说法。

第四，重视发挥市场在对外开放资源配置中的决定性作用。

沿边开放的重要目标，就是通过资源的优化配置，实现沿边地区经济社会发展。自中华人民共和国成立 40 年的发展进程中，让市场在资源配置中发挥越来越大的作用是改革主旋律。在改革推进下，沿边地区也和其他地区一样，经历了联产承包制、国有企业股份制公司化改革、促进民营和私营企业发展、积极引进外资等变化进程。而在中国周边，以往奉行传统体制的社会主义国家也都不同程度地进行了市场化改革，不断发育和完善各类市场，鼓励民间经济、私营经济发展。边境两边推进的改革，都十分注重市场机制的发挥，这使得价格信号能够引导个人或者企业把产品从低价格国家运输到高价格国家或者从有产品国家运输到无产品国家，获得更好的经济利益。没有双边的市场资源配置机制，沿边开放所能利用的跨境效应就十分有限。在普遍意识到市场作用与市场机制背景下，积极推动沿边开放与跨境合作，沿边开放的积极作用会不断得到发挥，开放的双向互利效果才会充分外溢。对中国沿边地区如此，对周边国家的沿边地区也是如此。

第五，重视发挥地方政府的创造性，是沿边开放走深走实的重要依托。

在回顾中国对外开放历史经验时，不少学者都注意到，试点探索和由易到难的模式，是推动对外开放不断深入的一条重要经验①。这种经验，在沿边开放中存在大量佐证。在沿边开放推进过程中，地方政府出于实现政绩目标、扩大税收、惠及老百姓需求、增加加工转化的要素供给等多方考虑，高度重视推动沿边开放，甚至在中央政府相关政策出台之前，地方政府就通过主动探索，推动沿边开放，并在实践中不断创造新的开放经验。比如，20 世纪 80 年代，在国家出台正式政策之前，云南、广西、新疆等地沿边地区政府，就容许甚至

---

① 顾学明．构建全面开放新格局的成就与经验［N］．光明日报，2018-12-18.

鼓励沿边企业和边民参与边境贸易。现有资料显示，1980 年，云南省就决定恢复中缅边境小额贸易①。在以后的开放过程中，广西的边民创造性地形成边民互助组等沿边开放新模式，推动了边民互市贸易规模和效率双增长。

第六，社会各界尤其是高层次决策智囊长期不懈地支持沿边开放。

在推动沿边开放过程中，国家高级智囊在其中发挥了重要作用。20 世纪末，著名学者费孝通、王洛林、童大林、季崇威等都曾呼吁沿边开放。尤其是在兴边富民行动刚刚启动时，费孝通先生就敏锐地认识到沿边开放的重要性。2000 年，费孝通先生在致"兴边富民行动"领导小组的信中明确指出，要把沿边开放作为重要内容，并将其与历史时期的丝绸之路联系在一起。"在海上交通兴起之前的一千多年里，陆路交通发挥了主导作用，正是通过举世闻名的丝绸之路，把亚欧大陆上几乎所有的国家都紧紧地连在了一起。我国边疆各少数民族都为促进中西交流和创造灿烂的中华文明做出了自己的贡献。实践表明，只有开放，才能活边，最终才能兴边。当前，应该更加重视发挥少数民族在对外开放中的优势，通过沿边的大开放，促进边疆的大开发，实现大发展"②。这也使得兴边富民行动在构思初期时，虽与西部大开发相互关联，但在对开放的关注程度上略有区别。20 世纪 90 年代，经济学家常修泽也曾提出"四沿开放"思路，一度引起学术界关注。常修泽所谓的"四沿"开放，是指"沿海、沿边、沿江、沿线"开放。这一提法，为国内学术界最先把沿边开放与沿海开放相提并论。2011 年前后，民建中央常务副主席张榕明教授曾经带队到沿边各边境经济合作开发区走访调研，了解边境经济合作区建设的问题与政策需求，最后及时向党中央、国务院提交了政策建议。相关调研报告，对促进边境经济合作区发展和推动沿边的进一步开放，起到了积极促进作用。

第七，确定了依法开放的方针。

依法治国是中共执政的基本方略，也是推动沿边开放的重要法律依据。事实上，推动沿边地区对外开放，也有各类法律法规加以支撑。比如，《中华人民共和国对外贸易法》第八十六条指出，"国家对边境地区与接壤国家边境地区的贸易以及边民互市，采取灵活措施，给予优惠和便利，具体办法由国务院规定"。这表明，沿边开放政策在建设法治国家进程中有法可依，维护了法律法规的严肃性。同时，这些法律规定具有一定弹性，有利于把法律的严肃性、政策的权威性与执行的灵活性很好地结合起来。

---

① 朱米媛．沿边开放背景下云南省边境贸易发展研究［D］．云南财经大学硕士学位论文，2018.
② 费孝通．致"兴边富民行动"领导小组的一封信［J］．民族团结，2000（3）.

第八，重视加强与周边国家的政策协调。

沿边开放涉及国家之间的对等、相互开放，不存在单边沿边开放情况。在涉及边境贸易、口岸建设、大通道建设乃至更大范围的次区域开放问题时，都涉及国家间外交外贸关系的协调。在跨境经济合作区建设中，因为涉及主权让渡问题，甚至需要政府间通过专门的协议达成。沿边开放搞得好，得益于国家间的关系协调得好。没有好的国家政治关系和经济关系，沿边开放很难取得满意成效。

应该说，在沿边不断扩大开放中，曾经遭遇了许多的挫折与问题，但党中央、国务院重视研究国内国际经验，取长补短，及时解决遇到的各类问题，不断调整和优化政策决策机制，协调解决面临的诸多问题，使得沿边开放政策不断收获良好的发展效果。

（三）沿边开放有待解决的具体问题

应该看到，沿边开放尽管取得巨大成绩，但也存在一些突出问题。

第一，沿边经济整体落后格局依然没有改变。

数据显示，2013 年，陆地边境县城镇居民人均可支配收入与农村居民人均纯收入分别为 19168 元和 7580 元，而同期全国城镇居民人均可支配收入和农村居民人均纯收入分别为 24200 元和 8896 元，后者分别比前者高 26.25% 和 17.36%。但到 2017 年，140 个边境县中还有 65 个边境贫困县。截至 2017 年，云南省 25 个边境县中还有 21 个贫困县，其中 8 个为深度贫困县，25 个边境县的人均 GDP 分别只有全省、全国的 73.1% 和 42.6%。由于边境地区百姓收入不足，在一些地方，出现边境空虚边民后撤现象。内蒙古抵边嘎查常住人口仅为 7.1 万人，平均每平方公里只有 0.46 人。

第二，沿边基础设施不适应沿边开放要求。

近年来，随着开放的加快，国家和地方政府在口岸建设上都有一定投入，但是与发展需求相比，口岸建设还显得比较落后。以内蒙古室韦口岸为例，界河大桥的过货能力仅为 40 万吨/年，通过能力相对较低。我国有关企业在距离室韦口岸仅 17 公里处的别列佐夫铁矿有投资，完成投资后企业每年要运回矿石 1200 万吨。这样，室韦口岸低水平的通过能力，就成为限制企业向外投资的瓶颈。云南西双版纳磨憨口岸设计能力与通过能力存在巨大差距，实际通过能力远远超过设计能力，导致口岸货运不畅，堵车严重，多年来经常发生诸如进口香蕉烂掉等现象。云南的天保口岸规划起点低，进出口通道设计狭窄，客货混杂经过国门进出,查验货场空间小,查验手段落后,先进检测设备安装不了使用不上,通关速度慢,进出口货物拥堵现象时有发生。

值得注意的是,沿边口岸与支撑城镇并非都能紧密连接,在一些地域面积较大的区域,设置在边界线附近的口岸距离支撑的城镇过远(见表1-13),也带来经济支撑的困难,加大了建设压力。

表1-13 新疆口岸与载体城镇之间的空间距离

口岸名称	口岸类型	口岸属性	口岸载体	距城镇中心(km)	毗邻国家
乌鲁木齐空运口岸	航空	常年开放	乌鲁木齐市	16	—
喀什空运口岸	航空	常年开放	喀什市	10	塔吉克斯坦
老爷庙口岸	公路	季节性开放	巴里坤县	172	蒙古国
乌拉斯台口岸	公路	季节性开放	奇台县	248	蒙古国
塔克什肯口岸	公路	季节性开放	清河县	90	蒙古国
红山嘴口岸	公路	季节性开放	福海县	240	蒙古国
阿黑土别克口岸	公路	尚未开通	哈巴河县	117	哈萨克斯坦
吉木乃口岸	公路	常年开放	吉木乃县	24	哈萨克斯坦
巴克图口岸	公路	常年开放	塔城市	39	哈萨克斯坦
阿拉山山口口岸	公路、铁路、管道	常年开放	博乐市	50	哈萨克斯坦
霍尔果斯口岸	公路、铁路、管道	常年开放	霍城县	109	哈萨克斯坦
都拉塔口岸	公路	常年开放	察布查尔县	50	哈萨克斯坦
木扎尔特口岸	公路	尚未开通	昭苏县	109	哈萨克斯坦
吐尔尕特口岸	公路	常年开放	乌恰县	170	吉尔吉斯斯坦
伊尔克什坦口岸	公路	常年开放	乌恰县	150	吉尔吉斯斯坦
红其拉甫山口	公路	季节性开放	塔什库尔干县	130	巴基斯坦
卡拉苏口岸	公路	季节性开放	塔什库尔干县	62	塔吉克斯坦

资料来源:乌鲁木齐市口岸办网站。

基础设施的薄弱,尤其是交通基础设施建设不适应货运增长的需求,制约了许多边境口岸的对外贸易开展。比如,内蒙古反映,草原丝绸之路上的集二线和蒙古境内的 1000 多千米铁路均为单线，限制了铁路货运能力[①]。黑龙江反映，在其管辖的 18 个边境县中，有 7 个未通铁路。在中央投入不足、地方经济薄弱的情况下，全国不少边境地区基础设施建设资金缺口较大，基础设施满足不了要求。如据不完全统计，2018 年广西口岸建设资金缺口达 16.25 亿元。

第三，中央政府的管理政策有必要进一步完善。

2015 年，《国家关于支持沿边重点开发开放若干政策措施的意见》明确提出，"修改完善《边民互市贸易管理办法》和《边民互市进口商品不予免税清单》"，但是，相关政策实施细则迟迟没有出台。2019 年 12 月，商务部关于支持边境贸易创新发展的七项政策内容中，第一项就是修订《边民互市贸易管理办法》和制定《边民互市贸易进口商品负面清单》，但是，也没有列出时间表。由于缺乏具体的政策实施细则，地方政府在执行相关政策时往往无所适从。

第四，一些省份的对外开放受自然环境与自然条件影响较大。

沿边地区分布在中国南、北、西的边缘地带，各地区自然条件与社会经济基础存在较大差异，在对外开放中应该考虑各地实际，因地制宜地利用好开放资源。比如，根据西藏反映，西藏大部分边贸市场开放时间短、商品类型少、交易方式落后，且一年仅能开放 1~2 个月，边贸规模小不足以拉动地方经济。

第五，商品进出口的口岸通道效应存在，加工效应不足。

不少地方政府希望口岸能够发挥多方面的综合经济效果，不满口岸仅仅只有外贸功能，尤其希望提高口岸输入产品的加工比重，以带动就业和税收，形成口岸的综合辐射效果。但根据广西反映，2017 年广西边民互市进口额仅为586.8 亿元，不到 5% 实现落地加工。坚果进口落地加工比例较高，但也只有15% 左右。因而，总体上看，口岸经济在很大程度上仍带有通道经济性质，与地方政府的期望值存在较大差距。

第六，一些地方存在着管理不规范问题。

根据笔者调研及阅读相关资料时获得的信息，一些地方个别企业以低廉租金租用边民身份证明，以互市贸易的形式规模化进口产品，已经构成实质性的企业走私行为。但这种现象因有利于地方企业和个人，不少口岸管理机关在面对同一问题时往往是睁一只眼闭一只眼。

第七，开放中许多管理人员还不适应政策变化需求。

在调研走访沿边地区的过程中，也不时会遇到一些政府管理人员抱怨，下

---

① 洪冬梅，胡燕平，葛红杰. 进一步促进内蒙古沿边开发开放的思路与对策［J］. 北方经济，2018（5）.

发文件过多，政策出台过勤，政策整合不足。往往老的文件还没有完全执行下去，新的政策性文件又下达下来，令地方政府无所适从。因而，如何更好地整合政策文件，或者以新的文件完全替代并废除旧文件，提高政策文件出台的科学性值得深入研究。

第八，政策出台方案的不平衡，带来地方官员行为与心理的不平衡。

比如，重点开发开放试验区的政策覆盖范围包括了内蒙古、云南、黑龙江、广西四省区，但其他五个省区没有；国家自由贸易区政策范围包括了黑龙江、广西、云南、辽宁，但其他五个省区没有；重点开发开放试验区和自由贸易区的政策在黑龙江、广西、云南三省区重合，其他地方要么只有一个，要么都没有。各地在争取国家政策支持上注重强调公平的政策配置。好的政策也应该尽可能不偏不倚，注重平衡各方利益。若政策出台结果造成事实上的政策更大差距，则政策出台的负面效果首先会显示出来。获得优惠政策支持的地区，政府官员与百姓皆大欢喜；不在政策支持名单中的地方政府官员会觉得心理失衡或者认为中央对本地不大重视。尤其是那些没有获得优惠政策支持的地方群众，会认为本地官员在争取国家政策支持方面不够尽力，官民之间、上下之间甚至出现矛盾。

第九，一些地方设置了不少新名称规避政策管理，也因而带来新的政策难题。

在沿边开放过程中，各地的开放意愿比较强烈，但国家能够给予的政策资源相对有限，一些地方就做事实上的政策变通，改换名称推进开放实践，从而形成既不属于国家政策管理系列同时又进行开放试验的"新区域"，出现诸如"边境经济贸易合作区""沿边开放示范区""沿边开放试验区"等多样化的名称，给中央政府的政策管理带来一定困难。

四、新时期沿边开放面临的机遇与挑战

（一）沿边开放面临的机遇

近年来，国际政治经济形势发生复杂变化，美国同一些国家摩擦不断出现。尽管如此，新时期有利于沿边开放的因素依然存在，抓住沿边开放的良好机遇，加快沿边开放步伐，对于推动沿边经济社会发展有着积极重要意义。

第一，中国与周边各主要国家双边关系不断发展的机遇。

　　好的政治关系是经济开放合作的基础。中国与周边 14 个国家中的 13 个国家有正式外交关系，相互往来比较频繁。即使与不丹没有外交关系，也在不断寻求通过边界谈判，并研究开放口岸，推动双边贸易发展。中国共产党集中集体智慧，确立了亲诚惠容的周边外交政策，致力于与周边各个国家发展友好合作关系。除了不丹以外，中国与所有 13 个陆地边境接壤国家确立了伙伴关系（见表 1-14），为双边经济合作、边境开放、贸易流通、人员往来创造了良好的政治环境。2015 年，习近平在博鳌亚洲论坛上表示，中国"愿同所有周边国家商签睦邻友好合作条约，为双边关系发展和地区繁荣稳定提供有力保障"，把政治发展与经贸关系紧密联系起来，显示出负责任大国的勇气和胆识。经济学家 Robert Skidelsky 指出，战争和疆界会造成资本的短缺，只有稳定和开放才能造成资本源源不绝。而资本，是驱动经济发展的重要原动力。更积极主动和有效的开放尤其是边境两边的相互开放，才会造成经济效率的提升。

表 1-14　中国与周边国家确立的合作友好关系

周边国家	确定伙伴关系的重大事件	关系类型
朝鲜	历史形成	传统友好合作伙伴关系
俄罗斯	2019 年 6 月，习近平访问俄罗斯	新时代全面战略协作伙伴关系
蒙古	2014 年 8 月，习近平访问蒙古	全面战略伙伴关系
哈萨克斯坦	2019 年 9 月，哈萨克斯坦总统托卡耶夫访华	永久全面战略合作伙伴关系
吉尔吉斯斯坦	2018 年 6 月吉尔吉斯斯坦总统热恩别科夫访华	全面战略伙伴关系
塔吉克斯坦	2017 年 8 月塔吉克斯坦总统拉赫蒙访华	全面战略伙伴关系
阿富汗	2012 年 6 月阿富汗总统卡尔扎伊访华	战略合作伙伴关系
不丹	无外交	无正式伙伴关系
尼泊尔	2019 年 10 月习近平访问尼泊尔	世代友好的战略合作伙伴关系
巴基斯坦	2015 年 4 月习近平访问巴基斯坦	全天候战略合作伙伴关系
印度	2013 年 10 月印度总理辛格访华	战略合作伙伴关系
缅甸	2011 年 5 月缅甸总统吴登盛访华	全面战略合作伙伴关系
老挝	2009 年老挝国家主席朱马里访华	全面战略合作伙伴关系
越南	2008 年，越南总书记农德孟访华	全面战略合作伙伴关系

资料来源：根据有关资料整理。

　　第二，周边国家快速发展的机遇。

　　近年来，全世界发展最快的国家大部分是发展中国家，发达国家经济发展动力不足(见表 1-15),导致全球经济重心向发展中国家移动。2010~2018 年,中国周边国家中,越南、老挝、缅甸、印度、塔吉克斯坦、蒙古等国家经济增长表现亮眼(见表 1-16),使得以中国为中心的周边区域成为全球经济高增长区域,抬高了亚洲在全球经济地位,在一定程度上对"亚洲世纪"进行有力佐证。其中,一些国家如越南也在 20 世纪 90 年代以后,像中国一样深化改革扩大开放,保持了接近 30 年的经济快速增长(见图 1-2)。通常,一个国家经济较快发展,意味着需求旺盛,并能带来更大范围的分工合作,有能力有愿望开展跨国合作,提供各具特色的差异化商品和服务。紧邻众多快速发展的国家,可以扩大中国与多个国家之间的分工合作,为中美经贸关系下降时中国商品与服务寻求新的替代增长空间,也为周边国家的差异化产品进入中国创造条件。根据日本央行行长黑田东彦提供的数据,截至 2018 年,亚洲占全球 GDP 份额的 40%以上,人口占全球的 60%左右,区域内贸易份额占区域所有国家贸易份额的 58%,贸易互联性、金融互联性在不断深化。沿边相互开放,锁定了国家之间距离最短的商品往来连接通道,也有助于直接推动双边典型不发达沿边地区的经济发展。

表 1-15　2018~2020 年世界主要经济体增长速度　　　　单位:%

年份	2018	2019	2020
世界	3.6	2.9	3.3
发达经济体	2.2	1.7	1.6
美国	2.9	2.3	2.0
欧元区	1.9	1.2	1.3
德国	1.5	0.5	1.1
法国	1.7	1.3	1.3
意大利	0.8	0.2	0.5
日本	0.3	1.0	0.7
英国	1.3	1.3	1.4
加拿大	1.9	1.5	1.8
新兴经济体	4.5	3.7	4.4
中国	6.6	6.1	6.0
印度	6.8	4.8	5.8
俄罗斯	2.3	1.1	1.9

续表

年份	2018	2019	2020
巴西	1.3	1.2	2.2
南非	0.8	0.4	0.8
东盟	5.1	4.9	4.7

注：东盟的数据来自网络新闻。

资料来源：IMF. World Economic Outlook, Jan, 2020.

表 1-16　2010~2018 年中国周边各国逐年增长速度　　　单位：%

年份 国别	2010	2011	2012	2013	2014	2015	2016	2017	2018
越南	6.42	6.24	5.25	5.42	5.98	6.68	6.21	6.81	7.68
老挝	8.1	8	8.3	8.0	7.6	7.3	7.0	6.9	6.2
缅甸	5.35	5.6	7.3	8.4	8.0	7.3	6.3	5.9	6.8
印度	8.5	5.24	5.46	6.39	7.41	8.0	8.17	7.17	6.81
尼泊尔	3.4	4.8	4.1	6	3.3	0.6	8.2	6.7	7.1
不丹	6.7	11.7	7.9	5.1	5.8	6.6	8.1	4.7	3.0
巴基斯坦	2.58	3.62	3.84	3.68	4.05	4.06	4.56	5.37	5.79
阿富汗	3.2	8.7	10.9	6.5	3.1	-1.8	3.5	7.1	-0.2
塔吉克斯坦	6.52	7.4	7.49	7.4	6.71	6.01	6.87	7.62	7.3
吉尔吉斯斯坦	-0.47	5.96	-0.2	10.9	4.0	3.9	4.3	4.7	3.5
哈萨克斯坦	7.3	7.4	4.8	6.0	4.2	1.2	1.1	4.1	4.1
俄罗斯	4.5	4.3	3.7	1.8	0.7	-2.31	0.33	1.63	2.25
蒙古	6.37	17.29	12.32	11.65	7.89	2.38	1.17	5.34	7.23
朝鲜	-0.5	0.8	1.3	1.1	1	-1.1	3.9	-3.5	-4.1
全球	4.3	3.1	2.5	2.65	2.83	2.81	2.48	3.11	2.97

资料来源：Trend Economics Web, world Bank database.

根据越南统计总局局长阮碧林 2020 年 3 月 22 日对越通社披露的数据，2011~2019 年，越南劳动生产率年均增长 4.87%，高于新加坡（1.4%）、马来西亚（2%）、泰国（3.2%）、印度尼西亚（3.6%）和菲律宾（4.3%），是东盟范围劳动生产率增长最快的国家，与东盟领先国家的差距有所缩小。在越南的发展方向上，越南党和政府已经明确，将建设创新型、发展型、廉政型国家。

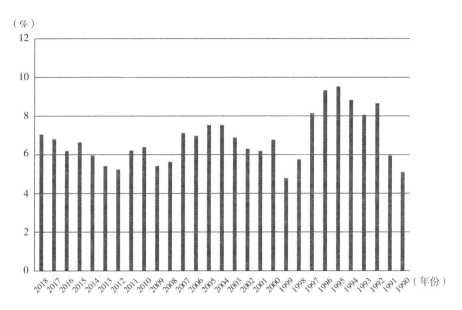

图1-2　1990~2018年越南经济增长速度

资料来源：国际统计年鉴。

一些政府高官已经提出发展数字经济高新技术的方向；亚洲开发银行（ADB）的专家提出，越南需要1100亿美元进行基础设施投资建设。可以预期，越南经济转型发展的速度将进一步加快。

正因如此，一些学者看到了中越合作的巨大机会，因而建言，"鉴于越南宏观经济的有利形势与资产价格上升的机会，中国企业应该更加积极开拓在越南的贸易和投资机会"，"深耕越南市场是经略周边国家的战略选择"①。

根据海关总署提供的信息，2020年前5月，中国与东盟贸易总值为1.7万亿元，增长4.2%，占中国外贸总值的14.7%；中国与欧盟贸易总值为1.61万亿元，下降4.4%，占中国外贸总值的13.9%；中美贸易总值为1.29万亿元，下降9.8%，占中国外贸总值的11.1%；中日贸易总值为8463.6亿元，下降0.3%，占中国外贸总值的7.3%。上述变化显示，2019年中国对外贸易的基本格局还是：欧盟—东盟—美国—日本；但是，到2020年以后，这一格局发生了根本变化，变成了：东盟—欧盟—美国—日本，东盟取代了欧盟，成为中国最大的贸易伙伴，这也使得推动沿边开放与跨境贸易合作

---

① 裴长洪.越南营商环境与中越经贸关系发展分析［J］.国际贸易，2019（6）.

的未来趋势进一步看好。

尤其我国是一个资源矿藏开发规模较大、人均资源严重不足的国家，制造强国的建设需要大量进口国际资源，以满足工业化过程对资源的需求。加强与周边国家的合作十分重要。根据有关资料，我国周边国家资源丰富，14 个毗邻国家和伊朗的石油储量占全球的 20%、天然气储量占 42%、铁矿储量占 34%、铜矿储量占 23%、镍矿储量占 23%、钨矿储量占 27%，是世界上诸多大国竞相争夺的新兴能源基地和重要战略资源区。加强与周边国家的分工合作，有助于短距离输入我国短缺的矿产资源，以低运输成本中获得大规模的资源保障，更好实现对制造强国减少的资源支撑。

第三，"一带一路"建设机遇。

由习近平总书记倡导和推动的"一带一路"倡议，旨在通过政策沟通、设施联通、贸易畅通、资金融通、民心相通，深化中国与亚欧大陆各国之间的经济联系，共同建设人类命运共同体，实现跨国跨地区的经济贸易往来。近年来，我国深化对"一带一路"沿线国家的经济贸易合作，取得了较好的经济效益，"一带一路"国家在中国对外开放中的地位明显提升。根据国家统计局提供的信息，2019 年，我国货物进出口总额 315446 亿元，比上年增长 3.4%。但是，与"一带一路"沿线国家进出口往来的增势更快。我国对"一带一路"沿线国家合计进出口增长 10.8%，高出整个货物进出口总额增速 7.4 个百分点。随着"一带一路"倡议的推进，尤其是六大经济走廊即中蒙俄经济走廊、亚欧大陆桥经济走廊、中国—中亚—西亚经济走廊、中巴经济走廊、孟中印缅经济走廊、中国—中南半岛经济走廊的联通效应进一步显现，将把中国经济腹地经过中国沿边地区与中国周边国家联系在一起，而"一带一路"中政策沟通、设施联通、贸易畅通、资金融通、民心相通的许多工作，也都可以经由沿边地区前沿衔接，中国沿边在"一带一路"倡议的建设中的地位进一步凸显。通过"一带一路"加强中国与周边国家的经济合作，会把扩大开放连接周边与扩大开放经略边疆结合起来，把建设"一带一路"的重大成果借势外溢到中国沿边地区。

第四，新一轮西部大开发的机遇。

进入 2020 年后，党中央、国务院对西部发展问题更加重视，加大工作力度推动西部大开发。西部拥有中国 80% 以上的陆地边界，与除朝鲜以外的 13 个邻国接壤，是沿边开放的主战场。2020 年 5 月，《中共中央国务院关于新时代推进西部大开发形成新格局的指导意见》正式出台。这一政策文件开宗明义地提出："新时代继续做好西部大开发工作，对于增强防范化解各类风险能力，促进区域协调发展，决胜全面建成小康社会，开启全面建设社会主义现代化国家新征程，具有重要现实意义和深远历史意义。"在具体政策方向上提出，要"深化市场化改革、扩大高水平开放"，"形成大保护、大开放、高质量发展的新格局"。在重点工作任务中明确指出，要"以共建'一带一路'为引领，加大西部开放力度"。这一重大任务实施，包括了多个方面：积极参与和融入"一带一路"倡议；强化开放大通道建设；构建内陆多层次开放平台；加快沿边地区开放发展；发展高水平开放型经济；拓展区际互动合作。由此可见，沿边开放是新一轮西部大开发重要内容，是推动新时代西部大开发形成新格局的重要动力。换句话说，推动新一轮西部大开发，也在一定程度上意味着推动新一轮的沿边大开放。

第五，扩大内需推动基础设施建设的机遇。

在多年来发展实践中，基础设施在投资驱动发展中的作用不可或缺。在多次推动经济复苏与化解过剩产能时，基础设施建设都扮演极其重要的角色。2019年底的中央经济工作会议明确提出，"要着眼国家长远发展，加强战略性、网络型基础设施建设，推进川藏铁路等重大项目建设"。2020年3月4日召开的中央政治局会议明确确定，"要选好投资项目，加强用地、用能、资金等政策配套，加快推进国家规划已明确的重大工程和基础设施建设"。新一轮基础设施建设的开展，沿边基础设施薄弱地区的补短板将有望被置于重要地位，川藏铁路等联系沿边地区的重大基础设施建设，将进一步沟通内地与边疆，有利于沿边地区开放发展。

第六，中央支持地方发展指导性政策不断精细化与优质化的机遇。

在推动沿边地区对外开放方面，中央日益重视精细化的政策设计，把专项政策与解决地方开放中的具体问题结合起来。比如，近年来，中央在扶贫开发中强调精准扶贫、精准脱贫，广西等沿边地区就把贫困户精准选取出来，精准组织起来，引领其参与对外贸易，按照市场化模式付出劳动努力，并在边贸合作中实现脱贫。在广西崇左市组织的边贸合作社、边民互助组中，贫困户都占有一定比重，边贸带动脱贫的效果十分明显。又比如，商务部、自然资源部针对边境经济合作区发展投资不足效率较低问题提出的"小组团"指导性政策方案①，也体现了精细化和优质化的思维。该政策要求，各地在推动边境经济合作区建设中，探索"小组团"滚动开发新模式，以便在区域空间开发中节约资

---

① 商务部，自然资源部关于推动边境经济合作区探索小组团滚动开发的通知［EB/OL］. 中国政府网，2019-7-31.

源，更好地集聚产业发展要素，在分片分期滚动开发中，集约建设边境经济合作区。

第七，技术革命带来贸易方式变革的机遇。

技术革命带来的生产与交易方式变革，可以影响到诸多方面包括跨国贸易。2012年，美国商务部经济分析局（USBEA）在《数字化贸易服务的趋势》的报告中，提出了数字化服务贸易的概念，并把范围确定为由于信息通信技术进步而实现服务的跨境消费，具体分类包括版权和许可费、金融和保险产品、长途通信、商业、专业和技术服务等。在eBay，90%的商家开展过跨境贸易①。根据百度百科信息，数字贸易可以降低贸易成本40%左右，甚至达到70%。通过数字贸易，可以减少边境直接贸易中出现的海关"敲竹杠"等腐败行为②。

技术创新能力的提升，还有利于提高通关便利化水平。世界经济论坛的研究表明，如果现在能把通关条件减少一半，全球贸易将提升15%，全球GDP将提升5%。但与此形成对照的是，即使把全球的进口关税都取消，也只能使GDP提高不到1%。因而，提高通关效率的重要性远远大于取消进口关税。著名经济学家张五常所言把关税降低为零，可以使经济大幅度增长的说法不仅不可信，缺乏现实依据与基础，也与主权国家应该采取的正常政策管理策略不相符合。把张五常的观点实践化，将会导致中国大量国内劳动密集型产业流向东南亚低收入国家，削弱中国的产业基础尤其是制造业基础，进一步掏空因泡沫经济泛滥被削弱的实体经济，影响到中国的劳动力就业。因而，张五常的观点不仅无益，而且有害。根据有关专家的研究，通关便利化有利于经济增长的另一个例证是，DHL公司把加速通关的相关管理经验与技术传授给一些发展中国家，带来明显的通关成本降低效果。根据有关资料，仅仅航空货运行业单据电子化一项，就可以节约120亿美元，并杜绝了因单据差错带来的航空货运延误③。除此之外，通关便利化还可以减少物流管理的库存积压成本。

第八，跨区域产业转移的机遇。

在沿边对外开放开发中，中央政府意识到，发达地区和沿边地区经济社会发展差距巨大，但靠沿边地区独立地内生性自主发展，难以实现脱贫致富，也不利于沿边地区对内对外开放。因而中央政府采取的措施是鼓励跨地区合作。中央政府已经采取措施，鼓励跨地区产业转移，通过产业转移促进不发达地区的经济发展。《国务院关于中西部承接产业转移的指导意见》提出，中西部地

①②③ 帕拉格·康纳.超级版图——全球供应链、超级城市和新商业文明的崛起［M］.中信出版集团，2016：300.

区包括沿边地区要积极承接国内外产业转移，完善合作机制，促进区域协调发展。在沿边发展营商环境不断改善、发展潜力进一步释放的背景下，沿边地区对国内外产业转移的吸引力不断增强。推动跨地区产业转移，可以把沿边地区各类要素成本较低的优势与企业在市场一体化组织的优势结合起来。

第九，跨地区经济援助的机遇。

在沿海与许多沿边省区之间，党中央、国务院奉行对口支援的政策，支持不发达沿边省区发展。对口支援的模式，可以把发达地区的资本优势与沿边地区的区位与资源优势结合起来，寻求以相互开放实现共同发展的目标。要鼓励发达地区与结对支持的沿边省区在口岸建设、资源开发、生态建设、特色产业发展、园区建设等方面寻求合作机会，实现在利益导向下的共同发展。2018年底，商务部制定对口帮扶三年行动计划，鼓励发达地区的经济技术开发区与沿边地区的边境经济合作区、跨境经济合作区结对子，并且在许多经济技术开发区与边境经济合作区之间形成一对一或者二对一的对口支援关系（见表1-17），这有助于产业园区的跨地区合作，发挥各自的资源禀赋，寻求跨地区优势互补，推动边境经济合作区更好发展。

表1-17　国家级经济技术开发区、边境经济合作区结对名单

序号	边境经济合作区（17家）		结对的国家级经开区（22家）	
	省份	边合区名称	省份	经开区
1	内蒙古	满洲里边合区	山东	东营经开区
2	内蒙古	二连浩特边合区	山东	日照经开区
3	辽宁	丹东边合区	辽宁	大连经开区
4	吉林	珲春边合区	福建	泉州经开区
5	吉林	和龙边合区	浙江	义乌经开区
6	黑龙江	黑河边合区	浙江	嘉兴经开区
7	黑龙江	黑河边合区	广东	珠海经开区
8	黑龙江	绥芬河边合区	浙江	湖州经开区
9	广西	东兴边合区	天津	天津子牙循环经济产业区
10	广西	凭祥边合区	江苏	南通经开区
11	广西	凭祥经开区	上海	闵行经开区
12	广西	凭祥经开区	山东	青岛经开区
13	云南	瑞丽边合区	江苏	扬州经开区

续表

序号	边境经济合作区（17 家）		结对的国家级经开区（22 家）	
	省份	边合区名称	省份	经开区
14	云南	河口边合区	江苏	吴江经开区
15	云南	畹町边合区	江苏	淮安经开区
16	云南	临沧边合区	江苏	江宁经开区
17	云南	临沧边合区	浙江	义乌经开区
18	新疆	伊宁边合区	江苏	南京经开区
19	新疆	博乐边合区	湖北	武汉经开区
20	新疆	博乐边合区	江苏	沭阳经开区
21	新疆	塔城边合区	辽宁	沈阳经开区
22	新疆	吉木乃边合区	吉林	长春经开区
23	新疆	吉木乃边合区	山东	胶州经开区

资料来源：商务部网站。

第十，沿边各省区发展积极性不断激发的机遇。

在地区竞争锦标赛中，沿边各省区自我发展的积极性不断上升。进入 21 世纪时，内蒙古自治区曾经数年保持在全国领先的高增长速度，在国家发展中的地位不断提升。近年来，西藏、云南省区的经济发展速度加快，引起人们的高度重视。这说明，在资源与要素配置条件不断变化的情况下，沿边地区只要抓住优势，把政策优势、本地资源优势与开放优势结合起来，完全可以实现率先加快发展。从国家层面看，在各个地区不断寻求资源供给和建立新的发展优势的情况下，如果顺势而为，赋予沿边地区更大开放优势，将有助于进一步激发沿边发展活力，促进沿边地区更好利用开放区位和开放合作资源，推动沿边地区加快现代化进程。

（二）沿边开放面临的挑战

1. 中国自身遭遇到的挑战

第一，沿边开放虽然加快，但是大规模的开放起步较晚，历史累积性开放不足，导致沿边开放总体滞后。在中华人民共和国成立的前 30 年经济发展中，实行了一定的开放政策，先是引进俄罗斯而后着力引进和吸收西方的设备、技术，这一过程中沿边开放在国家开放中的地位不高，也受国家间关系的影响，甚至由开放开发转向关闭封闭之路。之后 40 年，国家加快全国性的开放步伐，但开放政策重点相当长时期在沿海地区，实施的是大进大出、加入国际大循环战略，区域层面推进是按照"经济特区—沿海开放城市—沿海经济开发区—内地"的模式进行的①，西部包括沿边地区在内地之列，属于后开放地区，相当一段时期在整个国家开放中的地位并不突出。进入 21 世纪以后，尽管实施了西部大开发战略，但是由于加入世界贸易组织，国家对外开放重心放在应对不断扩大的国际市场需求上，沿边开放的作用也没有得到充分重视。一些学者也认为，在中国开发开放中，存在经济带开发开放过程先后次序的差别（见表 1-18），沿边开放属于启动开发形态②。甚至直到 2014 年，时任商务部副部长的钟山在参加中国发展高层论坛时也表示，中国对外开放是由沿海向内地推进的，中西部开放程度总体滞后③。

表 1-18　我国经济开发的区域空间分布

区域开发类型	区域经济开发带	区域开发极核区
强开发类型区	东部沿海开发带	环渤海经济圈，长江三角洲区，闽南大三角区，珠江三角洲区、海南岛
	长江沿岸开发带	武汉极核区，重庆极核区
积极开发类型区	第二座亚欧大陆桥开发带	桥头双堡，晋陕内蒙古能源集中开发区，黄河上游水电有色金属集中开发区
启动开发类型区	沿边经济开发带	东北边疆区，西北边疆区，西南边疆区
	京九铁路沿线开发带	冀中、鲁西、豫东平原区，大别山、井冈山区、粤东山区

资料来源：朱华友（2004）。

第二，沿边产业化平台经济效率相对较低。

整体来说，沿边地区远离国内市场，远离国内技术创新中心，资源要素供给水平与能力有限，在同等条件下与国内其他地区竞争处于不利地位，产业化平台效率较低。具体地说，边境经济合作区建设尽管取得较大成就，但就整体经济效益与发展水平来说，甚至与各个沿边省会或者首府城市高新技术产业开发区、经济技术开发区的产业规模、管理水平、产出效率都存在较大差异，基

---

① 赵紫阳. 沿着有中国特色的社会主义道路前进（1987-10-25）[EB/OL]. 中国政府网，2007-8-29.

② 朱华友. 空间集聚与产业区位的形成：理论研究与应用分析 [D]. 东北师范大学博士学位论文，2004.

③ 谢雅楠，钟山. 构建开放型经济新体制是必然选择 [N]. 中国经济时报，2014-3-24.

础设施落后、外来投资不足、好的产业化项目较少，对边境合作区建设构成严重制约。如果与沿海发达地区产业园区相比，沿边的产业化平台更显落后。根据有关方面 2016 年的统计，近 20 年来，沿海地区对外贸易年均增速超过 20%，几乎是沿边的 2 倍①。

第三，沿边开放的优惠政策，被跨国一体化合作趋势部分抵消。

在推动对外开放政策实践中，中国一直致力于与周边国家加强经济贸易往来，减少政策壁垒和限制，实现国与国经济交往中的互利共赢。为此，中国推动了中国—东盟自由贸易区的建立。目前，中日韩自贸区谈判、10+6 区域全面经济伙伴关系（RCEP）建设谈判都在紧锣密鼓开展之中。届时，中国与周边国家的经济一体化会进一步加深。在这种状况下，中国与周边国家的关税总水平会降低，甚至对个别产品实行零关税。这样，立足于赋予特殊边境贸易政策的沿边开放以往享受关税减免优惠的地位，会因此相对削弱。因优惠利差缩小，沿边地区对内地资源与要素的吸引力也会下降。

第四，周边国家毗邻地区对开放资源的积极争取，对沿边地区的开放资源获取构成直接竞争。在资源与要素跨国流动的情况下，许多周边国家的毗邻地区争取中国境内的企业跨国投资，并且赋予一定的政策优惠，对沿边地区对外开放构成有力的竞争，形成沿边地区与周边国家毗邻地区争投资、争市场、争开放资源的局面。

2. 周边国家自身政策或者双边关系影响到中国沿边开放

沿边开放政策的实施和边境优势的发挥，没有周边国家的配合与支持，是难以实现的。中华人民共和国成立前 30 年，因为周边国家政策的改变，往往影响到我国沿边开放政策的实施。口岸的开放从来是双向开放，也只有双向开放时，才能实现商品与要素的正常流动。而当一个国家口岸开放，另一个国家口岸封闭时，正常的商品与要素流动会被扼杀，边境开放与封闭没有太大差别。因而，中国的沿边开放功能要得到最大化发挥，需要周边国家以对等模式加以配合与支持，而周边国家的开放，也有利于本国沿边经济的发展。

应该说，我国沿边开放政策取得重大成就，与周边国家的沿边开放政策支持分不开。但是，沿边开放没有达到最优效果，也有周边国家的许多制约因素影响，问题与障碍也客观存在。

首先，周边一些国家开放政策调整改变。每一个国家的决策者都希望以政

---

① 石岩. 中国发力扭转对外开放"东强西弱、海强边弱"[EB/OL]. 中国新闻网，2016-1-11.

策工具实现国家发展、民众幸福的目标，而贸易政策体现国家主权，清晰反映国家对跨国商品与要素往来需要的判断，世界各国都希望国家经济交往中实施更好的贸易政策。不过，政策善变也会带来资源与要素配置的不确定性，妨碍跨国经济与贸易往来。因而，在沿边开放中，实行稳定的可预期性开放战略，有助于建设稳定的双边合作关系。但是，有研究者注意到，1997~2008年，越南频繁调整贸易政策（见表1-19），这无疑影响到我国与越南之间的沿边经贸往来①。另有学者注意到，越南的一些口岸通关缴纳税费比其他口岸高，限制了中国产品自口岸进入越南沿边地区。曾经有报道说，一套实际价格只有60元的中国燃气灶，在越南芒街海关要缴纳150元的越南海关关税。② 位于甘肃省的马鬃山口岸和蒙古的那然色布斯台口岸在1992年经中蒙双方商定，相互予以开放。但是不久后的1993年，蒙古方面因为自然保护区缘由，单方面关闭蒙方那然色布斯台口岸，导致口岸的开放和交换功能丧失。

表1-19　1997~2008年越南贸易政策的多次改变

时间	政策调整内容	政策发布机构
1997年5月	禁止进口钢铁、钢坯、钢卷、水泥、建筑玻璃、运输工具、纸类、糖业类、电扇、自行车、摩托车等商品	越南贸易部
1998年	禁止部分商品出口，并对纺织品、大米、石油、化肥等一些商品实行进出口配额	越南政府
1999年4月	从5月5日起对进口蛋品实行许可证管理	越南贸易部
1999年7月1日	从8月1日起对15类进口商品实行计税最低限价。（上述实行的计税最低限价15类商品和实行许可证管理的7类进口商品，大部分是我国向越南出口的轻工产品、日用消费及建筑材料）	越南财政部
1999年7月15日	从8月15日起增加7类进口商品实行许可证管理等规定	越南贸易部
2002年1月7日	从中国进口水果200吨以上需要产地证	谅山省贸易厅
2002年	自2002年2月20日起，越南对从中国进口水果和农副产品提高计税价格，幅度约15%（至2003年5月又停止执行该规定，恢复执行原来规定）	越南海关

① 谭慧.人民币区域化在广西中越边境贸易及边贸结算中的实证分析［D］.西南财经大学硕士学位论文，2009.
② 廖东声，熊娜."一带一路"战略与中越沿边开发开放经济带建设研究［M］.经济管理出版社，2015：85.

续表

时间	政策调整内容	政策发布机构
2008 年 5 月	从 6 月 1 日起出口煤炭必须通过正规的贸易途径及银行结算方式，暂停边境小额贸易煤炭进口	云南工贸部
2008 年 7 月	制定减少进口商品逆差相关方案，对原材料、机械设备等商品的进口总值进行了规定，并出台多项限制政策，大幅度提高资源性产品的进口关税	越南工贸部
2008 年 10 月	暂停砂石（含河沙、海石和海砂）建筑原材料进口。降低原油与部分钢铁出口关税	越南财政部

资料来源：谭慧（2009）。

其次，国家间政治关系深刻影响到边境贸易和跨境合作。中国与印度是全世界人口第一、第二大国，经济总量第二、第五大国。两个毗邻大国之间的贸易份额升高，边境合作加深，本来应该是国家间经济合作中最平常不过的事件。2016 年，中印两国贸易额达到 696.2 亿美元。但与此同时，有学者注意到，中印边境贸易额还不到中国与尼泊尔边境贸易额的 1/9①，这在一定程度上因为双方存在未划定边界。在两国存在领土争端的有争议区域，多年来很少有双边跨境贸易开展。据有关方面提供的资料，多年来西藏的边境口岸数量没有因为国家扩大开放而增加，甚至往往因为中印双边关系紧张而频频关闭边境口岸，这导致边境线两边的比较优势得不到发挥。

中国在西南方向与周边其他国家的关系也谈不到和睦。中国与不丹没有外交关系，连接中国与不丹之间的亚东口岸多年没有得到充分利用。中尼之间关系有所改善，但是，双边互联互通工作还处在起步阶段。中缅关系磕磕绊绊。缅甸国内存在强烈的民族矛盾，各部族之间的关系比较紧张，各部族与中国之间的经济与社会关系不同，加上社会制度、发展阶段的不同，使得缅甸中央政府对与中国沿边地区的合作抱持一定戒心。云南沿边地区的一些官员在谈及两国沿边交往合作时指出，我方对缅甸政府的合作态度、政策导向、管控要求、管控方式、协调机制研究得不深不透，对缅甸把握不准确、研究不够深、意向不清楚。缅甸政府对与中国开放合作积极性不高，开发口岸不对等，存在着亲

---

① 赵春江. 中印边境口岸，世界最捉摸不定的陆路口岸 [J]. 中国国家地理，2018（7）.

而不合的状态（牛建宏，2016）①。这显示，假如两个国家之间的信任度不够，一定影响到沿边地区的合作与交往。

再次，国家之间的法律制度、管理规范影响到沿边开放合作的进行。比如，俄罗斯和中亚一些国家在贸易中采取灰色清关等不规范通关模式，紧接着是没收货物或者开出大单罚款，中国跨境贸易的商人深受其害，影响到国家之间贸易的开展。哈萨克斯坦、俄罗斯都未制定专门化边境贸易政策，导致国家之间贸易政策不协调、不衔接②。又比如，通过边民互市贸易购物，中外政策存在较大差异。以中国与哈萨克斯坦之间的边民互市贸易来说，中方的认可标准是，每名哈萨克边境地区的居民可以携带 8000 元的免税货物，但对重量没有具体要求；哈萨克斯坦的海关管理政策是，对货物的价值没有要求，对货物的重量要求是 50 千克。

最后，不少邻国开放平台建设比较落后。具体地说，周边一些邻国的口岸建设、口岸集疏运道路、口岸管理还比较落后。相对来说，从中国出境的货物，在中国边境一侧运输和通关都比较迅速；但到了境外一侧，运输和通关则效率大为降低，成为阻碍中国沿边对外开放的卡脖子地段，也使得货物到达客户手中时费时较多。比如，广西越南边境的边民互市点多数没有接通越南的公路，导致越方人员往来不便，影响了边民互市点潜力的发挥，也给边民之间的货物贸易带来不便。又如，尼泊尔的雅犁口岸、印度的贡吉口岸都与西藏的普兰口岸相对，皆为国际常年开放公路口岸，但是因为尼泊尔和印度的公路未修到口岸，口岸与其他地区的交通联通功能不正常，影响到口岸对货物的集疏散能力，进而影响到边境贸易的开展。

以上分析表明，沿边开放的机遇与挑战同时存在，但是机遇众多，需要善加利用；挑战客观存在，需要加以慎重应对。但是，沿边开放的机遇多于挑战，机遇也大于挑战，有利于沿边加快开放、扩大开放。

五、高质量建设沿边月牙形对外开放经济带

（一）重要意义

我国陆地边境从广西北部湾经过西南、西北、东北到辽宁鸭绿江口，全长

---

① 牛建宏．"一带一路"战略背景下临沧边境经济合作区面临的机遇与挑战［J］．云南行政学院学报，2016（6）．

② 穆沙江·努热吉，何伦志．丝绸之路经济带战略下新疆口岸的建设与发展［J］．中国流通经济，2016（6）．

2.28 万公里，形成一个不规则的月牙环形地带，分布着 9 省区 136 个边境县（旗、市、市辖区）和新疆生产建设兵团 58 个团场，与周边 14 个国家和地区接壤，面积 212 万平方公里，人口接近 2500 万。沿边地区战略地位重要，开放潜力巨大，发展责任重大。高质量建设沿边月牙形开放经济带，符合以习近平同志为核心的党中央对推动边疆建设的要求与期望，对于实现我国经济社会发展长远目标具有重要意义。

第一，建设沿边开放经济带，是推进更高水平对外开放的需要。建设沿边月牙形开放经济带，进一步提高沿边开放在整个国家开放中的地位，更好协调沿海、内地、沿边开放之间的关系，推动开放型经济要素向沿边地区流动，不断开创对外开放新局面。

第二，建设沿边开放经济带，是推动"一带一路"倡议的需要。建设沿边月牙形开放经济带，可把沿海城市、内地城市与沿边城市沿"一带一路"重要通道串接起来，增强沿海对沿边的辐射传导机制，发挥沿边对"一带一路"倡议的支撑作用。

第三，建设沿边开放经济带，是优化区域布局、促进区域协调发展的需要。建设沿边月牙形开放经济带，有助于形成以开放推动区域发展的新动力，改善沿边地区的投资环境，增强沿边地区对内外资的吸引力，缩小沿海与沿边发展差距。

第四，建设沿边开放经济带，是保证国家资源供给的需要。建设沿边月牙形开放经济带，有助于把海外资源、沿边资源通过物流通道输送到国内其他地区，提高矿产资源、能源资源和其他初级产品供给保障率，服务于国家长期发展目标。

第五，建设沿边开放经济带，是加快少数民族地区发展保障长治久安目标实现的需要。应通过建设沿边月牙形经济带，不断释放沿边地区发展潜力，有助于提高人民生活水平，促进民族团结，不断增进中华民族共同体意识，促进沿边地区的长治久安和共同繁荣。

从国家整体对外开放的角度看，推动沿边开放，有助于形成国家全方位开放新格局。在沿海开放以后推动沿边开放，可形成国家圆环式、整体化的对外开放格局。沿海开放，主要立足于向海洋开放，向西方发达国家开放，惠及的是沿海密集型的人口与资源禀赋较好的工业基础。沿海开放的成就，通过中国加入 WTO 后释放工业化潜力得以升华。新时期的沿边开放，与"一带一路"倡议可以很好地融合起来，面向的开放对象主要是发展中国家。在中国与西方尤其是美国贸易摩擦不断、沿海开放面临转型发展之际，推动沿边开放，标志着中国开放重心的顺势变化，可以增量扩大中国与发展中国家之间经济贸易往来，以对发展中国家的开放部分替代对发达国家的开放，可以拓展中国全球化合作空间，体现了新时期对外开放的转型要求。

（二）指导思想

以邓小平理论、"三个代表"重要思想、科学发展观、习近平新时期中国特色社会主义思想为指导，切实贯彻新发展理念，把沿边开放放在统筹兼顾"一带一路"倡议、促进区域协调发展、构建人类命运共同体的高度加以认识，积极实施新一轮沿边开放战略，全方位、深层次、多领域地推动沿边地区对外开放，以开放促开发、以开放促发展，积极推进贸易活边、贸易兴边、贸易强边，在高质量沿边开放中谋求要素集聚、贸易转型、产业升级、跨越发展，加快建设衔接周边国家、连接沿海腹地、资源合理配置、民生逐渐改善的沿边外向型经济体系，努力把沿边地区塑造成我国面向亚洲、通向世界的"金边"区域，促进沿边经济社会持续稳定发展，高标准谋划、高水平推进、高质量建设沿边月牙形开放经济带。

（三）发展定位

第一，拉动内需、促进沿边经济发展的重要抓手。

要通过建设沿边月牙形经济带，推动沿边开放型经济体系再上新台阶，发挥开放型经济体系中基础设施、公共服务等功能性建设的作用，叠加国家经济增长体系逆周期政策调节效果，以开放推动开发，以开放带动发展，把沿边开放作为实现沿边高质量发展的新动力源，使扩大沿边开放成为推动国家经济增长的积极力量。

第二，构建亚洲命运共同体的重要纽带。

2015年，习近平总书记在博鳌亚洲论坛上指出，迈向命运共同体，开创亚洲新未来。高质量建设沿边月牙形开放经济带，将发挥中国沿边地区"金边"两边亮的作用，在兼顾本国利益的同时增进周边国家利益，加强区域与次区域合作。一方面沿边开放有利于以开放引领沿边地区实现较快发展，另一方面使沿边开放发展成果外溢到周边国家的毗邻地区，实现跨国需求放大，叠加互利双赢效果，增强国家间经济合作伙伴联系。

第三，中国推动"一带一路"前沿阵地建设的崭新部署。

"一带一路"倡议是亚欧大陆广泛领域的跨国合作，互联互通是"五通"联结的重要内容。互联互通从周边国家开始。没有与周边国家的互联互通，"一带一路"倡议无从谈起。积极推动沿边地区对外开放，有助于把沿边地区建设成面向"一带一路"的前沿阵地，加强与周边国家"互联互通"。"互联互通"不仅有利于中国与周边国家的商品与要素往来，更有利于周边国家国内不同区域的互联互通。扩大沿边开放，将放大与亚洲邻国互联互通效应。

第四，促进区域协调发展的重要保障。

《中共中央、国务院关于建立更加有效的区域协调发展新机制的意见》指出，"支持沿边地区利用国际平台，积极主动开展国际区域合作"。推动沿边地区扩大开放，体现了细化区域政策尺度，针对不同地区制定差别化、精准帮扶沿边地区发展的政策思维，有助于推动有潜力的沿边地区更好发挥比较优势，加快沿边欠发达地区更好发展，是推动全国区域发展的重要环节与关键步骤，也是实现区域协调发展重大战略目标的政策保障。

第五，推动边民致富，保障和改善民生的重要依托。

在我国划出的14个集中连片特困地区中，有10个分布于我国沿边或紧邻沿边的地区①。要通过构筑沿边月牙形开放经济带，在更深更广层面扩大沿边对外开放，有助于改善沿边居民的生产生活条件，激发沿边地区的内生发展动力，让广大边民在开放中参与商品生产、商品流通和商品交换，增加边民自我价值实现的成就感、获得感、幸福感，进一步保障和改善民生，兼顾经济发展、长治久安与社会稳定目标实现，满足沿边民众对美好生活不断增长的需要。

（四）实现目标

通过"十四五"不断推动沿边开放，争取沿边地区经济社会面貌发生新的重大变化。

基础设施进一步完善。沿边地区的铁路网、公路网、航空网、互联网等网络密度有所增加，能源、供排水、污水处理等公共设施供给有所改善，国际大通道建设加快，跨国通达性明显提升，边境重点城镇对国内外周边区域交通和物流枢纽地位凸显，区域辐射带动作用得到增强。

综合经济实力明显增强。固定资产投资快于所在省区平均水平，经济增长速度快于所在省区平均水平，经济结构不断改善，第二、第三产业保持相对较

---

① 罗雨泽. 加强协调联动，推进沿边开放开发［N］. 经济日报，2018-5-18.

快增长，财政收入保持一定增长速度，沿边在各省区的经济影响力不断增强。

产业转型升级再上新台阶。园区经济在整个沿边经济的带动作用增强，能源、矿产资源开放利用取得新进展，特色农牧产品加工出现有了新突破，资源输入型加工和面向周边国家最终需求的加工型产业获得新发展，跨境商贸物流、跨境金融、跨境旅游等特色产业得到一定程度发展。

外向型经济水平明显提高。对外经济合作进一步深化，口岸、互市贸易区、边境经济合作区得到新发展，企业、边民参与沿边开放的规模不断扩大。沿边地区营商环境得到改善，各类开放平台对资金、技术、人才的吸引力大增，招商引资数量与质量提升，口岸对沿边开放开发的支撑作用进一步增强。

人民生活水平不断提高。在开放中参与，在开放中共享，促进沿边地区更多居民参与外向型经济活动。在开放中促进产业结构、就业结构与城乡结构的转变，城镇化水平有所提高，城乡居民收入维持相对较快增长速度，在更高脱贫水平基础上的贫困比例有所下降，民族团结、社会发展、边境安全持续改善和优化。

六、新时期推进沿边对外开放的主要任务

（一）积极推动沿边基础设施建设

继续加强跨境互联互通大通道建设。加强与周边国家的协商，建设包括铁路、公路、能源、航空、光纤等设施的跨境通道，促进跨国城市之间物流、人流、资金流、信息流等多种商品与要素的互联互通。应配合国家重大战略需求，全力支持"一带一路"等大通道境外段的建设，也要做好境内沿边段的站点规划建设、物流设施连接，做好与大通道的设施连接，畅通"静脉"和"毛细血管"微循环，形成跨国通、沿边通、城镇通、区域通、一通百通的沿边开放发展格局。沿边交通运输基础设施的建设，应该有重点、有指向地谋篇布局。西北、东北跨国运输设施的建设，应该更多地向跨区域矿产、能源、木材、农产品等大宗物资跨区域运输方向转变；西藏沿边地区应该突出补短板作用，加强中心城市、地州城市与沿边一线的交通连接；滇桂地区应该突出集约布局和能力提升。在此基础上，各地应探索开展跨境多式联运，在基础设施畅通后实现物流效率提高。

加强沿边地区铁路建设。推动"一带一路"大通道基础设施与沿边地区的

交通设施接轨或者连接，使沿边地区能够借助跨境交通输入输出更多资源和商品，参与全球产业分工合作；推动境内高速铁路、铁路向沿边延伸，并尽可能向重点地市州和重要边境口岸延伸。在自然条件较好、经济相对活跃的省区，可以在充分论证基础上，规划建设沿边铁路，并将其与国家的主要铁路大动脉连接在一起。

加强沿边地区公路建设。加强干线高速公路建设，形成以省会或者首府城市为中心，以边境地州城市为节点，尽可能延伸和辐射沿边一线县市和重要城镇的高速公路网络。通常而言，在省市县级和边境口岸层面的道路联通，尽可能采用高速公路，乡镇公路采用高等级公路，通村道路采用硬化路面，符合道路建设规律。但各地情况差异较大，应该因地制宜，有所差别。

加强沿边地区的航空建设。推动沿边省会城市与周边国家的航权开放，开辟跨国航线，逐步提高沿边省会或首府城市的航空枢纽地位，加强与周边国家之间的分工合作。加强省会城市或者首府城市机场与地市州之间航空联系，丰富和完善省区内航线资源配置，适度重视建设支线机场和通用机场。

加强沿边地区的口岸基础设施建设。加强对各地口岸的发展规划，明确区分综合性口岸和专业化口岸，以便针对腹地需要组织货源和促进专业化分工，使口岸建设与物流基地建设和产业分工相联系。完善口岸内部功能分工，在进出口通道布局安排中，应明确划分应急通道。此类应急通道平时做一般通道处理，满足进出口需求；但在非常时期应留出空间，保障国内外紧急物资可以顺畅优先通过。根据国际级口岸、国家一类口岸、二类口岸，确定基础设施的标准配置，建设联检大楼、查验货场、监管仓库、冷库、无害化处理设施、电子地磅、视频监控系统等设施，建设智慧口岸。加强边民互市贸易区建设，设置互市贸易区建设的技术标准，并根据互市贸易参与人员数量和交易规模，确定不同区域设施配置类型。尤其是要加强口岸集疏运功能建设，畅通口岸货物进出口通道。加强边防公路与口岸、互市贸易区、居民点之间的衔接，把边防建设与方便居民进出口岸、参与互市贸易联系在一起，把维护居民区、口岸和互市贸易安全利益作为重要职能，以一项基础设施建设的联通，实现多方面的建设外溢效果。

积极建设沿边河运设施。加强沿边河流港口、码头、仓储设施建设，争取跨国河流航运口岸开放，推动跨国旅游和商业运输，建设相互衔接、功能完善、通江达海的跨国水运体系。完善跨国河流航运口岸与内河口岸、界河口岸的一体化布局，实现河运航运资源的合理配置。加强河道疏浚与航道整治，尽可能利用廉价水运资源，发挥河运对其他运输方式的补充作用，使新增运能能够向铁路、公路等交通运输线路稀疏的山地丘陵区域延伸。尤其是，要积极发展粮食、煤炭、木材、建材等大宗货物水上运输。在各个沿边地区，都应尽可能重视水利设施、防洪设施、节水设施建设。

加强能源基础设施建设。加强西南、东北、西北三个方向上的跨境石油、天然气运输管道建设，通过跨国互联互通提高能源保障率。同时，在西藏、云南、广西等地重视发展水电、火电甚至核电，在保障沿边地区用电安全的前提下，加强与周边国家电网联通，为东南亚和南亚相关国家发展提供电力供应。

（二）积极推动沿边贸易转型升级

积极贯彻执行好《中共中央、国务院关于推进贸易高质量发展的指导意见》，不断深化贸易体制改革，积极促进贸易结构优化、贸易效益提升、贸易实力增强，更好地推动沿边地区贸易高质量发展。

重点发展边境贸易。把边境小额贸易与边民互市贸易统一考虑起来，因地制宜地加以发展。适度鼓励边贸企业积极发展边境小额贸易。要发挥企业经济实力强、内外沟通广的优势，促进边境贸易企业参与贸易活动。地方政府应该利用好转移支付政策，支持有资质的企业参与边境贸易活动，中央与地方政府可以根据内外物资需求的变化以及边境小额贸易企业贸易品的销售半径，对参与边境小额贸易的企业实行适度税收减免。应该实行加工贸易促进政策，鼓励参与边境小额贸易的企业把贸易与加工结合起来，把政策优势转化为加工优势，促进本地产业升级。2019年商务部提出支持边境贸易创新发展的政策措施中，明确了对边境小额贸易出口试点增值税无票免税政策，鼓励支持边贸企业对外出口。"十四五"期间，应该继续保持这一政策延续性与稳定性，使更多已注册企业参与到边贸出口中来。

要充分利用国家鼓励边民互市的政策，让更多边民通过主体化、合作化、全过程地参与边民互市贸易活动，以增加边民参与跨国商品交易的成就感和获得感。适度扩大边民互市贸易产品来源国范围，适度简化和放宽边民互市贸易产品原产地证明内容。尽管国内产能过剩问题突出，但鼓励边民参与跨国交易的政策应该维持并且加码。本书建议，到"十四五"末，可以考虑将边民贸易互市进口产品免税额度从目前的每人每日8000元扩大到每人每日10000元。同时，力争在"十四五"规划实施中，促进修订完善后的《边民互市贸易管理办法》和《边民互市进口商品不予免税清单》正式出台和落地，为各地海关规范边民互市贸易提供政策指导。与此同时，尽可能杜绝企业以极低报酬收集边民身份证名为互市实质走私的机会主义行为。鼓励采用边民互助组等模式"抱团出海"，减少个体独立经营闯市场的劣势，放大群体出海的规模优势、协商优势。在推动边民互市贸易方面开大门、走大路，积极培育和发展服务于边民互市贸易的二级市场、三级市场，为边民互市产品的流通创造条件。应完善边民贸易互市点基础设施建设，创造有利于跨境边民交流和交易的良好环境。适度放松管制，鼓励边民跨境赶集赶摆。

大力发展沿边一般贸易。实施多进多出、优进优出策略，加强与周边国家质量、标准、检测的相互认证，争取双边赋予税收等相互优惠政策支持，积极扶持外贸龙头企业发展，鼓励沿边符合条件的企业与个人扩大进出口，提高贸易议价能力，支持扩大能源类、矿产资源类产品进口。同时，积极鼓励沿边对外出口，尤其是扩大资本和技术密集型产品对周边地区出口，提高沿边省区乃至国家优质品牌产品在周边地区的市场占有率。

积极发展沿边加工贸易。支持加工贸易递增计划的实施，发展具有较高技术含量、较强资本密集度和较强市场竞争力的产品出口，培育食品、农产品、工业品等出口商品生产基地或者示范区。支持出口企业申报目标出口国质量管理体系、环境管理体系与行业标准认证和安全体系认证，争取周边国家对中国出口企业产品质量的政策背书。尤其是，要支持拥有自主知识产权、自有品牌与高技术含量高附加值的产品出口。同时，支持企业申请商标国际注册、生态原产地、产品境外认证，鼓励企业以并购方式获取国际知名品牌，培育一批具有自主知识产权和发展潜力的出口品牌到境外设立品牌专营店，扩大自主品牌产品出口。要更好地利用各类产业园区平台，在重视发展传统产业的同时，注重发展反映本地资源禀赋的先进制造业，积极培育加工贸易产业集群。在自然资源相对丰富或者周边地区资源多样化条件较好的区域，应集成各类资源与要素，打造集加工、商贸、物流于一体的专门进出口加工基地。应该强调的是，东北老工业基地加工基础较好，生产能力利用效率不高，应把加工能力与沿边地区的政策优势与开放优势相结合，加强制造业产能向沿边转移，在沿边地区积极打造面向周边区域市场的加工贸易基地。

进一步发展服务贸易。建设服务业发展载体，培育服务贸易发展主体，确立一批服务贸易重点企业，扩大服务消费，面向周边国家和地区积极发展咨询、广告、文化教育、软件、信息等服务，有条件的地方应积极发展离岸外包、服务外包，培育服务贸易作为新的出口增长点，形成沿边服务贸易促进体系。

积极发展跨境电子商务和数字贸易。搭建跨境电子商务平台，推动跨境电子商务经营主体和销售平台对接，创新发展跨境电子商务管理，开展网络推广、贸易撮合和线下供需见面，促进电子商务增值服务。积极发展数字贸易，发展面向周边地区、具有独特风味和民族特色的网络文学、网络游戏、网络教学，提升服务贸易技术含量。大力提升外贸综合服务数字化水平。

（三）积极推动建设现代化开放型产业体系

应适应国家建设现代化产业体系的要求，积极推动沿边地区发展新兴产业，淘汰落后产能，推动沿边地区缩小与发达地区在建设现代化产业体系方面的差距，更好地利用沿边和周边地区的资源，打造符合国内国外两个市场需求的现代化产业体系，增强沿边地区产业竞争力。

积极发展规模化、现代化农牧业。充分利用沿边地区土地资源相对丰富、土地类型多样的特点，宜农则农、宜林则林、宜牧则牧，大力发展现代种植业、畜牧业和水产养殖业，更好地发展现代化、规模化、集约化模式，推动农作物、药材、茶叶、油料、蚕桑、甘蔗、畜产品、渔业、水果、蔬菜等产品，服务于周边城乡，向农畜产品相对单一、种类有限的邻国提供丰富多样的农副产品及深加工产品。应该充分利用光照条件，在大小兴安岭和横断山脉南北林业区域发展林下种植、林下养殖，充分利用垂直生产空间。

努力推动新型工业化，积极建设沿边制造业基地。积极利用沿边与周边资源与条件，引进先进设备与技术，积极发展矿产资源开采加工业、能源产业、农副产品加工业、珠宝加工、木材加工、轻纺工业、化工工业、机电产业、电子信息、生物制药等产业，把沿边地区从中国的薄弱产业带打造成面向周边邻国的优势产业带，形成具有一定辐射和带动能力的产业高地。要根据市场需求变化，发展资源在外、加工与市场在内，或者资源和加工在内、市场在外的产业，满足国内外市场不断扩大的需求。在沿边地区发展现代工业，应该注重遵守国家环境保护管理规范和标准，推动废弃物循环利用，积极发展绿色生态工业，减少环境污染和对自然环境的损害。

重视发展服务业。围绕服务实体经济与服务民生需求，不断创新服务业模式与业态，推动商贸物流等产业发展，积极发展现代金融、跨境电子商务等新兴产业，培育发展研发、设计等生产性服务业，壮大发展生活性服务业。

在规范管理基础上积极发展金融业。应总结2013年滇桂沿边金融体制改革示范区建设经验，在沿边重点城市建立金融服务中心。引导沿边重点地区金融机构将吸收的存款主要用于服务当地经济社会发展。对沿边重点地区金融机构新增存款以一定比例用于当地贷款并达到有关要求的县域法人金融机构，落实存款准备金的激励约束政策。依法扩大沿边地区的担保服务范围，加强沿边保险、信用体系建设。积极推动和扩大人民币跨境使用，在沿边地区重点城市建立个人跨境贸易结算中心。加强与周边国家金融监管机构的合作，打击洗钱等不法行为。探索发展沿边重点地区与周边国家货币双向贷款业务，推动人民币海外投贷基金，支持企业"走出去"使用人民币对外贷款与投资。

推动沿边商贸物流业发展。加快建设沿边物流、仓储、配送、商贸基础设施，建设特色边贸市场、商品物流市场，尽快形成集产品加工、包装、集散、仓储、运输等功能于一体的区域性商贸中心、国际物流节点和配送中心，更有效地组织商品货源和集疏运。创新体制机制和管理方式，推动电子商务在边境地区的应用，大力支持发展跨境电子商务，支持一站式跨境物流企业入边发展。着力解决跨境电商通关难、结汇难、物流慢、通关时间长等问题，完善跨境支付、国际物流等服务体系，在重点口岸建设国际快件监管中心。

积极开展边境旅游和跨境旅游。下放边境旅游管理权限，探索边境旅游试验区建设模式，利用边境地区多样化的自然资源、民族风情资源、特殊的衣食住行条件，把旅游与文化结合起来，积极拓展全域旅游，发展具有地方特色的餐饮、文化演艺、书法绘画、手工艺品、旅游商品开发等产业。创新沿边旅游管理模式，允许国内居民持有效证件在沿边重点地区办理边境旅游手续，按照与周边国家协商并批准的线路及口岸出入境。

（四）积极推动打造多样化开放平台

进一步扩大对外开放，把推动多样化开放平台的扩容提质作为主要内容，逐渐推动对外开放平台等级制、标准化发展，把数量扩张与质量提升结合起来，满足高质量对外开放的要求。为此，要加强沿边对外开放平台规范化管理，形成主管部门、地方政府、社会团体、企业共同关注和支持多样化平台发展的合力，既要把更多沿边地区纳入国家级对外开放试验示范平台，增量扩大沿边开放试验示范范围；又要提高沿边开放质量，推动存量对外开放平台集约高效发展。

增量扩大沿边自由贸易试验区数量，提高现有自由贸易试验区质量。对沿边省区自由贸易试验区适度扩容，增设新的省区一级试验区；或者，在已有省区一级自由贸易区的基础上增设试验片区，扩大开放试验范围。同时，落实国务院《关于支持自由贸易试验区深化改革创新若干措施的通知》，进一步推动投资环境改善，提升贸易便利化水平，推动金融创新先行先试，以促进金融机构积极服务于实体经济发展。加快转变政府职能，进一步提升人力资源利用水平，多方面拓展自由贸易试验示范模式，提炼沿边地区新的开放经验，推广沿边开放好的做法，带动沿边地区进一步发展。

增量扩大沿边重点开发开放试验区数量，提高现有重点开发开放试验区质量。通过增量扩张模式，在试验示范空白省区建设新的重点开发开放试验区。发挥对外开放前沿和窗口作用，加强跨国经贸合作、产业发展、文化交流、友好往来的重要作用。同时，在现有重点开发开放试验区建设上，要加强规划和广泛论证，借鉴国际开发开放试验的典型经验，明确不同时段重点开发开放试验区开放发展方向、试验示范内容和配套政策，探索、形成和积累沿边地区对外开放先行先试经验，重视推广有效率的开放模式。

增量扩大沿边开放城市数量，提高现有沿边开放城市开放质量。从国家安全和区域发展的角度综合考虑，建议考虑对边境线较长的内蒙古、新疆、黑龙江等省区，增设新的开放城市，为这些城市开放发展创造有利条件，注入新的动力。加强对已有沿边开放城市的政策管理。要促进开放政策利用效率不高的城市深化政府管理体制改革，增进政府服务意识，以深化改革推动沿边更好开放，提高政府领导人的开放意识，探索综合利用好的开放模式，尽快提高城市开放质量。

增量扩大边境口岸数量，进一步提升现有边境口岸运行管理质量。利用好口岸资源优势，适度拓展保税物流区、加工贸易区，把口岸的输入功能、资源与要素的集散功能与产品加工功能联系在一起，推动多式联运，减少运输成本。鼓励企业在口岸发展保税加工制造业务，提升口岸零部件加工配套能力，创造性地延伸口岸功能，延伸产业链、价值链。完善口岸分级分类标准化管理，进一步明确国际性口岸、一类、二类口岸的技术等级制度，有序推动口岸升级。

增量扩大边境经济合作区建设数量，进一步提升边境经济合作区建设质量。边境经济合作区是经过国务院批准设立的贸易与产业发展园区，在沿边地区经济社会发展中拥有较高地位，可以适当扩大边境经济合作区的数量，同时对一些建设时间较久、早期规划范围较小的合作区适当扩大面积。应统筹做好合作区总体规划、产业规划、国土开发利用规划和经济社会发展规划，以规划引导边境经济合作区建设。要理顺边境经济合作区管理体制，深化放管服改革，积极推动投资软环境建设，支持边境经济合作区复制推广自由贸易试验区成功经验，积极做好招商引资工作。要深化边境经济合作区与发达地区之间的技术经济联系，尤其重视加强由政府搭台建立的边境经济合作区与经济技术开发区之间的结对联系，积极承接发达地区产业转移的同时，为发达地区的企业在沿边参与开放开发和跨境合作创造条件。应按照商务部、自然资源部关于小组团开发的要求，做好组团、单元、地块的详细设计，有效整合零散、低效用地，采取调整、优化模式化零为整，按照政策要求明确边合区组团或者单元的开发建设主体，鼓励社会资本参与边合区建设。

在稳定数量基础上，探索跨境经济合作区建设模式与经验。跨境经济合作区涉及中国与周边国家之间的关系，涉及地方到中央两个层面的谈判，周围国家经济发达程度较低，国家政策更注重利益获取，合作中的机会主义倾向比较突出。因而，无论是从地方还是到国家层面，谈判成本都比较高。一些省份列举跨境经济合作区项目，在一定程度上是为了绕过国家边境经济合作区的管理项目，更多出于争取地方利益的考虑。不建议增加跨境经济合作区的数量，希望沿边地区把争取设立跨境经济合作区的努力，更多地转向边境经济合作区建设上来。深化与已有跨境经济合作区外方之间的联系，强化从园区、地方政府、中央政府之间有关园区管理和规范之间的衔接，积极处理好涉及的主权让渡、跨境运作、公共设施建设等方面的突出问题，加强跨境司法、行政、海关监管等方面管理规则的协调，实行"一线放开、二线管住、境内关外、分线管理"的监管模式，积极发展跨境商贸、加工制造、跨境旅游、跨境物流、国际金融等产业，把中外双方的资源与要素通过园区平台结合起来，探索跨境经济合作区互利共赢的良好模式。

（五）积极推动建设开放型投资体系

积极吸引外资。实行外商准入前国民待遇加负面清单管理制度，完善外商投资促进服务体系，建立外商投资信息报告和公示制度。创新招商引资模式，加强与招商中介机构的合作，建立招商合伙人新模式，更多采用侨务招商、科技招商、展会招商等方式，提高招商专业化和精细化水平。鼓励外资企业以参股、技术转让、合作开发等方式参与沿边企业经营活动，共建中外产业合作园区，促进外资与港澳台资进入沿边，提升沿边地区利用外商投资规模和水平，改善沿边地区的产业结构。

积极吸引国内发达地区的投资。创造有利企业发展的营商环境，积极吸引央企入边、民企入边，注重跨地区产业转移，注意吸收来自发达地区的投资、技术、管理经验，加强沿边地区与发达地区的产业分工与合作，努力把沿边地区产业园区建设成发达地区向周边商品渗透扩展的前沿生产平台。

适度拓展对外投资。鼓励沿边地区的企业走出去，参与周边国家和地区的发展和建设。应该加强对周边国家法律法规的熟悉与了解，按照规范化的合同采取投资策略。企业可以选择开发矿产资源、参与城市建设和园区建设，科学合理地利用好跨国并购模式，以充分利用所在国的优质产品品牌、成熟营销渠道和人脉，拓展周边国家市场。承揽各类基础设施建设工程，在跨国投资中实现资源与要素的更好组合。

（六）积极推动开放惠民开放富民

沿边开放立足于兴边，兴边的结果需要通过富民加以检验。因而，在开放过程中，把更多的开放举措与民生建设联系在一起，形成开放惠民、开放富民格局，让边民分享到沿边开放成果，是沿边开放政策的出发点和落脚点。

实施积极的城镇化政策。推进沿边地区新型城镇化进程，促进农牧民向城镇转移。加强城镇化建设规划，加强城镇教育、医疗、卫生、环保等设施建设，完善城镇对外地和本地居民的服务功能，制定与实施农牧民转化为城镇居民的政策，提高城镇对周边农牧民的接纳功能，打造整洁、休闲、特色现代文明城市。

在沿边城镇创造更多就业机会。在打造开放型特色型城镇中，实行积极的就业促进政策，促进大众创业、万众创新，不断改善投资环境，提高城镇对企业的吸引力。同时，简化个人创业流程，积极支持边民创业就业，降低创业创新门槛，对于边民自主创业实行"零成本"注册，尽可能降低个人创业者初创时的税收负担。

鼓励更多的城镇居民参与各类平台就业和创业活动。鼓励城镇居民在口岸、城镇、边境经济合作区内就业，参与城镇公共服务、企业的生产劳动、物流管理和园区各类服务，获得更多发展技能，不断提高个人收益。

鼓励居民更多参与边民互市贸易。鼓励沿边地区城乡居民融入边民互市活动之中，繁荣贸易品种，扩大贸易规模。尤其是要鼓励贫困户参与到边民互市中，更好发挥互市贸易对边民致富的促进作用。要鼓励边民掌握互市贸易的基本流程，遵守边民互市管理规则，掌握信息来源和市场发展诀窍，扩大商品交易品种，增加收入来源。

鼓励边民以工代赈等传统方式参与沿边基础设施建设。充分利用沿边基础设施建设的有利时机，吸引更多的沿边城乡居民参与，为其提供就业机会、社会保障和相应服务，扩大居民对沿边开放的参与度、支持度。

七、积极构筑沿边区域双层开放管理体系

（一）建设双层开放体系符合沿边区域开放规律

所谓双层开放体系，是指包含在国家层面不同地区的开放和在各个地区层面的内部开放。鉴于不同省份的沿边地区距离遥远，各地基本省情区情不同，各个沿边地区的资源要素禀赋都差异很大，不同沿边地区周边国家毗邻地区的发展水平和发展特征各不相同，采取相同的开放政策会与各地的政策需求存在偏差，也不利于更好地发挥各地的开放优势。这就要求因地制宜地配置开放政策，尽可能满足各地不同地区扩大对外开放的政策需求。

一方面，要重视中央对各省区沿边扩大开放的政策资源配置。就是在中央层面要正确认识各省区沿边地区与周边国家毗邻地区之间的关系，更好地利用好国家掌握的开放性政策资源，灵活运用国家自贸区、重点开发开放试验区、边境经济合作区、口岸、边境贸易、基础设施投资等由中央政府掌握的政策资源，赋予不同地区以不同差别化政策，鼓励各沿边地区尽可能好地发挥资源与政策叠加优势，最大化地实现国家开放利益。

另一方面，要重视各省区范围内实现开放资源互补发展。要注重把开放前沿引领、开放城市支撑和开放覆盖带动结合起来，实现沿边一线、开放城市、省会（首府）城市、其他区域之间的合理分工与优势互补，不断优化省区内部不同地域开放功能的资源配置，使沿边开放政策能够有效传导到省区其他地区，实现不同城市和区域的开放资源合理流动与区域开放功能优化，实现省区内部开放效益最大化。

推动沿边不同区域扩大开放的主要依据，是在党中央、国务院关于推动沿边开放的方针指导下，在整体上对地区开放平台进行扩容中优化区域配置结构，尽可能把开放平台与相关政策资源配置到边境线较长、边境两边商品和要素交换更为活跃、开放平台短缺的区域，使开放平台、政策资源与不同沿边区域开放和发展需求相适应，以扩大开放引领兴边、实边、稳边、富边进程。

（二）形成各省区内部结构合理化的区域开放布局

以建设边境县为主轴，把优惠政策资源配置沿边一线，发挥政策调动开放

资源向沿边集中与倾斜，但不能盲目把适合于边境县的政策扩大运用到边境县以外。一些地方把边境贸易政策推广到数百公里以外的城市，照顾边境县以外的其他地区需求，美其名曰"一顶帽子大家戴"。但扩大沿边政策的覆盖范围，会造成边境一线对劳动力的吸引力下降，造成边境一线居民后撤，带来边境线空虚，不利于边疆建设与边防巩固，也失去了沿边开放政策惠及边疆的作用。同时，国际规则对边境贸易有明确规定和要求，各个国家在对外开放中应该遵守相关规定。GATT/WTO 第 24 条规定，边境贸易是指毗邻邻国的边境地区的企业和居民，在距边境线两边各 15 公里以内地带从事的贸易活动。世界各国加入 WTO，就应该认同和执行相关规定。我国自 2001 年加入世界贸易组织以来，一直在国际规则的活动中遵循相关规范，也享受到相关规则带来的好处。假如个别地方在边境贸易领域采取随意行政行为，不适当地扩大边境贸易的适用范围，不仅将与国家现行的边境贸易管理规定有冲突，还可能形成国际贸易摩擦，损害国家的整体开放利益，应该予以纠正。

1. 沿边开放前沿区

中国沿边一线的 139 个边境县、边境团场等都属于沿边开放前沿区。要根据口岸资源设置、沿边地形地貌、毗邻国家基础设施与口岸设置等，在总体扩大沿边一线开放，把开放型政策资源有效配置前沿地带，在强化沿边一线地区分工与合作上下功夫。

总体上扩大沿边一线开放。就是对现有的一线开放平台进行扩容，增加口岸、边民互市点、边境经济合作区数量；增加沿边开放城市的数量，沿边地州所在城市和边境一线的县级市原则上都可以列为沿边开放城市；扩大重点开发开放地区在沿边一线的覆盖范围；增设更多的国家自由贸易区沿边片区。同时，做好不同地区边境口岸与省级边境经济合作区升级工作。

把开放型政策资源有效配置一线，就是要发挥政策实边的引导作用。发挥边民补助、边民互市贸易等政策引导资源，在沿边一线创造更多就业机会，引导劳动力向沿边一线流动，提高沿边一线的人口集聚、经济要素集聚和产业集聚效果。

加强沿边一线地区分工合作，要加强各省区以及毗邻省区口岸之间的分工合作，应根据口岸功能与腹地大小以及与其他口岸之间的关系，确立主口岸与辅助口岸、综合口岸与专业化口岸，把口岸与物流、口岸与加工联系在一起，规划建设好口岸与边民互市贸易区，提高口岸资源的分工效率。推动边境经济合作区、跨境经济合作区、出口加工区等功能性区域建设，体现不同平台的功能性差别，加强协调性，减少竞争性。

推动沿边一线市县专业化、特色化发展，应建设具有沿边特色的专业化小镇，建设好能够利用开放资源与要素的农业小镇、工业小镇、旅游小镇、边贸小镇、生态园林小镇等，加强口岸与城镇之间的联系，更好地拓展城镇功能，提高城镇的承载力。

2. 沿边开放支撑区

开放支撑区就是各沿边省区省会（首府）城市和地州重点城市为重要支撑，发挥省会城市和地州城市各类管理功能齐全，产业类型多样，经济要素丰富，资源动员力强的优势，使城市发展对沿边边境县市起到辐射及支撑作用。同时，对沿边输入的生产要素，省会（首府）城市与地州重点城市可以进行有效组合加工。

沿边省会（首府）城市是新一轮科技革命与产业变革的参与者、跟随者，在一定区域范围内发挥着集中创新资源、企业家资源、加工转化资源和政策动员资源的优势，能够利用跨国高端要素，形成跨国较强的经济、商务、物流、技术影响力。要发挥省会（首府）城市区域经济中心、高水平加工制造中心和国际大通道节点城市、国际多种开放联系枢纽城市重要功能，大力发展面向周边邻国的总部经济、与交通物流相联系的临空经济，建设现代化产业园区和现代化国际商务区，积极发展先进制造业和战略性新兴产业，努力建设好外向型高端产业集聚区，发展集国际商务、国际会展、国际人才培训、国际教育于一体的跨境国际服务中心，建设现代化国际性城市。

加强沿边地州所在城市建设。加强沿边州市所在城市与边境县市之间的经济联系，形成紧密互利合作关系。通过开放合作，更好建设面向沿边一线辐射整个地州区域的经济中心。大力加强边境地州特色优势产业发展，强化在市场化过程中的要素集聚、转移与转化能力。

3. 沿边开放带动区

沿边一线县市紧邻后端的内地县市，能够接受到开放政策的辐射和影响，利用沿边一线开放效应服务于本地经济社会发展的需要，成为接受沿边一线辐射的带动区域。沿边开放带动区要发挥自然资源与产业优势，为沿边一线县市提供优质农副产品和生活必需品，服务于沿边开放的需要。同时，加强本地园区与沿边一线口岸、沿边边境经济合作区等各类开放平台之间的衔接，做好进口资源加工转化工作。同时，积极面向省会城市和国内招商，把"二线"优势与贴近城市经济中心的优势、接近国内主要市场的区位优势结合起来，把国内重点城市向沿边扩散与沿边开放优势向国内传导的作用有效结合、有效转化，提升沿边开放带动的核心竞争力。

4. 加强沿边省区内部区域开放合作与协调发展

在沿边省区推动对外开放，必须在沿边开放前沿区、沿边开放支撑区、沿边开放带动区之间形成良好的分工关系。首先，加强沿边开放前沿区与沿边开放支撑区之间的联系，要构筑省会（首府）城市—地州市所在城市—边境县之间的开放连接，广大沿边一线输入资源可以适度流向地市州所在城市和省会（首府）城市，把输入资源在省区内良好加工与转化，实现进一步增值；其次，省会（首府）城市、地市州所在城市也要输出技术、人才、资金到沿边一线，解决边境县市转型发展中面临的资源与要素缺口。在地理空间联系上，要使省会（首府）城市—地市州所在城市—边境县之间形成"丁"字形开放结构，优化对外开放区域布局。在地市州与诸多边境县市之间，形成"T"字形连接结构；而在地市州与省会（首府）城市之间，形成一个附加拐钩。通过开放畅通区域联系通道。在地理位置接近、经济要素相对密集的省区，可以在省会（首府）城市与个别沿边地州所在城市之间建立产业走廊。对于地域面积过大、省会（首府）城市经济首位度不突出（比如内蒙古呼和浩特）的省区，应该重视构筑边境县市与地市州所在城市之间的伞形结构，形成开放职能的分工与互补，做强边境地州经济。在诸如西藏这样沿边地域空间较大，边境地州地势起伏较大、边境地州与开放口岸联系不便情况下，应该适度重视建设边境县自身的产业化平台，在本地资源与输入资源有效整合基础上，建设好加工转化平台，推动加工制造产品输往国内国际市场。

（三）形成各尽所能各展其长的差异化沿边开放方略

我国沿边各地差异较大、各地毗邻周边国家差异较大，应该实行不同的沿边开放战略。从地缘经济与地理空间看，应该立足于加强周边合作发展格局，通过沿边开放衔接北方丝绸之路东北亚经济圈、丝绸之路经济带、大湄公河经济圈和喜马拉雅经济圈，利用好周边国家众多及迫切需要共同发展的良好环境。

具体地说，东北亚经济圈指由中国东北部的内蒙古东部、黑龙江、吉林、辽宁与俄罗斯的沿海地区、哈巴罗夫斯克地区、阿穆尔州、赤塔州、蒙古东部和南部、朝鲜北部、日本、韩国等国家建设的东北亚经济合作的延伸范围；丝绸之路经济带经济圈指由中国西北部的新疆、甘肃西北部和内蒙古西部与中亚诸国、俄罗斯南部以及蒙古西部建立起来的经济合作延伸范围；大湄公河经济圈指中国西南部的云南省、广西壮族自治区与中南半岛的越南、老挝、缅甸、泰国等国家建立的经济合作延伸范围；喜马拉雅经济圈指中国西南部的西藏自治区和印度、尼泊尔等国家建立起的经济合作延伸范围。经由各类沿边开放平台，拓展边境两边的经济联系范围，有效利用经济圈的跨界资源，集成各种先进生产要素，推动互补式一体化发展。从资源整合角度，我国沿边多样化的开放平台可以把国外资源与国内资源、货币资本与人力资本、本地资本与外地资本结合起来，充分利用周边国家的资源，依托沿边开放前沿的有利区位和较低的商务成本，建立沿边地区相对于周边国家的制造优势，输入资源，输出制成品，形成面向国际的经济循环；同时，利用沿边地区自身的资源和从国外输入的资源，建立相对于国内发达地区的资源优势，输出资源和初级制成品，输入高级制成品，形成面向国内的经济循环，为全国经济做出贡献。

本书把我国沿边划分为四类：东北、新疆、西藏、滇桂。但沿边开放的重点放在东北和滇桂方面，通过开放解决失业人数多、贫困人口多等发展问题。东北、滇桂沿边地区与周边国家的边界线划定清晰，与周边国家经济互补性较强或者周边国家发展较快，存在着一体化发展与扩大合作的巨大空间，可以通过加强合作形成新的一体化增长空间，为劳动力的转型使用创造条件；新疆要通过沿边开放，解决资源输入产品输出的结构转化问题；西藏则主要通过沿边开放，解决沿边跨国经济联系不够、基础设施不足的缺口问题，补能力建设的不足。

1. 东北沿边地区（含辽宁、吉林、黑龙江、内蒙古、甘肃的沿边地区）

主要面向东北亚地区的俄罗斯、朝鲜、蒙古国、韩国、日本开放，区域开放平台建设的重点侧重于增量扩张，辅助进行存量优化。

拓展增量开放空间，可以考虑设立中国内蒙古自由贸易区，以呼和浩特为核心区，设立满洲里、二连浩特两大片区，推动内蒙古沿边地区与俄罗斯、蒙古国毗邻区域的相互开放；在吉林沿边地区设立重点开发开放试验区，继续推动长吉图区域对外开放；在中国沈阳自由贸易区基础上，增设丹东片区，扩大丹东沿边对外开放；落实《黑龙江内蒙古东部开发开放规划》，争取在"十四五"期间开通洛古河、二卡、呼玛、孙吴口岸，并完善饶河、密山、虎林、萝北、嘉荫、黑山头、室韦边境口岸功能；在国家有关部门支持下，通过调查研究和科学分析，加强中蒙两国商务磋商，在保障蒙古西部自然保护格局不变的情况下，争取马鬃山口岸—那然色布斯台口岸的重新相互开放。对紧邻优势资源的俄罗斯、蒙古两个大国、边境线长、开放发展能力需要进一步释放的内蒙古和黑龙江两省区，可考虑增设新的边境经济合作区。

积极推动沿边重点城市丹东、珲春、绥芬河、抚远、同江、黑河、满洲里、二连浩特、甘其毛都、满都拉等口岸建设，适应国家之间的贸易往来和企业扩大进出口需求，强化沿边一线城市的开放功能。加强抚远—哈巴罗夫斯克、黑河—布拉戈维申斯克的交通连接，推进黑龙江跨境铁路大桥、公路大桥建设。支持黑龙江建设沿边铁路，可以在人口规模大、产业联系广的主要城市之间先行建设。在吉林省范围内进一步推动长吉图对外开放，提升烟白线等级，向东新建白山镇至泉阳铁路，提升与沿边地区的互联互通水平。

加快集宁—二连浩特铁路复线建设，并加紧对哈尔滨—满洲里进行电气化改造，协商蒙古国以合建或者贷款模式，建设二连浩特—乌兰巴托—乌兰乌德铁路复线，推进建设珠恩嘎达布其—乔巴山和阿尔山—乔巴山跨境铁路，推进满洲里—赤塔铁路电气化改造。利用亚投行、丝路基金贷款等项目，研究升级改造室韦—奥洛契、额布都格—巴彦呼舒、黑山头—旧粗鲁海图公路口岸大桥。在可行性评估的基础上，尽早建设甘其毛都—塔本陶勒盖跨境铁路。

积极建设与沿边开放紧密关联的沈阳、长春、哈尔滨、呼和浩特等省会（首府）城市，加强省会（首府）城市与周边邻国航空、铁路、公路等通道连接。东北地区沿边道路建设应该因地制宜，各地不必强求高标准。比如，在人口稀少的草原地区，沿边道路等级不必设计过高，应该突出实用性，加强对建筑材料、铺面厚度、材质黏合度和使用年限的监管，着眼于提高道路使用年限。

加强与周边国家的贸易联系。除了在二连浩特、黑河等跨国相邻边境城市发展互市贸易外，在广大沿边地区应该积极发展边境小额贸易，并把边境贸易、一般贸易、加工贸易结合起来，优化沿边地区产业多样化、特色化发展的要素配置。

促进现有边境经济合作区高质量发展。更多地注重采用改革开放的模式，分门别类解决边境经济合作区发展中遇到的问题，促进边境经济合作区的功能提升与结构优化。积极重视发展特色优势产业，提升园区产业竞争力。

沿边地区应加强与蒙古国、俄罗斯、韩国、日本、朝鲜等周边国家的合作，尤其要重视与俄罗斯、蒙古国、朝鲜形成互补性产业联系，推动跨境投资，推动发展采矿、农牧业、水资源开发、城市建设，带动东北地区训练有素的产业工人输出，在跨境合作中解决俄罗斯、蒙古国等国家技能型人才缺口，同时尽可能满足东北地区加工制造业对原料和资源的需求。

在中国东北区域面向东北亚进行开放时，应积极打造博览会、商品交易会等商贸平台，服务于东北沿边地区与周边国家的商贸交流与合作。

2. 新疆沿边地区

主要面向中亚地区开放，同时积极面向南亚的阿富汗、巴基斯坦和俄罗斯，区域开放平台建设的重点在于增量扩张。

新疆土地面积占全国陆地面积的1/6以上，边境线较长，与俄罗斯、哈萨克斯坦、吉尔吉斯斯坦、塔吉克斯坦、阿富汗、巴基斯坦邻接，是毗邻国家最多的一个省区，跨境互联互通基础设施建设任务重要而艰巨。

"十三五"期间，新疆做出了一系列推动沿边互联互通建设规划，形成了南北中三条通道建设思路，包括北通道建设将军庙—哈密（三塘湖、淖毛湖）—柳沟铁路、克拉玛依—巴克图口岸铁路、北屯（阿勒泰）—吉木乃口岸铁路、三塘湖—老爷庙口岸铁路、阿勒泰—富蕴—准东铁路；中通道建设以完善和提升通道功能为重点，加快建设精河—阿拉山口二线铁路；南通道积极开展中吉塔阿伊五国铁路、阿克苏—别迭里口岸等铁路项目前期工作，积极推动中巴经济走廊规划与建设。上述主要通道建设，事关丝绸之路核心区的功能实现，具有重要意义，其中一些通道项目本身就在国内建设，可以在"十四五"期间实施重点项目建设规划，积极推进富蕴—塔克什肯口岸铁路项目、阿勒泰—吉克普林口岸铁路项目、乌鲁木齐—伊宁高速铁路项目。但一些建设项目如中巴铁路建设项目，还可以从安全、战略、成本效益角度对实施合理性进一步论证。一些协商不易的跨国项目如中吉乌铁路等，还可以继续进行跨国协商，力争在利益共享基础上推动早日建设。在公路建设方面，"十三五"时期曾提出15个口岸通道建设，可以有针对性地加大建设力度，并对现有口岸公路升级改造。

在具体建设模式上，可以根据口岸过货量、贸易增长速度等确定优先顺序，使"十四五"口岸公路建设尽可能满足货物增长需要。尤其是对于新疆口岸带动城市发展作用较强的阿拉山口口岸、霍尔果斯口岸、卡拉苏口岸，应该加快建设力度。对于与邻国联系紧密辐射周边国家作用较强的口岸如巴克图口岸，也可考虑优先加以建设。在各类基础设施建设中，口岸基础设施建设尤其要重视口岸供水、通信、仓储等设施建设，提高口岸基本公共服务的保障率，同时重视边民互市点的建设，把边民互市点作为引导新疆边民致富的重要平台。

民航方面，除了应该加强乌鲁木齐航空枢纽建设外，积极建设喀什、伊宁航空口岸，拓展丝绸之路经济带核心区与国内其他城市以及周边国家重要城市的航线连接，建设丝绸之路空中交通走廊。与此同时，规划建设好支线机场和通勤机场。

新疆要建设丝绸之路经济带核心区，乌鲁木齐无疑是重中之重。根据有关方面建设思路，新疆"十三五"时期提出了"一枢纽多节点"的建设方向，就是要把新疆沿边地区各类交通基础设施的建设布局乌鲁木齐枢纽中心的建设结合起来，强化乌鲁木齐与沿边一线口岸之间的分工与合作，强化乌鲁木齐先进制造与高层级物流枢纽中心建设，这符合新疆的基本区情。"十四五"时期还应该突出这一方向。

在边境贸易发展上，应该加强对国内市场、中亚市场产品供给与需求的研究，积极推动西部干旱地区特色优势农产品和工业品输向中亚，同时鼓励有技能的农牧业技术能手、手工艺人、商人"走西口"，到中亚广阔的空间寻求发展机会，进口中亚地区相对丰富的矿产资源和资源类产品，加强与中亚的商品与贸易往来。在贸易结构与产品贸易模式上，要积极推动边境小额贸易发展，改变不合理的商品进出口结构①。应扶持机电产品生产重点企业扩大机械及设备、运输工具、太阳能发电设备等出口，同时积极发展具有新疆专业化生产特色的农产品加工、家具制造、石化产品、轻工产品、建筑材料的对外出口。同时，根据哈萨克斯坦等周边国家资源禀赋与我国国内市场需求状况，积极进口原油、成品油、铁矿砂、钢材等原料和初加工产品。

与此同时，要更好地发展边民互市贸易。近年来，新疆在发育边民互市贸易二级、三级市场方面做了许多探索，并且积极推动边民互市贸易转型升级，应容许和鼓励其积极探索，为边民互市贸易规模扩大、互市贸易与加工基地一体化发展方面积累经验。

应该重视口岸与所依托城镇、边境经济合作区与所在地方政府关系的协调。一方面，要构筑口岸与城镇相互依赖、相互支持的合作关系，构筑促进区域经济发展的利益共同体、命运共同体。另一方面，应进一步塑造边境经济合作区的独立主体地位，理顺边境经济合作区、口岸和地方政府之间的关系，按照国家要求做好小组团开发规划，强化边合区内开发公司的主体职能，在改善园区软环境和做好招商引资方面下功夫，实现滚动发展。

应吸引更多新疆沿边贫困人口参与"一带一路"倡议和沿边开发开放，在边境贸易、基础设施建设、产业化、公共服务职能完善、边境生态建设等沿边

---

① 陈琴. 沿边开放背景下新疆边境贸易研究［J］. 合作经济与科技，2015（4）.

经济社会发展活动的参与度，在市场化、工业化、全球化、现代化中，实现个人价值，增加家庭收入，实现可持续致富。

3. 西藏沿边地区

主要面向南亚的印度、不丹、尼泊尔等国家开放。区域开放平台建设的方向是，搞好开放起步，突出增量开放。

重视西藏沿边基础设施建设，增加沿边地区的路网密度和通达深度，在加快推进川藏铁路等重大工程的基础上，开工建设日喀则至吉隆口岸铁路。要注意完善边境口岸与拉萨、日喀则等重要城市的道路交通网络，积极推进与沿边国家在基础设施建设上的规划衔接与技术标准接轨，推动中尼公路升级改造。通向沿边口岸的道路建设应该突出安全性，加强对周边山体崩塌等的研究，重视挡坡、悬崖边护栏建设。积极推进沿边水电资源开发，确保边境地区用电人口全覆盖，富余电力可以通过跨国电力网络输送至周边国家使用。

从长远来看，西藏沿边地区应积极主动融入"一带一路"，主动对接孟中印缅经济走廊，打通面向南亚开放的国际通道。提升拉萨的枢纽交通运输联结功能，重视建设以拉萨为核心、以西藏为腹地辐射缅甸、印度、不丹、尼泊尔的环喜马拉雅山区域经济合作带，把西藏沿边地区建设成跨区域经济合作带的前沿纽带。

在2010年中央第五次西藏工作会议后，西藏就在"十二五"规划纲要中提出，重点建设吉隆口岸，稳步提升樟木口岸，积极恢复亚东口岸对外开放，逐步发展普兰和日屋口岸的建设思路。应该继续实施这一方略，重视改善边境贸易通道与边民互市贸易点基础设施，积极发展沿边地区边境小额贸易和边民互市贸易。促进西藏地区特色食品、肉类、民族手工业产品、藏医药等产品通过边境贸易走向周边国家，同时吸收具有竞争优势的加工制造产品如轻纺产品、家用电器、机电产品等通过边境贸易走向印度、尼泊尔和不丹等周边邻国。同时，积极输入南亚地区的资源与特色产品。积极推进西藏沿边地区探险游、观光游、民俗游，加快沿边旅游设施建设，提高沿边旅游接待能力。简化国内企业和居民前往边境地区投资、旅游、商务活动的手续。

在"十四五"时期，可考虑加大力度建设自治区级吉隆边境经济合作区。在条件成熟时，将吉隆边境经济合作区升级为国家级边境经济合作区。

发挥好"环喜马拉雅"国际合作论坛、藏博会等平台作用，并与尼泊尔国际贸易博览会、雪顿节、珠峰文化节等合作，加强西藏跨国边境毗邻地区的经贸、文化合作交流。

4. 滇桂沿边地区

滇桂沿边地区主要面向东南亚的越南、老挝、缅甸等国家开放。区域开放平台的建设重点是，把增量扩张与存量优化结合起来。

广西、云南面对的前方是全世界增长较快的东盟地区，后方是我国增长较快的南方地区，具有把中国发展优势与东盟发展优势在沿边地区结合的有利条件，应该以加快开放促进加快发展。

广西、云南都承担着"一带一路"跨境大通道建设的任务，应把跨境纵向通道建设与沿边交通基础设施的横向联系结合起来，推动沿边基础设施建设和物流流向优化。应加快形成以南宁、昆明为枢纽，连接周边地区的综合交通运输网络，推动广西、云南沿边地区交通运输网络完善。在广西，应积极推动南宁—凭祥—同登—河内铁路和防城—东兴—芒街—下龙—海防—河内铁路，加快湘桂铁路南宁至凭祥段扩能改造，重视靖西至龙邦铁路建设，未来可在境外把铁路从龙邦延伸至河内。云南应配合国家大通道建设规划，支持中老泰铁路、孟中印缅铁路、中越铁路等跨境铁路境外段的建设，同时联合西藏做好滇藏铁路香格里拉至邦达段铁路建设。以往云南交通通达性较差，现在省委省政府十分重视加强基础设施的连通性，要把对外开放作为云南发展的重要引擎，推动云南生产要素走出去，周边国家的生产要素流进来。除了正在兴建大瑞、玉磨、大临、弥蒙等铁路外，近年列入新开工建设项目的还有师宗—文山—蒙自、临沧—孟定—清水河、临沧—普洱、曲靖—师宗—弥勒、芒市—腾冲猴桥、保山—泸水等铁路项目。广西、云南应该按照经济与社会的紧迫性需求，对不同铁路基础设施分期分类建设。

此外，在推动跨境公路、境内公路建设上，广西、云南都各自提出了一系列道路建设规划。广西规划建设三条跨境高速道路（见表1-20），还提出建设百色—龙邦高速公路；云南规划建设出境高速腾冲—猴桥段外，也提出了建设打通断头路、瓶颈路、通县高速、沿边高速等规划思路，但应该考虑把打通断头路和瓶颈路放在更优先位置。就广西、云南发展需求看，形成横连东西、纵贯南北的高速网络很有必要。应该通过公路建设，尽可能形成县县通高速、一类口岸通一级公路或者高速公路、二类口岸或者互市贸易点通二级以上公路的目标。

表 1-20　广西沿边地区跨境公路运输通道

广西凭祥—越南河内	凭祥—谅山—河内高速公路；水口—高平—河内高速公路
广西东兴—越南河内	东兴—芒街—海防—河内高速公路
广西百色—越南河内	龙邦—高平—河内高速公路

资料来源:《广西沿边地区开发开放"十三五"规划》(2017)。

增强一类口岸的重点引领示范功能，并推动这些重点口岸规模化功能化转型发展。广西应重点发展友谊关、凭祥、东兴三个一级口岸，带动水口、龙邦、平孟三个一级口岸发展，并加大力度推动峒中、硕龙等二级口岸发展，促进口岸转型升级。在条件成熟时，力争把峒中口岸升级为一级口岸。云南省边境线相对较长，口岸较多，应进一步强化分级分类管理，把打造综合口岸和专业化口岸结合起来。应以瑞丽、磨憨、河口三大口岸为重点，强化其引领带动能力，同时推动建设田蓬、都龙、勐满公路口岸，建设好西双版纳、芒市、腾冲三个航空口岸，推动关累水运口岸以国家一类口岸开放，转新开章凤、南伞、片马、孟连、永和、盈江口岸，按照规划新增磨憨、瑞丽、腾冲猴桥三个铁路口岸，争取将腾冲猴桥、孟定清水河、勐康、金水河 4 个国家一类口岸扩大开放为第三国人员和货物出入境口岸。尤其是，要做好二类口岸升级为一类口岸的规划实施，加强口岸设施和通关能力建设，争取国家早日验收。

在产业化平台建设上，广西、云南的现有条件较好，资源禀赋与劳动力供给都可以满足园区建设要求，应加快建设步伐。广西应该加强凭祥、东兴两个国家级边境经济合作区建设，对于自治区一级的百色边境经济合作区、崇左龙州边境经济合作区、防城港防城区边境经济合作区建设，应该立足于在"十四五"期间进一步做大规模，提质增效，把园区产业发展与地方资源禀赋和加工转化能力结合起来。云南省要积极建设河口、临沧两个国家级边境经济合作区，支持瑞丽、畹町两个国家级边境经济合作区扩大范围，提升腾冲（猴桥）、麻栗坡（天保）、孟连（勐阿）、泸水（片马）省级边境经济合作区功能，加强中老协商建设好磨憨—磨丁跨境经济合作区。发挥政策优势，引导各类资源向边境经济合作区集中，把边境经济合作区建成带动滇桂沿边地区经济发展的重要引擎。广西、云南都提出建设新的跨境经济合作区设想，国家有关部门可否考虑，将这些跨境经济合作区规划变成边境经济合作区建设规划，减少跨国协调成本。

广西、云南加快沿边开放，还有一个有利的支撑条件可加以利用，就是在扩大金融开放中争取更多资金支持。2013 年 11 月 21 日，中国人民银行等 11 个部委办联合印发了《云南省广西壮族自治区建设沿边金融综合改革试验区总体方案》，旨在大力推动滇桂两省区沿边金融综合改革试验区建设，促进沿边金融、跨境金融、地方金融改革创新先行先试，促进人民币周边区域化，全面提升两省区对外开放和贸易投资便利化水平。有许多相关前期研究成果，应加以决策化利用和推进。比如，应该在保障金融安全可靠的前提下，加强跨境支付清算系统合作方面的试点试验，积极推动试验区金融区域专网、人民币跨境电子转账平台、银行卡跨境交易结算平台、人民币兑换周边国家非主要储备货币挂牌交易平台、电子商务跨境集中结算平台、金融信息跨境交换平台等"一网五平台"建设。

滇桂地区应该充分利用与东南亚的密切联系，积极推进边境小额贸易和边民互市贸易，输入矿产品和优质农产品，输出加工产品，提高出口附加价值与技术含量。要积极推广广西在边民互市贸易方面取得的经验，加强边民参与。同时，要重视互市贸易产品的再加工转化。要继续鼓励企业在缅甸、泰国等地实行替代种植政策。在劳动力资源相对紧张的地区和紧张的季节，可以适度输入缅甸、老挝、越南的劳动力，参与制造业、农业和服务业的生产活动。

八、推动沿边对外开放的保障措施

1. 加强对沿边开放工作的组织领导

加强党对沿边开放工作的领导，建立健全党领导沿边开放的体制机制。形成各级党委研究沿边开放战略、分析沿边开放形势、研究沿边开放重大措施的工作体制机制，提高对重大沿边开放发展问题的科学分析、科学决策、科学管理水平。增强党领导沿边开放工作专业化能力，优化沿边开放领导班子知识结构和专业结构，加强沿边开放管理知识的学习，增强认识沿边开放、推进沿边开放、优化沿边开放的专业能力与水平。各有关部门与地方政府要各司其职、压实责任，密切配合、通力协作，制定配套政策措施并推进落实。

2. 加强中央政府对沿边开放工作的政策支持

应遵循中央关于"十四五"规划的政策管理要求，结合内外形势的变化，加强对各地"十四五"时期沿边开放规划与兴边富民规划的组织制定工作。沿边开放规划制定应该吸收地方相关部门参与，吸收学术界精英参与，明确中央与地方各自应该承担的工作任务。规划制定应突出开放主线，尽量避免将其变成产业规划或者区域规划。财政部门应该形成中长期支持边境贸易的思路和规范，完善专项转移支付制度实施细节，明确界定受益人、获益渠道和技术标准。商务部门应该制定口岸、边境经济合作区、跨境经济合作区的技术标准，促进科学化、规范化分级分类管理。边境经济合作区、跨境经济合作区的管理模式，应向经济技术开发区看齐，但边境经济合作区、跨境经济合作区的考核标准应与经济技术开发区、高新技术产业开发区有所区别。海关、检验检疫等垂直管理部门，应该加强内部对沿边地区派出机构的管理，严厉打击乱收费等违纪违法现象。与此同时，中央支持沿边开放的相关政策需要进一步完善。应尽可能强化政策公平，充分照顾各个沿边地区的开放利益；规范政策管理，打击自立名目的开放行为；规范政策实施，打击沿边开放中各类鱼目混珠的投机行为。

3. 实施沿边基础设施补短工程

要下功夫解决好沿边基础设施总量不足、标准不高、运行管理粗放问题，必须加大基础设施建设力度。新一轮推动全国经济发展的政策中，基础设施投资拉动的作用依然重要，"新基建"成为开头炮，后续的基础设施建设项目还会展开。国家发改委应该把沿边地区基础设施建设作为"十四五"期间补短板的重要内容，加强与交通、口岸管理等部门的合作，实施"'十四五'沿边基础设施补短工程"，做好科学研究、规划编制、项目设计、资金筹措研究等工作，尽可能优先支持那些贸易规模大、贸易量提升快、货物进出口需求大但基础设施比较薄弱的边境城市和口岸的基础设施建设，在交通运输、供水排水、污染治理、口岸建设、边境经济合作区建设、边民互市点建设、跨境互联互通等领域，实施一批重点建设项目，提高设施水平和服务质量，满足于"十四五"时期沿边开放的需求。同时，尽可能地在重点沿边开放城市实施"新基建"项目，推动5G基站、城际高铁、新能源汽车充电桩等项目，推进营商环境高级化、产业结构高度化、人民生活便利化。需要强调指出的是，在基础设施补短中，尤其应重视口岸查验设备建设。口岸查验设备建设应适应沿边反恐和长治久安的需要，与国门、建筑物、道路等一体化加以建设。应力争在过货量大的口岸配备H986查验设备；在孔道长的口岸配备视屏监控设备，在新疆、西藏、云南等地的边境口岸，还应配置安全门、X光机、便携式查毒、查武器、查爆炸物设备以及核元素检测仪、生命探测仪等安全检查设备。

4. 更好发挥中央财政政策对沿边开放的支持作用

在推动沿边开放中，有许多领域和诸多财政政策项目可以加以实施。要根据地方边境线长短、边境贸易活跃程度，测度并实施财政专项转移支付政策，支持边境小额贸易发展。要贯彻中央支持中小企业发展的政策，在沿边地区实施减税降费，鼓励在实体经济领域的中小企业加快发展。财政部门应在考虑沿边地区普遍财力较为薄弱的实际，加大地方政府债券对基础设施建设的支持力度，将中央财政一般性转移支付收入纳入地方政府财政承受能力计算范畴。同时，必须通过积极财政政策实施，支持沿边基础设施建设。由于沿边地区发展各地差异较大，在基础设施建设中应考虑地方经济实力、基础设施建设投资规模、地方基础设施建设难度，争取差异化提高对中央财政对沿边重点地区公路、铁路、民航和口岸基础设施、水利、能源、通信等建设项目投资补助标准和资本金注入比例。在对沿边安排的中央级公益性建设项目中，分级分类减少或者取消沿边贫困地区的配套资金。用好国家产业发展基金，支持沿边地区影响大、有潜力的产业发展。政府性担保基金也应优先支持沿边地区外向型企业发展。

5. 实施税收优惠及税费减免政策

按照中央税收政策管理的要求，对沿边开放实施必要的税收优惠支持。要继续落实西部大开发有关税收政策，对沿边地区内资鼓励类产业、外商投资鼓励类产业及优势产业的项目在投资总额内进口的自用设备，在政策规定范围内免征关税。对设在沿边地区的鼓励类产业企业所得税优惠等政策到期后继续执行。赋予沿边地区具备条件且有需求的海关特殊监管区域内企业增值税一般纳税人资格。加强与周边国家磋商，积极稳妥推进避免双重征税协定的谈判、签约和政策修订工作。在沿边地区率先降低社会保险费率，确保总体上不增加企业负担。

6. 加强中央与地方规划与政策的衔接

在制定中央层面"十四五"沿边开放规划的基础上，组织制定面向各沿边省区的开发开放规划。地方政府在制定国民经济与社会发展规划时涉及沿边开放时，应该参照中央层面的开放规划，参照制定促进口岸建设、边境经济合作区建设、边境贸易等方面的专项规划。沿边地市州身处对外开放一线，应该加强对口岸资源、边贸资源和边境经济合作区等资源一体化利用的重视，把对外开放作为推动沿边地区经济社会发展的重要动力。

7. 重视发挥地方政府推动沿边开放的积极性主动性

沿边省区党委、政府应该加强对中央有关沿边开放政策的学习领会，结合地方不同实际，探索沿边开放政策在各地的组织实施，把国家推动沿边开放的一般性政策要求与各地具体实践结合起来，形成适合于地方更好发挥开放效果的思路，围绕中央总体要求与适应本地特色的开放规划具体蓝图。地方组织规划实施时，应细化工作任务，明确实施主体，确立实施中的资源要素配置等具体工作要求，科学配置改革、财政、税收和开放平台等资源，更好地实现地方开放效益最大化。制定与完善地方政府《边境地区转移支付资金管理办法》，支持边境小额贸易企业能力建设和弥补地方财政减收，促进边境地区贸易发展。应积极促进沿边开放与地方经济社会发展之间良性循环。在发展中考虑开放的需要与开放因素，以更好对外开放支持经济社会发展。比如，更好地把贫困家庭纳入边境互市贸易的参与者之中，优先考虑城镇化、城镇公益事业对贫困家庭劳动力的吸纳，可以带动扶贫开发。

8. 在沿边地区统筹兼顾对内开放与对外开放政策实施

沿边地区有地理区位优势、低成本优势，但也有资金、技术不足和管理人才不足的劣势。国内发达地区有资金、技术和管理优势，但是区位优势、成本优势逐渐减弱，因而，实现沿边地区开放开发，离不开国内发达地区的资金、技术、人才、管理支持。要转变观念，摒弃单纯对外开放传统思维，树立对内开放是沿边对外开放重要支撑新意识，把对外开放和对内开放结合起来，吸引内资入边，利用内资在沿边打造地区面向周边国家的产业基地；利用内资盘活沿边地区沉淀资产；鼓励内资更好利用边民互市、边境小额贸易的进口资源发展加工工业。

9. 加强沿边开放政策与环保、水资源利用、生态建设等领域的跨国合作政策协调

在积极推进跨国经济合作的基础上，重视推进跨国水资源利用、生态保护、自然保护区建设、动植物保护、森林防火等领域，需要加强跨国合作。这就需要加强对外开放经济领域与生态、资源利用等领域的政策协调。

10. 更好引导土地等资源服务于对外开放需要

充分利用沿边地区多样化的土地资源，合理增加荒山、沙地、戈壁等未利用土地开发建设指标，加强对外开放中的用地保障。对符合国家产业政策的重大基础设施和产业项目，在建设用地计划指标安排上予以倾斜。对重点开发开放试验区、边境经济合作区、跨境经济合作区产业发展所需建设用地，在计划指标安排上予以倾斜支持。对重点外向型产业项目、产业化平台建设等，实行用地指标应保尽保。

11. 对沿边开放提供金融政策支持

积极支持商业金融、合作金融等更好为沿边开放发展服务，引导金融机构

加大对沿边小微企业融资支持力度。在深入研究基础上，积极稳妥推进将人民币与周边国家货币的特许兑换业务范围扩大到边境贸易，并提高相应兑换额度，提升兑换服务水平。探索发展沿边重点地区与周边国家人民币双向贷款业务。支持大型银行根据自身发展战略，在风险可控、商业可持续前提下，以法人名义到周边国家设立机构。支持银行业金融机构在风险可控、商业可持续前提下，为跨境并购提供金融服务。督促金融机构严格履行反洗钱和反恐怖融资义务，密切关注跨境资金异常流动。

12. 对沿边开放提供产业政策支持

在沿边开放政策实施中，积极贯彻落实国家促进西部大开发产业政策。支持沿边重点地区大力发展特色优势产业，对符合产业政策、对当地经济发展带动作用强的项目，在项目审批、核准、备案等方面加大支持力度。支持在沿边重点地区优先布局进口能源资源加工转化利用项目和进口资源落地加工项目，发展外向型产业集群，形成各有侧重的对外开放基地，鼓励优势产能、装备、技术"走出去"。积极落实好产业鼓励政策和产业转移政策，加快形成沿边地区优势产业群。在沿边地区强化出口鼓励政策支持，推动企业与边民的出口行为。

13. 构筑口岸城镇一体化发展模式

更好地加强口岸与所依托城镇之间的规划，规划和设计城镇与口岸共同发展目标，统筹建设一体化的基础设施和公共服务设施，实现设施共建共享，以口岸最基本的功能支持城镇发展进出口加工、旅游、贸易等方面的经济职能，依托口岸的吞吐功能和园区的集聚功能，建设城镇主导产业群；同时以城镇的生活、教育、医疗、商业等功能完善，为口岸发展提供支撑和服务，形成口岸与城镇一体化协调发展。在区域空间上，尽可能将口岸融入城镇范围之内，方便口岸管理和口岸城镇经济社会生活的融合。如果城镇与口岸分离，也应尽可能通过相向发展，缩短地理联系空间。在口岸距离城镇较远、得不到城镇支撑的情况下，可考虑围绕孤立口岸建设新城镇，或者另择靠近城镇新址建设新口岸。

14. 提高口岸通过能力与通关效率

加强口岸科学设计与规划，尽可能使口岸设计通过能力适度超前，为过货能力增长留有一定余地。通过改造道路、桥梁，增加车道，实行人车分流等多种模式，提高口岸通过能力。创新口岸监管模式，通过属地管理、前置服务、后续核查等方式将口岸通关现场非必要的执法作业前推后移。优化查验机制，开展关检联合检验、分类查验和查验分流，进一步提高非侵入、非干扰式查验的比例，对适宜机检的货物优先采用机检方式。推进企业信用管理，帮助企业用好集中申报、提前申报等便捷通关措施。深化通关作业无纸化改革，全面推行检验检疫网上免费申报。推进国际贸易单一窗口建设。在海关特殊监管区域深化"一线放开""二线安全高效管住"的监管服务改革，对保税展示、保税展销货物实施检验检疫分线监管、预检验和登记核销等监管模式，推动货物在各海关特殊监管区域之间自由便捷流转。

15. 用好对口支援政策，加强对外开放平台的合作共建和利益共享

我国不少沿边地区享受国家对口支援政策，由内地对沿边地区进行帮扶。可以在"十四五"时期把帮扶重点放在共同合作打造对外开放平台上，把公共利益与商业利益结合起来，为企业的发展和拓展空间牵线搭台，实现互利双赢。一方面，通过内地政府对口支援带动内地企业向沿边发展，为内地的企业拓展经贸合作空间提供平台支持；另一方面，通过内地政府和企业的共同参与，弥补沿边地区政府推动对外开放平台建设资金缺口。

16. 重视在开放中加强边境安全管控

加强边境一线资金投入和项目安排，在边境地区重要通道、热点地区、敏感地段有针对性、分阶段修建高等级拦阻监控设施，实现边防部队、公安、海关、禁毒、检验检疫等部门视频监控资源互联互通，提高边境管控信息化水平。争取将交通保障、拦阻报警、指挥监控、辅助配套等纳入沿边安全保障建设范围，建成以反恐、缉私、缉毒、打拐、防偷渡、防止非法传教为一体的多功能综合管控设施。定期或不定期召开不同层次的边境地区执法合作联席会议，研判周边国家和地区安全形势。

17. 加强与周边国家的政策协商协调

为创造有利于沿边开放的政策环境，应加强中国政府与周边国家中央政府之间的沟通与联系。应该加强国家间政治、军事互信，尽可能降低边境紧张关系，创造有利于沿边开放的社会环境与商业氛围。加强国家间海关、铁路、商务等业务管理的衔接，提高货物通过能力。比如，中老铁路建设采用的是国内标准轨，建设安装和机车均为中国技术标准，全线可实现直达通车，过境优势好于中越、中俄、中蒙等铁路，云南省政府希望从国家层面，推进磨憨—磨丁铁路口岸采取"一地两检"或"两地两检"的通关监管模式，实现中老两国联检部门同一时间、同一地点进行查验监管，提高口岸通关效率，希望国家海关监管部门、商务部门提前协助，这一要求应该得到满足。与此同时，在不少调

研报告中，反映毗邻国家的海关在通关中存在乱收费现象。中央政府应加强与周边国家政府合作，加强证据收集和打击通关中的不法行为。还有些地方反映，在中国边境口岸与相邻国家口岸之间的联通地带交通设施狭窄，通过能力较弱，从口岸到口岸的速度缓慢，影响到物流畅通，为此进行国家间政府衔接协调并联合解决很有必要。尤其是，要注重建立各个沿边地区与毗邻国家毗邻地区正常紧密的交流合作机制。积极参与区域次区域政府间经济合作；争取沿边与毗邻国家沿边政府相互派驻政府经贸代表；对重大公共卫生事件、森林草原火灾、重大病虫害、重大追逃事件的通报与联防联控；加强民间交往项目如医疗、教育等方面的相互合作。

18. 在沿边开放中注重发挥国际中介机构的作用

加强与世界银行、亚洲开发银行、亚洲基础设施投资银行和国家开发银行的合作，发挥这些投资机构的政策咨询与融资功能，加强对沿边开放的政策评价。在此基础上，深化与我国毗邻口岸和疏港交通基础设施的规划研究，并加强对基础设施补短方面的融资支持。

19. 建设好会展节庆等跨国交易展示平台

多利用沿边国家商品要素差异大的特点，积极组织开展各类跨国商品交易会、博览会、交流会、展销会，把周边国家的商品集中到同一平台，鼓励各国经销商、代理商参与展会活动，把择商选资与推广产品结合起来，互相推介，争取对方市场的认同，通过差异化展示，最终带来消费者的多样化选择和更加丰富的消费。要在沿边开放中，注意引进一批在国际、国内具有较强影响力的会展项目。

20. 进一步下放外事管理权限

适应沿边对外开放的要求，创新外事合作机制，推动沿边地区政府官员外事交往。积极参与中外边境口岸管理合作委员会等机制。为促进沿边地区跨国合作，可依法依规下放赴周边国家因公出国审批权限，将沿边地区副厅级以上官员赴周边国家访问下放到国家沿边自贸区和重点开发开放试验区，增强地方政府推动跨境合作的自主性。

21. 实施积极的人才政策

努力造就忠诚干净担当的沿边地区高素质干部队伍，注重选拔符合沿边地区需要的专业化人才，完善人才培养、奖励、使用政策，建立健全有利于吸引、激励和留住人才的体制机制。实施人才帮扶工程，争取国家机关、重点院校、科研机构、大型企业的优秀人才支持沿边发展或者到沿边挂职锻炼。在省区范围，针对沿边一线实施纵向与横向交叉的人才交流机制。实施更加积极的创新型人才引进政策，加大高层次人才引进力度，鼓励沿海和内地高层次人才到沿边地区扎根落户，为其搭建工作平台，更好发挥人才支边效果。

22. 组织好沿边开放的各类创新试验示范

围绕扩大开放，推动政策试验示范。在新时期沿边开放试验示范探索中，涉及贸易、金融、园区、旅游等，这些探索是沿边整体开放工程的组成部分，需要精心组织好试验示范和经验总结工作。要在分析集成各地成绩与经验中，寻求有足够包容性和有共识性的同时，又有尽可能大的惠民意义的政策方案。要吃透政策精髓，把握试验示范范围、内容、要求、创新点、风险点，反复论证示范方案和政策要达到的效果。在解放思想、大胆试验示范的同时，也要防范各类人为风险，不断积累对外开放的经验和良好做法，使得先行试验示范符合生产力发展需要、符合国际趋势、符合科学发展规律、符合中央政策要求，最终达到可复制可推广的效果。要借鉴以往改革开放的经验，鼓励在对外开放上探索不同的模式，总结提炼对外开放的经验好的做法。与此同时，应该总结和发现各地的教训与不足，一些方案不成熟或者实施效果不好时，也应及时停止，动态进行调整和优化开放方案，避免造成更大风险、更多损失。

23. 深化体制机制改革

要通过深化改革，形成有利于对外开放的良好营商环境。深化商事制度改革，推行"多证合一"。健全市场协同监管体制，依法整顿和规范市场秩序。加快转变政府职能，实行市场准入负面清单制度，完善权力清单和责任清单制度。深化行政审批制度改革。要加大政务公开力度，推进"互联网+政务服务"。营造公平正义的法治环境，整合优化执法资源，有效避免多头重复执法。要建立健全外商投诉机制，加强投资环境监督，规范外商投资企业的税费征收。

24. 加强对外开放中的纪律管理

沿边开放中涉及大量项目建设、展览展会组织、出国出境考察等多个方面，必不可少涉及人财物的组织调度，涉及财政资金使用，为此应坚决执行中央八项规定，细化和明晰政策执行细节，减少政策模糊环节，加强财经纪律检查和监督，防止和杜绝各类腐败行为。要加强对领导干部上任与离任、重大工程建设项目、重大资金使用各个环节审计，在规范干部管理、规范财经纪律中，维护正常健康的开放秩序。

25. 加强沿边开放政策实施的绩效考核

应该借鉴行政政绩考核的以往经验，建立和完善对沿边开放考核的指标体系、完善各类指标权重，把政策本身的完善程度、部门之间的工作协调、政府的执行力和最终实施效果等统一起来，科学评价各地开放政策的执行绩效，用于地方政绩评价、干部考核和组织管理制度的完善。

26. 加强沿边毗邻省区对外开放规划与政策之间的衔接

毗邻沿边地区之间的规划与政策衔接，有助于形成一致对外的政策合力，把优惠政策资源充分转化到开放合作方面。假如在同等条件下两个毗邻省区之间的沿边开放政策差异大，处在市场上的企业会出现机会主义地向优惠政策好的沿边地区投资、流动和产业转移，发生政策套利行为，难免出现不同地区政府之间比政策、"挖墙脚"现象，导致沿边优惠政策被滥用。因而，从中央层面，要明确建立沿边开放政策管理规范，注意约束地方政府不合理的政策行为。

27. 加强服务于沿边开放的决策咨询平台建设

决策部门应该积极搭建沿边开放决策咨询平台，积极吸收各方推动沿边开放的意见和建议。要发挥国家级智库、社会咨询组织、党派组织、社会团体的作用，积极组建服务于沿边开放的决策咨询队伍。咨询部门应深化对沿边开放的调查研究，及时总结经验，动态化发现存在问题与不足，及时提出政策建议。按照咨询研究规范化、科学化程序，加强重大政策决策的可行性研究，并把最终的决策咨询意见提交决策层参考。尤其是，要加强在沿边开放过程中需要向党中央、国务院请示的重大事项的科学性、可行性研究与论证工作。

28. 规范对沿边开放方面的统计及数据披露

应该建立沿边开放数据的权威披露机制。沿边开放的数据统计来源不一，分散于海关、商务部门、劳动部门等，应该加以集成，同时建立起科学的统计规范。笔者研究发现，在地方商务部门统计中，因统计指标变更、各省份统计指标不一致等因素，导致沿边开放的数据统计不全，各省份之间的指标无法比较等因素。比如，许多沿边省份贸易统计指标中，没有分列边民互市贸易；一些省份的统计规范中，把边民互市贸易纳入边境小额贸易范围；一些省份部分年份有边民互市贸易进出口额指标，另一些年份则没有这一指标。由于口径不一、年份不一、地区不一，导致省份之间甚至单个省份的数据都很难进行比较分析。建议中央政府在沿边开放的统计中，明确全国一致性的统计指标、统计概念、统计口径，要求各地在数据统计中规范性加强对边境小额贸易、边民互市贸易、边境经济合作区、口岸建设与管理等数据统计，以便为政府决策、智库建言献策和学术界开展研究提供依据。

29. 国家民委应更多地参与沿边开放政策的制定

在改革开放早期，中央统战部、经贸部、国家民委在制定沿边开放政策方面发挥了重要作用。进入 20 世纪 90 年代以后，国家经贸部以及后来的商务部在制定和出台相关政策方面发挥了主导作用。进入 21 世纪以后，随着西部大开发政策的制定与实施，国家发改委在参与制定沿边开放政策方面的作用日益突出。尤其是在"一带一路"倡议中，国家发改委更是发挥组织、协调、管理政策的诸多功能。在未来国家沿边开放政策制定与实施中，应该发挥民委对沿边地区、民族地区经济事务、民族地区经济政策的熟悉与管理功能，进一步强化国家民委在调查研究、政策制定的参与职能，引导沿边各民族参与沿边开放开发，在兴边富民中增强民族团结。以沿边开放的具体政策实践，推动中华民族命运共同体宏伟目标的实现。

30. 重视对沿边开放成果的政策宣传

加强对沿边开放成绩、经验、成果的总结和提炼，利用国内外报纸、广播、电视、网络、会议等平台，加强政策宣传，讲好中国沿边开放故事，宣传在中国共产党领导下沿边开放新思路、新措施、新进展。

宏观篇

分报告之一：推动跨境合作与沿边开放开发的国际经验

在对外开放中推动兴边富民，把沿边开放融入兴边富民行动中，是党中央、国务院采取的重大政策策略。在推动沿边开发开放方面，我们既要考虑自身国情和不同地区的特点，也需要借鉴世界其他国家的开放经验，从中汲取有益的成分，以便进一步丰富和发展我国的沿边开放。研究沿边开放的理论基础、各国做法、典型经验，理当成为推进我国沿边开放的重要内容。

一、充分认识沿边开放与跨境合作的重要性

就世界范围看，跨境经济、社会、自然面貌的差异性，是一个带有普遍意义的规律。英国历史地理学家 Norman Pound 曾经指出，边境线不仅限制了政治强制的范围，也限定了经济活动的范围，人们常常发现政治边界的突然变化，但与自然因素的改变无关。他们的解释往往是，对立的政策在边界线两边分别实施①。

边界意味着机遇还是障碍？这在西方国家长期争论不休。不少人认为，利用好边界，沿边地区就有机会；不能很好地利用边界，边界就是障碍。事实上，边界作为两个国家之间的分界线，不仅区分了国家主权范围，也设定了与生俱来的障碍。根据有关学者的研究②，边界的障碍效应（Barrier effects of borders）

---

① Pound N. J. G. An Historical Geography of Europe［J］. Cambridge University, 1990（4）.

② Piet Rietveld. Barriers Effects of Borders：Implications for Border-crossing infrastructure［M］. EJTIR, 2012, 12（2）.

至少包括五个方面（见表 2-1）。

表 2-1　边界障碍效应的五个方面

偏好障碍	消费者偏好于本国产品与本国目的地
公共部门管制障碍	在跨境贸易与运输中，主权国家机关对国外产品与服务依法征收税收和其他费用
制度障碍	边境两边的主权国家执行不同的政策、法律和管理制度
信息障碍	缺乏边界另一边国家的准确信息
运输成本	在国际连接中，虚弱的或者昂贵的基础设施服务，会成为障碍

资料来源：Piet Rietveld（2012）。

由于边境障碍的存在，国家之间的经济影响力往往跨越边境以后明显降低。并且，随着作用距离的延伸，空间相互影响进一步降低（见图 2-1）。通常情况下，在跨越边境以后，国家或者企业的相互作用与影响力都不能与在本国范围相提并论。也就是说，即使在两国资源禀赋不存在差异的情况下，企业对于区域投资与区域合作的决策更偏好于本国边界范围之内，这会带来更小阻碍更低成本，因而实现更高效率。跨境开放合作开展，会在一些基本概念、原理、规律的基础上展开。沿边地区的开放、跨国经济合作的开展，都需要深入了解地域经济、开放经济的一些基本概念与政策。

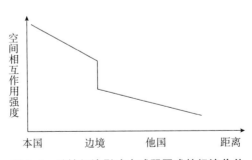

图 2-1　跨境经济影响力减弱图式的经济收益

第一，邻近性（proximity）概念。在沿边开放与跨国合作中，邻近性十分重要，是促进区域一体化发展的重要概念。在 Cappellano 和 Rizzo 对美国和墨西哥边界的研究中①，涉及四类邻近性：地理邻近性（Geographic Proximity）、认知邻近性（Cognitive Proximity）、社会邻近性（Social Proximity）和制度邻近性（Institutional Proximity）。在推动开放中，地理邻近性是一个基本概念，两个国家地理接壤，地域毗邻，人员往来、物资运输成本时间都会大大节约，方便区域经济联系。认知邻近性主要源于不同地区对文化、价值观、习俗、规范、愿景、目标、宗旨等方面认知的相似性或者接近性。人们生活习惯、风俗传统越接近，越有利于相互合作与交流；社会邻近性主要基于社会关系的认知与评价，社会信任、社会合作、社会交流、同事朋友关系等，都会产生社会吸引力，最终影响到社会行为；制度邻近性主要考虑两个国家或者地区的体制、管理、政策、法律等方面的邻近性，两个国家的社会制度与体制机制越接近，制度邻近性越短，越有利于深化合作与交流。通常，沿边开放过程中，涉及多种邻近性。比如，跨界民族的存在就扩大了社会邻近性与认知邻近性，有利于区域合作与交流。

第二，差异性（difference）概念。国内合作与跨国合作的不同在于，国家之间的差异较大。差异性是推动沿边开放与跨国合作的重要驱动力。这种差异不仅包括资源禀赋的差异，也包括收入的差异。比如，在相邻两个国家之间的收入差异较大的情况下，收入高的国家一侧倾向于投资到收入低的国家一侧，以更好地利用廉价的劳动力资源，降低劳动力成本。同理，开发程度高的一侧倾向于投资开发程度低的一侧，倾向于获得互补性短缺资源。

以欧盟来说，国家之间的收入差异较大，带来削减区域差异和促进要素跨国流动的双重问题，这是欧盟推动跨国区域合作的原动力。根据有关资料，欧洲各国之间因为工业化推进等因素的先后不同，各国之间经济发展水平存在较大差异。按照购买力平价标准，奥地利的人均生产总值达到36400欧元，高于欧盟平均水平30%；德国的人均生产总值达到32600欧元，高于欧盟平均水平的22%。尤其值得注意的是，即使东西德合并20多年，但是两地之间的经济差距依然巨大。欧盟程度较低的区域主要集中在后加入欧盟的中东欧地区。2013年，捷克人均生产总值相当于欧盟的79%，斯洛文尼亚相当于欧盟的81%，匈牙利和克罗地亚相当于欧盟的66%和61%。但是，东欧国家还有更落后的地区，就是人均生产总值低于欧盟50%的国家。比如，保加利亚与罗马尼亚相当于欧盟的47%和49%，塞尔维亚和黑山相当于欧盟的35%和43%，等待加入欧盟的

---

① Francesco Cappellano, Annalisa Rizzo. Economic Drivers in Cross Borders Regional Innovation Systems [J]. Regional Studies, 2019（6）.

候选国家乌克兰与摩尔多瓦相当于欧盟平均水平的 22% 和 25%。差异越大，消除差异的手段越是必要。

第三，互补性（complementary）概念。相邻的两个国家，区域性的资源与要素匹配存在差异，需要通过不同国家之间的合作，以实现互通有无、取长补短，发挥各个国家的比较优势，取得跨国资源与要素优化组合新优势。沿边地区通过跨国合作，可以就近获得互补性资源，在跨境资源与要素流动中，实现大范围的资源优化配置，在产业转型与产业发展中推动全球化。所以，在欧盟的区域经济发展中，一再强调跨境连通性与互补性（Cross border connectivity and complementary）。

沿边开放与跨境合作，得到经济一体化的理论支持。美国学者 Bela A. Balassa 指出，经济一体化既是一个过程，也是一种状态。前者包括采取措施消除国家间经济政策歧视，后者包括国家间经济差异的消失。Balassa 把经济一体化的进程分为四个阶段：①贸易一体化，即取消对商品流动的限制；②要素一体化，即实行生产要素的自由流动；③政策一体化，即在集团内达到经济政策的协调一致；④完全一体化，即所有政策的全面统一。我国也有学者把一体化进程划分为四个阶段：①一体化前准备阶段，边境贸易开始起步；②一体化初期阶段，边境贸易快速发展；③一体化中期阶段，边境贸易向国际贸易转化；④一体化高级阶段，边境贸易下降，边境贸易演变为区际贸易和分工下的产业内贸易，现代商贸、现代物流等商贸活动不断深化。按照 Philippe DeLombaerde 和 Luk Van Langenhove 的说法，区域一体化是世界范围内的国家间地域体系（Territorial Systems）现象。这种地域体系能够增加成员国之间的相互联系，摆脱传统的国家主导的经济组织形式而创造新的组织形式。Hans Van Ginkel 指出，区域一体化能够在一个特殊区域增加国家间经济、安全、政治、社会和文化联系。Luk Van Langenhove 认为，深层次一体化能够实现至少八个功能：强化区域之间的贸易联系；为私人部门发展创造一个适宜环境；支持有利于经济增长和区域一体化实现的基础设施建设；促进强有力的公共部门发展和良治政府的形成；削减社会排他性和建设内部包容性社会（Inclusive Civil Society）；有益于区域和平和安全；加强区域层面的生态环境改善；增强区域与世界其他区域的合作。还有一些学者提出区域一体化的八个目标：根据比较优势的原理通过加强专业化提高生产效率；通过市场规模的扩大达到规模经济提高生产水平；谈判实力增强有利于得到更好的贸易条件；竞争加剧带来增强的经济效率；技术提高带来生产数量扩大和质量提高；生产要素跨越国境；货币金融政策的合作；

就业、高经济增长和更好的收入分配成为共同的目标。

由于体制机制的不同，在主权国家政策范围内，对于沿边地区可采取的措施包括以下几个方面：一是封闭条件下任由沿边地区自主开发与发展。在中央政府支持能力有限的情况下，沿边地区的发展主要取决于区域管理者的意愿与资源动员能力。在传统计划经济体制下，我国沿边地区既没有获得体制机制的活力，获得来自中央垂直支持的资源极有限。二是在相对封闭条件下获得中央政府的政策支持。在中央政府资源动员能力较强的情况下，可以对沿边地区开发给予一定支持。苏联曾经对远东和西伯利亚地区进行一定规模的开发。三是在国家之间的开放意愿较为强烈的情况下，通过政府合作，推动沿边地区的相互开放。在口岸开放、边境开放、资源与要素开放中，有效促进资源与要素跨境流动与重组，欧盟基本采取这一模式。四是主动积极地推动沿边地区的对外开放。就是通过兴建跨境基础设施、跨境能源、电力、通信等网络，主动积极地扩大沿边地区开放。近年来，中国政府十分重视沿边开放。五是把沿边地区的主动开放和中央对沿边的发展支持结合起来。这也符合中国模式特点。在"一带一路"建设背景下，中央政府支持沿边积极开放，同时中央政府基于发展公平的考虑对沿边地区的发展给予援助。

Bardach（2001）给出了其关于合作的定义：合作是指"两个或者多个组织的任何联合行动（joint activity）通过一起工作而非单独工作，实现共同的公共价值"。但网络词典给出更简化的定义：合作是指为了共同目的和利益一起工作或者一起行动的过程[①]（Cooperation is the process of working or acting together for a common purpose or benefit）。跨境合作（cross border cooperation-CBC）是两个国家间或者两个区域之间跨越边界的合作。在政策管理实践中，有学者也区分了直接跨境合作与间接跨境合作[②]。前一种合作是指拥有共同边界线的国家或者区域之间的合作；相对应的是，后一种合作是没有共同边界的国家或者地区之间的合作。本书开展的研究和撰写的专题报告，都基于直接跨境合作而言。

Imperial（2005）区分了三种不同的合作方式：运行管理层面（operational level）的合作；政策导向层面（policy-oriented level）的合作；组织层面（organization level）的合作。具体地说，当边境两边的组织完成任务时，能够相互

---

① http：//dictionary. reference. com/browse/cooperation.

② Sonya Gerfert, Cross Border Cooperation. August, 2009. http：//essay. utwente. nl/60149/1/BSC_ S_ Getfert. pdf.

帮助实现对方的目标时，就是在运行层面的合作；当边境两边的组织在政策制定层面存在较强责任，决定采取联合政策（joint policies）形成协调一致的政策行动时，可以视为政策导向层面的合作；当边境两边的组织基于共同利益，决定联合建立新组织，以配置与布局跨境资源与要素时，可以视为组织层面的合作。但 Molen 和 Latswaart（2012）认为，跨境合作主要针对的是政策导向层面的合作①。

基于政策导向的跨境合作考虑，Molen 和 Latswaart（2012）把跨境合作分为六个阶段：第零阶段或者僵局阶段，双边完全相互分离，处于相互封闭与封锁状态，没有通信联系，没有政策议程；第一阶段（Communication）——通信联系阶段，双边相互通信，开始接触，在某些合作主题上开始交换意见；第二阶段——知识交流阶段（Exchange of knowledge），双边进行信息交流与观点交换，分享认识视角；第三阶段——议程设置（agenda setting）阶段，通过交流，达成合作共识，确定优先选项；第四阶段——确定双边采取一致性行动（Alignment），双边进行充分合作，制定出强有力、可执行的政策，设计出与政策相配套的推进项目；第五阶段——政策推进与实施（Implement）阶段，在确定利益参与者各方共同利益的情况下，在实施政策中，把各方积极性动员起来，实现共同目标。在政策实践中人们发现，跨境合作可能成功，使双方都直接受益；但也可能出现失败，主要是因为隔阂、利益或者文化差异等原因（见表2-2）。

表2-2　政策导向引致跨境合作成功与否的影响因素

成功因素	失败因素
1. 选对合适的伙伴	1. 个人议程
2. 双边信任	2. 以自我为中心（EGOs）
3. 诚实与可信	3. 政治化
4. 共享观点	4. 在管理或者边界层面的恶劣关系
5. 相互依赖	5. 地理距离
6. 获得高水平决策者支持	6. 组织文化存在差异性
7. 拥有技能的先行者	7. 国家边境层面的认知差异
8. 利益相关者参与	

资料来源：Molen and Latswaart（2012）。

① Jan van der Molen & Hannah Latswaart. Crossing Border：Practical Handbook of the Crossing Border Theory，2012.

二、国际机构重视跨境合作的制度建设

世界各国之间的界限，是由边境线加以规定和划分的。从维护主权与发展利益角度，各国都十分重视边境的管理。关注边境管理的不仅包括国家，也包括一国范围内各类具有行政边界的行政主体。因而，研究边境发展就有纵向与横向两种不同的视角。纵向的边界视角就是从国际角度看国家的边界，或从国家政权管理的角度，看省市县的边界，以整体高度分析局部边境问题；横向的角度，就是两个身份平等的主体研究边界合作，减少边界矛盾与冲突。在中国，沿边地区开放是从横向的视角研究中国与周边国家的边界合作问题，其目的是为了推动沿边开放，促进沿边地区的开发与发展。

推动沿边开放和跨境合作，有利于各国的发展与繁荣，也有利于国际社会遵守共同的理想与规则。多年来，各类国际机构对于跨境合作与各国的沿边开放，给予了极大支持，同时，拟定了一些共同遵守的规则。

从 20 世纪 90 年代开始，许多国际机构倡导国际边境合作。全球海关组织（World Customs Organization）力推协调性边境管理（Coordinated Border Management, CBM），欧盟（EU）则使用一体化边境管理（Integrated Border Management），世界银行（World Bank）使用协同性边境管理（Collaborative Border Management），欧安组织（OSCE）则倾向于使用全面边境管理（Comprehensive Border Management）。虽然各个组织使用的概念定义存在较大差别，但都有一个共同特点，就是促进和改善边境管理效率，促进跨境合作与交流。

协调性边境管理通常涉及三大政策支柱（Pillars）（Polner, 2011）[①]，这三大支柱同时发力有助于边境管理与边境关系协调。第一大支柱：海关与海关之间的合作（Customs to Customs cooperation）；第二大支柱：海关与商业之间的合作（Customs to Business cooperation）；第三大支柱：安全框架（SAFE Framework）。根据全球海关组织的统计，国际社会在边境管理并没有统一的模式，在各个国家，财政、海关、税务等部门都在边境管理上起重要作用。在一定程度上，边境管理是政府收入的重要来源（见表 2-3）。

---

① Mariya Polner. Coordinated Border management：From Theory to Practice ［J］. World Customs Journal，2011（5）：2.

表 2-3 国际组织统计的边境管理制度

部门	数量	比例（%）
财政部（MOF）	88	50
海关组织（CA）	45	25
税务部门（RA）	39	22
边境安全部门（BSA）	3	2
内务部门（MOI）	2	1
总计	177	100

从全球范围看，海关在推动跨境合作与发展中都有重要作用。通常来说，海关的基本职能包括：支持国家经济、财政、安全、社会发展目标的实现；监控货物、车辆和人员的跨境流动；推动国际贸易协定的落实，采集贸易数据；从国家角度为对国际打击跨境犯罪做出贡献。

国际社会十分重视边境口岸建设和发挥口岸功能。联合国贸发会议（UNCTAD）指出，"边境口岸必须在推动贸易增长中发挥关键作用"；"边境管理当局必须意识到，边境必须作为贸易促进者，而不是只扮演提供收入和增加就业的角色"。近些年来，联合国贸发会议在国际贸易和运输、边境体系组织、边境体系的功能化扩展、边境的未来挑战、边境管理的方法与工具、边境的经济与商业管理、边境的行政与法律管理、边境开发的技术与人力资源管理等方面做了许多培训、政策管理协调等方面工作，极力促进各国边境管理水平的提高。

在促进边境口岸管理方面，有关国际组织提出四个方面的要求（IOM，2017）[①]：

第一，身份管理。支持政府进行身份查验与管理。按照联合国全球公约的要求，帮助所有出生的人员注册身份证明，保障身份安全、独一无二和可以查验，保障正常的旅行证件识别，防止假冒旅行证件鱼目混珠。口岸管理当局应加强对旅行证件的专业识别，要注意培训一线边管人员识别冒名顶替者、印迹篡改现象和虚假旅行证件。在具体管理实践中，应为二级检验实验室甚至于区域性检测中心配备足够的人员和设备，以便对证件检验识别提供进一步技术支持。

---

① International Organization for Migration. Border Management［R］. Global Compact Thematic Paper, 2017.

第二，边境口岸管理信息系统（BMIS）。边境口岸管理信息系统（BMIS）的使用，可以使政府采集、加工、储存和分析移民、避难者等到达和离开的信息，口岸管理官员对跨境流动进行监测，并在此基础上创造基于证据排列的旅行风险图谱。通过较长时期努力，BMIS 的信息采集可以用于反馈移民管理和政策，帮助政府改进计划。BMIS 的信息还可以连通国际刑警组织（INTERPOL）的预警清单，在通关关口对个人和证件的身份进行验证，以利用口岸关口捕获各类罪犯。在计算机化的信息处理机制下，有助于强化口岸管理当局对旅客信息的预报和监测功能。

第三，一体化的边境口岸管理功能（Integrated Border Management）。政府应该鼓励本国海关、移民当局与周边国家的海关与移民管理部门进行更紧密的合作。欧盟已经发展起一体化的边境口岸管理制度（Integrated Border Management，IBM），也被世界海关组织（World Custom Organization）称为协调性口岸管理制度（Coordinated Border Management）。合理的管理模式是，减少重复工作，最大化地使用边线通告制度。国际社会比较肯定的是南撒哈拉地区的一站式边境通告制度（One-Stop Border Posters，OSBPs）。尤其是，在主要贸易通道上实行一站式边境通告，可以优化跨境时间，显著地改善合作，提高效率，减少等待时间。

第四，人道化边境口岸管理（Humanitarian Border Management，HBM）。人道化、人性化的边境口岸管理，就是在发生人道主义灾难的背景下，边境口岸管理能够更好地服务于人道化、人性化的基本需求。HBM 的干预机制，在尊重国家主权和安全基础上，可以通过使用不驱回（non refoulement）政策，防范人道主义危机波及普通人的生命财产安全。应加强 HBM 能力建设，设置标准化的管理流程，关注跨境人员流动中的突然变化，开发和应用紧急应急方案，形成转送机制，以便弱势移民（vulnerable migrant）能够得到紧急救援。要创造良好的跨国合作机制，以便对可能出现的危机做出恰如其分的紧急响应。

世界贸易组织（WTO）作为独立的国际组织，虽然没有针对跨境贸易与合作的专门政策，但是其政策主旨却有推动跨境经济交流的意味。世界贸易组织一直倡导成员国之间实行互惠原则、透明度原则、市场准入原则、经济发展原则、促进公平竞争原则、非歧视性原则，力主建立多边国际贸易体系，鼓励成员国降低关税壁垒，自然对跨国合作与边界开放持积极态度。

三、欧盟成员国的跨境合作与沿边开放

欧洲国家在历史上存在着严重的国家冲突，尤其是第一、第二次世界大战就是在欧洲发源的，国家之间的边界不安全的问题困扰各国。尽管克罗地亚与匈牙利之间的边界存在了 900 年，是欧洲保存时间最久的边界之一。但在欧洲大多数地方，百年以上的边界不发生变动的现象很少。按照有关方面的说法，欧洲国家存在边界矛盾已经有 300 年了，战争矛盾、经济社会发展矛盾与冲突，造成边界和沿边地区的发展劣势。长期发展过程中，欧洲的边界线转移（Border shifting）、边界重定（Border redefinition）和边界侵蚀（Border erosion）现象常常发生。威斯特伐利亚条约的确定，稳定了国家之间的关系。多年以来，欧洲一直致力于推动经济一体化（Economic Integration），积极降低边境壁垒，促进商品、服务、人员、通信等要素与资源的跨境流动。欧盟甚至提出无边界欧洲（Europe without Borders），力争打造一个没有内部边界的区域（an Area without Internal Borders）。

欧洲各国的差距在边界线两边表现得最明显，各国对于边界合作的重要性有充分认识。第一，边界合作与边界侵蚀削弱了边境壁垒，创造了人口、货物、服务和资本的流动，推动共同发展空间的形成，并为各国边境地区创造更多机会；第二，边界合作变成欧洲一体化的前沿地区，甚至成为欧洲一体化的实验室（Laboratories of European Integration），边境合作相关项目的实施，使欧洲发展合作为普通欧洲人所分享和检验；第三，边界合作促进了社会、文化等因素的跨地区流动，带来思想、观点、方法、理解的交流与交换。

1950 年，可能是由于马歇尔计划关于强化国家之间经济合作政策的安排，欧洲一些先锋国家开始考虑促进跨境经济合作。欧洲的跨境合作始于莱茵河盆地，涉及的跨境合作区域包括法国、德国、瑞士、卢森堡、比利时和荷兰六国，在合作中，建立起包括大都市、大学、咨询机构甚至私营企业在内的联系。这种合作，因为有核心国家法国与德国的参与，成为欧盟重视跨境合作的重要基石。但是在另一些地方，如希腊、西班牙、葡萄牙，跨境经济合作相对较晚，较大规模的合作开始于 20 世纪 80 年代。

整体来看，欧盟的跨境合作经历了三个阶段①：

---

① Ministry for Foreign Affairs of Finland, Cross-Border Cooperation-Benefiting from Borders, 2011.

　　第一阶段，起步阶段。由于历史原因，国家之间缺乏跨境合作和了解的积极性，迫切需要跨境合作的政策动员。同时，当时也很少有机构或者团体有能力独立开展从事跨境合作。在这种情况下，成员国就开始进行技能训练与培训，组织访问其他地区成员，对边境地区的发展潜力开展研究，逐步创造了跨越边境的成员与伙伴之间的网络化联系。

　　第二阶段，开始协作与融合阶段。在边境两边的资源与要素加以深化了解后，开始有了推动跨境合作的动力。各类资源与要素开始跨境流动，形成边境两边经济与社会融合趋同（convergence）的趋势。通过投资项目的设计与吸引外资，带来一定程度的跨境合作。

　　第三阶段，深化合作阶段。边境地区普遍意识到由边境提供的区域发展潜力，人们意识到利用好跨境区域差异，会带来明显的经济收益。跨境基础设施的投资开始高涨，区域之间的合作项目也得以开发，跨境通信频繁增多，民众的跨境流动得到鼓励。

　　在欧洲推动一体化的背景下，国家之间出现了去边界化（Debordering tendencies）的趋势。欧盟存在着大片边境地区：37.5% 的欧盟人口居住在与 38 个其他国家邻接的边境地区。因而，Interreg A（cross-border cooperation）就注重支持欧盟成员国之间的边境地区以及成员国与欧盟以外国家相邻的边境地区的开发。在推动欧洲一体化的制度与政策建设的同时，欧盟也意识到，必须通过附加的区域经济政策，促进欧盟国家之间的跨境经济合作与跨境要素流动。

　　欧盟政府文件明确指出，跨境合作（Cross Border Cooperation, CBC）是欧盟政策的重要组成部分。欧洲地域合作项目（European Territorial Cooperation, ETC）也被称之为 Interreg，主要力促欧盟范围经济、社会与地域发展。起初有 11 个成员参与，拨付资金 11 亿欧元，现在已经扩展到 28 个成员国，资金总量达到 101 亿欧元。虽然最初都是跨境合作，但是，现在已经涵盖了三种不同的跨境合作模式：跨境 cross-border（Interreg A）、跨国 transnational（Interreg B）、区域之间 interregional（Interreg C）。Interreg 项目已经成为促进和推动包括医疗、教育与运输在内的诸多跨境合作项目开展的重要政策工具。

　　根据欧盟网站的信息，2007~2013 年，欧盟投入 60 亿欧元，实施了 60 个项目、超过 6000 个工程，绝大多数项目都集中在欧盟内部的 38 个沿边范围。这些项目的主要用途在于，基于安全防卫、运输、教育、能源、医疗保健、培训和创造就业等合作考虑，削减边境地区跨国壁垒。在合作开展中，具体的功能计划包括，改善增长的知识与创新、吸引投资与工作、能力建设、环境保护与风险防范、医疗保健与社会包容、教育和就业、劳动力流动与接受。根据欧盟披露的信息，2014~2020 年，将有超过 100 亿欧元的项目投资于区域合作，其中约 66 亿欧元投资于跨境合作。这些项目与 2007~2013 年的项目基本一致，以保持政策的连续性。

不仅欧盟有统一的政策，促进跨境合作。一些国家政府也提出明确口号，以身作则支持跨境经济活动。比如，法国就提出，工作与邻国、工作为邻国、工作在邻国。欧盟的跨境合作开展，往往因对象不同而开展合作的内容不同。从欧盟的政策干预方向看，至少着眼于通过区域政策促进以下三类跨境合作开发：

第一类跨境合作是基于流域开发为对象的大规模跨境合作。

这一合作以多瑙河地区跨境开发最为典型。像多瑙河地区的跨境开发，涉及以下四个方面的主要问题。一是连接多瑙河。首先，改善人口流动状态，增进多通道；其次，鼓励可持续的能源使用；最后，推动文化与旅游活动开展，增进人与人的接触。二是保护多瑙河地区环境。主要着眼于：恢复与保持水质量；管理环境风险；保护生物多样性、风景面貌、土壤和空气质量。三是建设繁荣的多瑙河区域。主要方向是：通过研究、教育、信息技术发展知识性社会；支持企业竞争力的提升，包括集群发展；投资于人和技能。四是强化多瑙河地区的合作。主要方向是：增强体制能效；加强跨国合作；合作推动安全管理和打击犯罪行为。在欧盟的支持下，根据区域之间资源要素差异，相关国家在多瑙河地区实施了 14 个跨境合作项目（Cross-Border Regions，CBR）（见表 2-4）①。

表 2-4　多瑙河地区实施的 14 个跨境合作项目（CBR）

范围广泛的跨境合作项目	范围广泛但收敛于 1~2 个领域的跨境合作项目	混合水平的跨境合作项目	范围很小的跨境合作项目
DKMT；Pons Danubii；Ister-Granum；EDA；Tritia	TZHZ；PRUT；Orseg-Goricko	Vidin-Zajecar；Pecs-Osijek；Sumava-BW/VI-M	Drina；Osijek-Subotica；EDDS

---

① Central European Service for Cross-Border Initiatives. European Institute of Cross -Border Studies：Cross the Borders ［R］. CESCI（Hungary），2016.

在多瑙河地区的跨境经济合作中，欧盟十分注重跨境合作的基础性研究与政策跟踪研究。比如，一些大学、研究机构甚至于咨询公司都参与到跨境合作问题调研、思路与对策分析与设计中（见表2-5），为推进跨境合作项目的实施提供基础科研与政策咨询。

表2-5　多瑙河国家层面跨境合作案例研究伙伴与对应区域

伙伴研究机构	跨境区域
CZ　Institute EuroSchola	捷克—德国；捷克—奥地利；捷克—斯洛伐克；奥地利—德国
SK Institute of Spatial Planning, Bratislava	斯洛伐克—奥地利；斯洛伐克—乌克兰；斯洛伐克—匈牙利
HU, European Institute of Cross-Border Studies, Esztergom	匈牙利—乌克兰；匈牙利—塞尔维亚；匈牙利—克罗地亚；匈牙利—斯洛文尼亚
HR, Superna Ltd	克罗地亚—斯洛文尼亚；克罗地亚—波斯尼亚；克罗地亚—黑山；斯洛文尼亚—奥地利
RS, Republic Science Association, Subotica, Serbia	塞尔维亚—克罗地亚；塞尔维亚—黑山；塞尔维亚—波斯尼亚；波斯尼亚—黑山
BG, Sofia University "St. Kliment Ohridski", Geology and Geography Faculty	保加利亚—塞尔维亚；保加利亚—罗马尼亚
Ro, Institute of Geography, Romanian Academy	罗马尼亚—匈牙利；罗马尼亚—塞尔维亚；罗马尼亚—黑山；罗马尼亚—乌克兰

第二类跨境合作是基于共同边界领域的跨国区域合作。比如，波兰—德国边界两边的区域合作。

波兰—德国边界长达472公里，因曾经存在血腥侵略留下了深刻心理创伤印迹，两边民众信任程度较差。2004年波兰加入欧盟、2007年波兰加入申根国家，为两国跨境合作带来了新机遇。战争的枪声由边界打响，和平时代合作的开端也始于边界。波兰—德国的跨区域合作取得进展的一个特殊因素是，双边都对对方十分了解，语言、文化方面的障碍不大，双边都意识到双边跨境合作在欧盟内部的重要性，都有推动跨境合作的强烈意愿。为减少民众的不理解，边境两边的合作先从三个比较容易开展的领域开始：环境保护活动、根据国际合作要求的物流活动和双边共同计划。两国间的区域合作，得到了欧盟 INTER-

REG 项目的支持。具体活动的推进主要集中在跨区域经济社会一体化工作上。这其中，有一些所谓"硬"项目，通常是基础设施类项目，包括道路、桥梁修建、海关查验点建设。同时，也有一些"软"项目，主要是文化类、语言类、人力资源培训类项目。为推动跨境合作开展，德国与波兰建立了双边跨境合作委员会，每年召开会议，商讨推动跨境区域合作的具体事务。除此之外，两国还建立了德国—波兰高层论坛，密切决策层、企业家、学术界与咨询机构之间的联系。

目前，这一跨境合作已经迈上新的台阶，更注重推动构筑跨国层面的共同利益、共同目标、共同机制。德国与波兰之间已经把合作扩展到边境较大区域范围，根据最新 Horizon 2030 规划，两国边境合作区域 16 万平方公里，涉及2000 万人。两国成为双边空间规划委员会，最新的规划力主建立跨边境功能性相互依赖关系，合作领域着眼于多中心居住模式、运输、人力资本、可持续性增长与生活质量五方面的内容，而学术界的合作也扩展到人口变化、能源网络、竞争力提升、文化、遗产、语言、大学交流、海事管理与自然保护等方面。

在德国—波兰跨境合作中，波兰的斯武比采（Słubice）和德国城市法兰克福奥德（Frankfurt-Oder）之间的合作尤其令人称道。通过协商，双边合作建立起友谊路、友谊桥等，加强双边沟通。在合作中，两国之间的资本合作与资本网络化存在向相互关联，形成互补式区域经济发展。当然，斯武比采与法兰克福奥德之间的合作也已经延伸到大学之间的合作研究与合作交流。

波兰—德国间的边界合作，已经成为欧洲东部边界地区跨地区合作的典范。乌克兰—波兰边界等，也在借鉴这一合作机制。

第三类跨境合作是跨区域专项合作。比如，罗马尼亚和保加利亚边界的遗产保护开发合作。

保加利亚与罗马尼亚都是传统的东欧国家，在加入欧盟后，促进两国边界之间的合作成为两国政府的期待。在欧盟支持下，保加利亚与罗马尼亚开展了一系列合作，主要在文化遗产、旅游资源开发等方面确定优先项目，寻求边界地区的共同发展。

在 2014~2020 年跨境合作项目开展期间，罗马尼亚在自己一侧划定了 268个文化遗产项目，这些项目包括博物馆、纪念馆、艺术馆、名人出生地、有价值的教堂等，这些文化项目分布于靠近保加利亚的城市、乡村；与此对等的是，保加利亚在自己国土一侧划定了 88 个项目，其中一个十分著名的项目是伊万诺夫教堂，被列入联合国教科文组织的世界遗产目录。保加利亚与罗马尼亚边境地区的这些文化遗产，有着相同的文化起源：历史上的希腊人、达西亚人（Da-cian）、拜占庭人和罗马人都曾在此留下征战和文化传播的印迹。

除此之外，这一区域还有大量的自然遗产。自然遗产也有保护的需要，涉及对大范围生物多样性、自然风貌的保护。这一区域的自然遗产有 232 处，从生物多样性到自然风貌，涉及范围较为广泛，海洋动物栖息地、沙滩、泻湖、海角、悬崖、湿地、珊瑚、海洞都有长期保护与保存的需要，保护的重要性不言而喻。

但是，这些历史与自然遗产都有可以经济开发的价值。比如旅游、农业、狩猎、捕鱼、建筑、能源开发等。根据有关专家的调研，保加利亚—罗马尼亚边界线两边的企业绝大多数除了考虑到法律的硬约束以外，单纯从商业视角考虑开发利用；57%的公司反映它们有过遗产利用的经历；30%的公司愿意投入加强遗产保护与开发的方案设计。为此，有关方面提出优先项目（Priority）与开发目标（Objectives）（见表 2-6）①。

表 2-6　罗马尼亚—保加利亚跨界遗产优先考虑项目与实现目标

优先项目	主要目标
罗马尼亚—保加利亚跨境商业环境活跃积极影响到对文化与自然遗产重要性的重新解释	1. 增进对文化遗产重要性与可持续性利用的商业认识 2. 商业气氛的渗透改变了人们对遗产的认识和观念，遗产的独特价值链推动可持续性商业利用 3. 评价和反馈体系促使公司推动遗产的可持续性利用
推动形成新的商业模式，导向遗产友好型经济	1. 按照商业环境的要求，通过增加管理能力，采用和推进遗产可持续性利用 2. 应用包容性社会措施，实现可持续性遗产利用，在生成新商业的同时，推动环境保护 3. 采取措施，保护遗产的权威性、遗产质量和遗产完整性
在商业环境下集聚所有遗产利用的利益相关方	1. 在可持续性遗产开发与利用中，增强利益相关方尤其是遗产保护方对决策的参与 2. 开发信息、合作与管理的非正式平台，以推动文化与自然遗产的商用，构筑"遗产朋友"型关系

欧盟十分清楚地认识到，在罗马尼亚—保加利亚边界地区推进遗产保护与

---

① INTERREG Romania-Bulgaria, Development Strategy of a Cross-Border Natural and Cultural Heritage-Friendly Economy in Romania and Bulgaria ［R］. 2017.

开发，需要建立起完善的战略推进框架。这涉及对战略的理解与准备、项目设计、项目申请、战略实施，也涉及欧盟、国家和地方层面的监控，以保障遗产开发与保护两方面的工作同时进行，尤其要防止出现这样的结果，开发一哄而起，最终损害遗产的可持续性。

多年来，在欧盟的政策与项目支持下，跨境经济、人员、技术等方面的合作取得积极进展，相关计划与项目也在持续推进。根据欧盟统计部门的信息，2013 年，有 110 万人居住在一个申根国家，但工作地点在另一个申根国家。但是，在欧盟官方看来，以下跨境问题还没有得到很好解决：寻找就业机会；医疗保健服务；养老金权利和税收；资格认定；进入公共设施和公共部门。但是，还有学者提出，事实上，在多年发展中，欧盟内存在着跨境合作的困境①：不清晰的目标和过度预期；缺乏战略性主题；日益增加的竞争压力；有限的资源；不兼容的空间发展规划。

除此之外，跨境经济合作存在困境，在于社会大众缺乏对跨境合作收益的了解。有关研究机构于 2015 年 6 月 10~30 日，通过电话对欧盟 28 个成员国和挪威、瑞士等国边境地区的 40619 人进行访问。这一访问调查，着眼于了解欧盟边境地区的居民对跨境合作了解程度，并探询公众对跨境合作的意愿。调查了解的结果是，有 68% 的人完全不知道有跨境合作政策支持项目②，这反映出欧盟的跨境合作项目并未完全深入人心为大众所知晓，或者说，公众并未明确感受到从这些政策中受益。不过，调查了解也发现一些积极变化。比如，有 31% 的受访者了解欧盟推进的跨境合作项目，东欧国家和爱尔兰公民对此了解得更多；76% 的受访者有过出国经历，70% 的受访者跨境到过周边地区，57% 的受访者到过周边国家地区旅游；35% 的受访者到过周边国家地区购物；57% 的受访者认为，语言差异影响跨境合作的开展；46% 的受访者认为经济社会差异影响到跨境合作；30% 的受访者认为，地理障碍和跨境基础设施是跨境合作的限制因素。

另外，值得注意的是，近年来，由于欧洲移民、难民数量增加，导致欧盟内部各个国家之间的矛盾增加。为保护各国自身发展利益，减少不安全因素和节约政府开支，从 2015 年下半年开始，法国、奥地利、瑞典、丹麦等国家加强了边境管控。在欧盟一些国家边境线上，铁丝网、栅栏重新恢复。根据《申根

---

① Dipl-Ing Robert Knippschild. Potential of cross-border cooperation for Strategic Urban Development in Border Regions ［R］. 2006.

② Flash Eurobarometer. Cross-Border Cooperation in the EU ［R］. 2015.

边境法》，在特殊情况下，申根国家可以实行为期最长 6 个月的边境管控，最多可延长 3 次。依托这一法律，欧洲一些国家在2018~2019 年实施了边境管控措施（见表2-7)①，这无疑会制约边境合作的进行。

表2-7　2018 年 11 月至 2019 年 2 月申根国家实施或者延长临时边界管控的通知

编号	成员国	期限	实施原因/范围
110	波兰	2019 年 2 月 10~16 日	在华沙召开的"促进中东和平与安全的未来"部长级会议/所有内部边界
109	瑞典	2019 年 2 月 12 日至 5 月 11 日	公共政策与国家安全面临的严重威胁/所有内部边界
108	波兰	2018 年 11 月 12 日至 12 月 16 日	2018 年联合国气候变化大会（COP24）在卡托维茨举行/所有内部边界
107	奥地利	2018 年 11 月 12 日至 2019 年 5 月 11 日	欧洲安全形势与持续不断大量难民"二次流动"/与匈牙利与斯洛文尼亚间陆地边界
106	挪威	2018 年 11 月 12 日至 2019 年 5 月 11 日	欧洲安全形势与持续不断大量难民"二次流动"/所有内部边界，初步重点是连接丹麦、德国与瑞典的渡口
105	瑞典	2018 年 11 月 12 日至 2019 年 2 月 11 日	公共政策与国家安全面临的严重威胁/所有内部边界
104	丹麦	2018 年 11 月 12 日至 2019 年 2 月 11 日	公共政策与国家安全面临的严重威胁/所有内部边界，初步重点是与德国间的陆地边界和连接德国的港口
103	德国	2018 年 11 月 12 日至 2019 年 2 月 11 日	难民持续的"二次流动"带来的威胁/与奥地利之间的陆地边界
102	法国	2018 年 11 月 1 日至 2019 年 4 月 30 日	恐怖主义威胁、外部边界的形势和即将召开的高层政治会议/所有内部边界

资料来源：王雅梅（2019）。

由此可见，跨境合作对欧盟的发展十分重要，欧盟也一直投入巨资支持跨境合作与交流，削减成员国之间的经济差距。但对欧盟各国来说，在一定时段内，安全管控的重要性超过经济合作。各国开展的边境管控措施，不仅降低了

---

① 王雅梅．"无边界的欧洲"面临的边界之困［J］．学术前沿，2019（3）．

合作效率，也带来一些新的经济成本。2018 年 12 月，欧盟委员会提供了 3.05 亿欧元紧急援助，用于支持希腊、意大利、塞浦路斯、克罗地亚的移民和边境管控。欧盟委员会估计，在申根国家间重建边境管控，每年会带来 50 亿~180 亿欧元的直接成本。

四、墨西哥毗邻美国边境城市蒂华纳的开放开发

墨西哥与美国相连，历史上曾经发生过严重的边界冲突，墨西哥一些地区被划归美国领土范围，至今让一些墨西哥人耿耿于怀。但是，在两国确定边境线以后，如何推动沿边地区发展，是墨西哥政府的政策关注重点。美国与墨西哥之间的边境线超过 3000 公里，自西向东通过太平洋延伸到墨西哥湾。长期以来，边境两边拥有共同的资源、历史、文化、族群，但是也存在着差异、矛盾、紧张与冲突。

蒂华纳（Tijuana）位于墨西哥西北，是墨西哥下加利福尼亚州（Baja California）的一个边境城市，距离美国南部加利福尼亚州经济重镇圣迭戈 12 公里。最初，蒂华纳是作为牧场存在的。Tijuana 是西班牙语 "Tia" 和 "Juana" 词汇组合，"TiaJuana" 翻译过来就是 "Juana 婶婶的牧场"。稍后，蒂华纳发展起了包括赌博休闲在内的边境度假活动。1939 年，墨西哥政府将其设为自由区，蒂华纳得到迅速发展，第二次世界大战中发展成为一座新兴城市，为墨西哥发展最迅速的城市之一，综合实力在墨西哥城、蒙特雷和瓜达拉哈拉之后，居全国第四，现已是墨西哥下加利福尼亚州最大城市。

随着美墨合作关系的深化，旅游、加工制造、跨境物流等产业逐步得到发展。从 20 世纪 50 年代到 90 年代中期，蒂华纳的人口增长了 10 倍。蒂华纳的经济快速发展、蒂华纳与圣迭戈之间的一体化发展形成跨境合作都市区（cross-border metropolis）、边境两边贫困的大幅度削减，都被视为跨境合作取得成功典范。美国著名学者 Sassen 早在 2000 年就注意到蒂华纳现象[①]。她认为，在多方经济合作有利于推动战略区位发展的背景下，蒂华纳出口加工区的扩张（expansion of export process zones）有其必然规律。

蒂华纳已经成为墨西哥重要的制造业产品出口基地，重要的航空与国防产业集群（见表 2-8），形成良好的制造业商业生态系统。目前，有超过 575 家公

---

① Sassen S. The Global City: Strategic Site/New Frontier [J]. American Studies, 41 (2/3) (Summer/Fall), 2000: 79-95.

司在该城市运营，制造业在其中发挥重要作用。

表 2-8　蒂华纳的重要制造业部门

行业（影响）	公司数量（家）	雇佣员工数量（人）
航空工业（墨西哥首屈一指）	38	12210
医疗设备（世界有名）	74	71000
汽车	50	14600
电子工业	122	50000

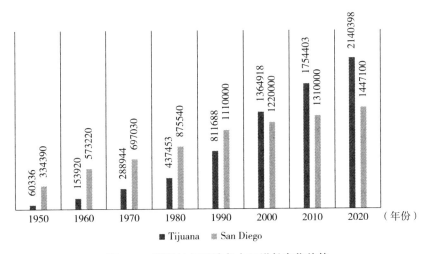

图 2-2　蒂华纳与圣迭戈人口增长变化趋势

资料来源：根据两地统计资料。

在圣迭戈—蒂华纳"双城记"演变中，圣迭戈与蒂华纳出现了人口结构的巨大差异性变化，蒂华纳后来居上，成为增长很快的新兴城市，2000 年以后人口就超过圣迭戈（见图 2-2）。但圣迭戈依然保持经济发达的优势地位。资料显示圣迭戈是美国西南部重要的军事基地，尤其是圣迭戈第 11 海军总部、太平洋舰队基地地位显赫，驻扎军队主要经略美国西海岸和太平洋地区。国防工业是圣迭戈的第二大产业，每年给当地带来 130 亿美元以上的收益。圣迭戈的产业类型主要有：信息与通信技术产业；航空、航海与水下技术产业；生物技术与制药业；生物医药设备与产品；出版与市场营销；清洁技术产业；先进精密制造；体育用品制造；服装制造等产业。圣迭戈是作为一个技术与教育密集型城市出现的，来自国防工业的合同订单推动企业和研发机构在航空、软件、计算机、通信、电子产业等领域的密集型创新过程。圣迭戈是美国重要的高科技产业中心。大约有1400家高技术公司，雇用了16万高技术工人。生物医药、软件、通信、安全等领域的创新研究有一定地位。2015年，美国的人均收入为29979美元，圣迭戈则达到32227美元，超过全美平均水平10%以上。当然，圣迭戈各个行业的工资差别很大。比如，计算机和电子产品的工资性收入可以达到10万美元以上，而食品制造领域的工资收入却只有不到33000美元（见表2-9）。不过，根据福布斯2005年的数据，圣迭戈虽是全美第五位富裕城市，但圣迭戈也是全美第三大无家可归人口的城市，甚至有15%的人口收入低于贫困线标准。

表2-9 2013年圣迭戈制造业的就业数量和平均工资

排名	制造业行业	就业数量（人）	平均工资（美元）
全部	制造业总体	94445	75800
1	计算机及电子产品	24457	105300
2	运输设备（含汽车、航空、造船）	13720	75900
3	杂货（含高尔夫设备）	10557	71400
4	机械	8272	79600
5	化学品	7368	105000
6	金属制品	7066	47800
7	食品	5217	32900
8	塑料和橡胶制品	3253	57100
9	印刷品	2938	41500
10	电力设备与工具	2239	55100
11	饮料和烟草	1863	44900
12	家具制造	1694	40300
13	非金属矿物制品	1350	53900
14	服装	1148	36000
15	原生金属	862	55800
16	纸张制造	805	50600
17	纺织机械厂	554	34600
18	木材制品	416	37600

续表

排名	制造业行业	就业数量(人)	平均工资(美元)
19	纺织厂	303	34800
20	皮革产品	259	36000
21	石油和煤炭产品	104	76000

资料来源:Quarterly Census of Employment and Wages(QCEW),California Employment Development Department.

美墨边界确立于1848年美墨战争之后,现今是全世界最繁忙的边界。根据有关资料,美国对墨西哥16%的出口是由加利福尼亚州完成的,而加利福尼亚向墨西哥出口的70%经由墨西哥的下加利福尼亚州到达墨西哥其他地区。这些经济活动,更多的是经由圣迭戈与蒂华纳加以实现的。同时,有大量蒂华纳生产的产品运销美国。每年约有250万人以合法方式通过两国边界,但大量涌入美国的非法移民及严重的毒品犯罪问题,已成为美墨关系的重要课题。口岸是世界上最繁忙的国际通道,每天有65000辆小轿车、5000多辆货运车,30%的墨美游客在此通关,墨西哥20%的出口商品由此运抵美国。每年有4000万人经由蒂华纳墨美边境口岸双向流动。口岸24小时开放。

蒂华纳在拉丁美洲最大、最古老和最发达的制造业领域是电子工业。"二战"结束时,美国迎来制造业的大发展时期,工业高度繁荣,美国劳动力供给不足,由输入墨西哥工人弥补员工缺口。1964年,各类战争结束,制造业产品的需求因而下降,带来对劳动力的需求下降,美国甚至把墨西哥劳工遣送回国。但是,为避免墨西哥工人回国后陷入失业状态,经过美墨两国商定,美国也把一些制造业产品生产线转移到墨西哥。Maquiladoras这一词汇也顺带被创造出来,就是指设在墨西哥的美资出口加工厂,甚至延伸指出口加工区。在较长时期的合作中,美国企业家注意到,墨西哥的劳动力成本明显低于美国,把部分劳动力密集型的生产线转移到墨西哥,可以带来企业效率的提升。图2-3描绘了2016年蒂华纳市不同制造业领域的工资水平。比较可知,蒂华纳的劳动力成本远远低于圣迭戈,把生产线从圣迭戈迁移到蒂华纳,可以为企业家创造更多利润。

蒂华纳的有利区位,不仅吸引来自美国的企业投资,也吸引来自世界各地的投资。北美自由贸易区(NAFTA)的创设,有利于来自其他地区的企业利用下加利福尼亚蒂华纳等地的优势区位,生产面向美国、加拿大巨大市场的产品。从图2-4来看,2012~2016年,包括蒂华纳的下加利福尼亚州不仅吸引了大量

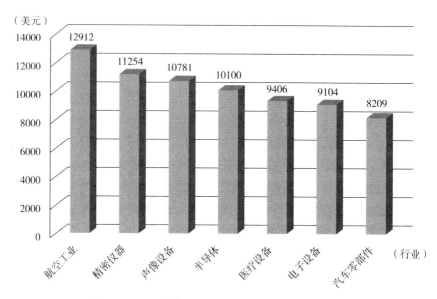

图 2-3 2016 年蒂华纳不同制造业领域的平均工资

来自美国的投资，也接受大量来自韩国、日本、西班牙、荷兰等亚欧国家的外来直接投资。来自松下、三星等国际著名企业在蒂华纳投资，产品出口到全世界。多元化的投资来源，有助于产业结构的不断优化，减少投资过于单一的风险。通过 FDI 的投资行业类型看，这些投资主要集中在运输设备、电子计算机、天然气管道生产等领域（见表 2-10），几乎全部集中在实体经济领域，尤其是制造业领域，对整个经济可持续发展意义重大。投机性资金较少，显示经济稳定性较高。

近年来，波士顿咨询集团采用成本—竞争力指数测度各个国家的竞争力状况。结果发现，2014 年，墨西哥的劳动力成本平均低于中国 13%，制造业领域的直接成本比中国低 4%。包括蒂华纳在内的墨西哥相对于美国有低成本优势；相对于中国来说，既具有成本优势还具有邻近美国大市场的优势。多年以后，中国国内的泡沫经济进一步抬高了制造业的发展成本，导致产业外流甚至不少产业流动到蒂华纳市，这是一件实在让人痛心的事情。

顺便指出，下加利福尼亚的经济以蒂华纳最具代表性，其他城市经济总量相对较小，或者因为地理区位等因素，对外来投资的吸引不足。下加利福尼亚州的数据，往往可以说明蒂华纳的状况。

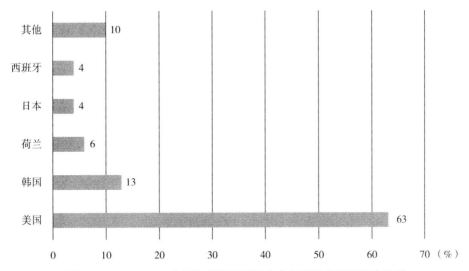

图 2-4　2012~2016 年下加利福尼亚州各个外国直接投资所占比重

表 2-10　2012~2016 年下加利福尼亚州（以蒂华纳为主）的 FDI 投资领域

产业类型	投资额度（百万美元）
运输设备（汽车、卡车、航空）	1154
计算机和电子设备	722
塑料及橡胶制品	347
机器设备	333
饮料烟草	262
造纸	186
天然气管道	437
零售店	174
信用中介及相关活动	190

　　根据蒂华纳市政府网站的介绍，多年来，蒂华纳重视招商引资，成功地发展起包括电子工业、汽车工业、航空工业、医疗设备等产业，成为墨西哥重要的先进制造业产业基地。

　　有关数据显示，蒂华纳有 600 家制造业企业，其中电子工业生产企业多达120 家，占 1/5。同时，蒂华纳电子工业占下加利福尼亚州电子工业的 63%。在蒂华纳，至少有 50% 的出口产品是在电子工业产品领域。2000 年时，蒂华纳一度成为全球电视生产之都（Television Capital），每年生产的电视机多达 2000 万台。今天，依然有亚洲的电视生产企业陆续到蒂华纳投资。除此之外，蒂华纳还吸引了来自各国诸多不同类型的著名电子信息产业企业投资。缤特力（Plantronics）成立于1962年，总部位于美国加利福尼亚州圣克鲁斯市，是NASA的合作伙伴，主要生产通信电子耳机等产品，40多年前就在蒂华纳设厂生产，目前雇用了2000名熟练工人。SMK株式会社兴办于1925年，生产无线联通设备和遥控设备，在蒂华纳投资也有31年历史，雇用了1260名熟练技术工人。三星公司从1988年开始，在蒂华纳建立起拉丁美洲最大的工业中心，投资超过8亿美元。

汽车工业是又一个重要的产业类型。墨西哥在1921年就设厂生产汽车；1925年，福特汽车就在墨西哥投资。在近50年中，世界一些著名汽车企业都在蒂华纳投资建厂。比如，2005年丰田在蒂华纳投资，雇有1200名工人；现代汽车投资蒂华纳已经有30年，雇用超过9000名工人。在汽车产业领域，蒂华纳工人工资只相当于美国的40%，但是汽车工人人数超过14600名，已经成为墨西哥乃至北美的汽车重镇，汽车产业每年增速在4%~5%。目前，墨西哥是全球第七大轻型汽车制造国家，第三大轻型汽车出口基地，2017年生产轻型汽车377万辆，出口轻型汽车277万辆。

应该说，墨西哥边境城市蒂华纳能够崛起为一个现代化制造业城市，除了优越的区位与低廉的劳动力成本外，墨西哥政府充分利用蒂华纳沿边的地理区位，因势利导，采取政策支持，也是蒂华纳取得成功的关键因素。20世纪30年代，墨西哥政府正视到，在墨美边界确定以后，墨西哥政府的责任是，利用好美墨差距，吸引美国资源发展墨西哥边界地区。1933年，墨西哥在Tijuana和Ensenada建立开发园区（Free Zones），但是发展效率并不高。1965年，墨西哥政府设立了边境工业化项目（Border Industrialization Program，BIP），以吸引美国企业过境投资，成功地吸引美国资本与技术转移到包括蒂华纳的墨西哥一边。到1970年，墨西哥就吸引了200家企业，雇用了30000名工人。这些企业主要集中在劳动密集型产业领域，其中40%集中在电子工业领域，20%集中在纺织业。

在这一过程中，墨西哥政府一方面制定了一些吸引性政策，为出口加工基地进行政策配套。比如，对那些全部产品用于出口、雇用的墨西哥劳工占员工总数90%以上的企业，对企业进口的机器设备、中间投入品和原料完全免税（Duty-free）。对形成的增值税，政府也征收不多。另一方面政府花大气力解决基础设施短缺问题。1994年，在北美自由贸易区建设时，地方政府就花费1.17

亿美元用于改善道路设施①。在港口建设、跨境基础设施、空中快运业务开展方面提供协助。此外，政府加强与世界各地的沟通，开通了包括上海、北京在内的直航班机，吸引了各地的投资者前往蒂华纳考察。

顺应市场进行结构调整，也是 Tijuana 推动产业发展的一个基本原则。进入21世纪后，纺织业等传统产业因为成本等因素趋于式微，地方政府不失时机地加大力度，引入航空、半导体、生物医药等先进制造业，形成了区域产业结构的平稳转化升级，促进了区域经济的协调发展。

除此之外，墨西哥政府还注重加强与美国联邦政府与地方政府沟通，解决两国合作的各类问题。比如，美墨两国政府建立起边境管理的规范，形成边境联系机制（BLM），维护边境安全，也维护货物与人员的正常流动；政府重视发挥市场机制的作用，让企业自由跨境投资，同时让员工自由跨境就业。又比如，来自蒂华纳的工业污水排放到圣迭戈的边界附近，引起圣迭戈市民的不满。针对这一问题，墨西哥政府与美国政府联动，共同出手解决蒂华纳生产中产生的环境污染。

圣迭戈与蒂华纳像孪生城市。但是，两个城市结构又有所不同，面对的大环境不同，在发生重大经济冲击时，表现也会差异。2008~2009年，美国发生重大经济危机甚至冲击到全世界，圣迭戈的失业率攀升到10.5%的高度。蒂华纳虽然邻近圣迭戈，但是因为主要工作类型为加工制造组装线、旅游和服务等产业，包括蒂华纳在内的墨西哥下加利福尼亚州当时的失业率却只有5.7%。

在推动经济发展的过程中，圣迭戈与蒂华纳两个城市的文化交流与文化理解也在加深。据相关信息，2010年，圣迭戈民族的构成中，拉丁美洲族裔占32%；蒂华纳市大约8.2%的经济活动人口居住在蒂华纳，但工作在圣迭戈，呈现候鸟型工作生活状态。圣迭戈也有一些人同样居住在圣迭戈，工作在蒂华纳市。在每年跨境的300万旅客中，不少是劳动人口。当代蒂华纳青年看着美国电视长大，也从中提高了英语语言能力。而蒂华纳的足球队和足球竞赛，也作为一项美国的非传统体育项目，吸引了圣迭戈青年跨境观看。而蒂华纳的人口相对年轻，也更愿意跨境到圣迭戈一边从事建筑和服务行业的工作。

当然，美国重视边境管控，对于两地之间的联系与交往也带来一些不便。近年来，美国在美墨边界采取威慑预防战略（Prevention Through Deterrence），组织各类非法移民进入美国。根据美国国会服务局向国会提交的报告，1992年

---

① Marc Penalver-Aguila, Alicia Fazzano, San Diego-Tijuana Metropolitan Economic Strategy: Global Urban Development [R]. 2004.

和 2004 年，美国边防巡逻队（USBP）分别实施了 120 万次拘捕行动。美国国会通过安全栅栏法（The Secure Fence Act），从法律角度明确在边界地区设置障碍，限制跨越边界的非法行动。2018 年，美国总统特朗普坚持修建边境墙，导致共和党政府与民主党之间发生严重冲突，美国联邦政府中的 9 个部门从 2018 年 12 月 22 日至 2019 年 1 月 25 日关门长达 35 天。2019 年 2 月 11 日，美国国会两党原则上达成协议，为修建位于边境的"物理障碍"提供约 14 亿美元经费，从而使美国政府在 2019 年 2 月 15 日后继续正常运作。边境管控的加强，虽然有助于维护美国国家利益，减少非法移民进入美国。但这种行为，在一定程度上也会影响到圣迭戈与蒂华纳之间的经济往来，进而影响到蒂华纳的经济发展。

五、越南北部沿边地区的开发开放

越南是我国的重要邻国，同时也是社会主义国家，曾经实行了计划经济体制。在中国改革开放影响下，越南采取了与我国几乎相同的革新开放政策，极力推动经济快速发展。越南国土面积接近 33 万平方公里，2016 年人口达 9270 万，是一个国土面积南北细长、东西狭窄、人口相对较多的发展中国家。在越南革新开放政策实施战略中，政府从 20 世纪 80 年代末开始大规模推动对外开放，在吸引外资、引进外来设备方面不遗余力，也创造了具有特色的越南发展奇迹。当然，在越南革新开放的整个轨迹中，不乏对中国发展模式的借鉴与接纳。无论是"越南制造""新农村建设"还是"一乡一业"的专业化发展，到星罗棋布的产业园区，都有对中国发展经验的学习甚至移植的成分在内。与中国还有相同的一个方面是，越南也注重沿边尤其是北部沿边地区的开发开放。

越南与中国邻接的北部地区，97% 的面积为海拔较高的山区和丘陵地带，在越南经济中位置不高。根据阮洪文（NGUYEN VAN）的研究①，越南目前有 63 个省市、6 个大区。2009 年根据越南经济社会发展的需要，政府划分了四个重点经济区：北部重点经济区、中部重点经济区、南部重点经济区和九龙江平原重点经济区。这四个重点经济区中 24 个省市占越南全国国土面积的 27.41%，GDP 占越南的 76% 以上，工业产值占越南的 80% 以上。需要指出的是，北部重点经济区包括河内、兴安、海防、广宁、海洋、河西、北宁、永福八个省距离中国最近。但除了与中国广西相邻的广宁省外，其他与中国相邻的谅山、高平、

---

① 阮洪文．越南重点经济区发展研究［D］．华东师范大学博士学位论文，2014.

河江、老街、莱州、奠边府等都不在北部重点经济区的范围内，也就是说不享受国家区域政策的重点支持。

但是，越南北部所有与中国邻接的省份，其实都可以享受到中国经济快速增长的外溢效应。如何在开放中发展北方地区，让更多沿边百姓享受到向北开放带来的发展收益，一直为越南党和政府所关心。2005年，越南提出"两廊一圈"发展规划，支持越南北部地区与中国进行战略对接。越南工业部战略政策研究院曾经提出，要在越南北部地区如老街、芒街等，积极发展面向中国市场的出口基地，重点发展中小规模矿产开采与加工；农、林、食品、加工、小手工业及民间工艺制造；建材、化肥、化工及机器生产；优先在出口加工、包装方面投资生产，目标是出口中国市场，利用好中国市场不断扩大的机遇。

2008年，越南政府审议通过《越南到2020年口岸经济区发展规划》，计划到2020年在口岸区域建设一批口岸经济区。根据有关学者的研究，越南对边境地区的扶持政策分为六大类41项，其中涉及基础设施建设、扶贫济困、对外开放等内容。在中越边境政策比较上，越南边境政策具有明显优势，而中国的边境政策则相对滞后[①]。刘洪对中越两国的边境政策也进行了对照研究[②]，在对边境城市老街省老街市与云南省河口市的政策相互比较后得出结论，越南沿边政策激励程度要大于中国。

自2015年开始，越南确定集中财力建设9个重点口岸经济区。这9个口岸经济区分别为：广宁省芒街口岸经济区、谅山省同登—谅山口岸经济区、老街省老街口岸经济区、高平省口岸经济区、河静省吊桥国际口岸经济区、广平省查螺口岸经济区、广治省劳宝特别贸易经济区、西宁省木牌口岸经济区、安江省口岸经济区。为了促进口岸经济区的发展，政府还出台《关于边境口岸经济区的决定》，通过了关于边境口岸经济区发展的53号决议，支持采取了一系列政策包括土地、税收、财政、基础设施建设等一系列政策（见表2-11）[③]。为了支持边境地区发展，越南还对征收的关税采取返还50%的政策，用于地方政府用于口岸基础设施建设。

---

① 杨大椀.论发挥边境政策杠杆作用加快边境民族地区发展［J］.满族研究，2014（3）.
② 刘洪.中越边境发展失衡调查——越南老街反超云南河口的政策激励和对策建议［J］.中国经贸导刊，2014（5）.
③ 卢越英.中越边境贸易管理中的政策对接研究［D］.广西大学硕士学位论文，2017.

表 2-11　越南边境口岸经济区政策 53 号决议内容

序号	政策目录	内容要求
1	土地政策	国内外投资者在口岸经济区投资，租用土地和水面，除了可以享受现行优惠政策外，租金按照国家在当地采用的租金标准减半收取
2	税收政策	口岸经济区的企业可以享受现行关于税收的法律、决定和财政部指导文本的各种优惠政策，如减半的企业所得税，对外国投资者和有国外资金的企业按照越南外国投资法的规定来确定具体的税率
3	财政金融政策	在口岸经济区成立与越南接壤国家货币买卖、兑换处，开展相关活动。规范了越南盾和外国货币在边境地区和口岸经济区的使用，其中，接壤国货币可以在越南边境省份流通，为边境贸易创造条件
4	基础设施建设政策	根据国家每年在口岸经济区的实际财政收入（不包括增值税和进口商品特别销售税），国家返还当地用于口岸经济区的基础设施建设，标准是，对于年财政收入在 500 亿盾以下的口岸经济区，返还 100%，对于年财政收入在 500 亿盾以上的口岸经济区，返还 500 亿盾及所剩实收金额的 50%，对于已经成立 5 年以上，而且年财政收入在 1000 亿盾以上的口岸经济去，返还的比例超过 50%

资料来源：卢越英（2017）。

　　越南在促进北部边境地区开发开放发展上，十分重视发挥芒街、老街两条毗邻中国边境口岸的经济功能。按照越南工业部战略研究院的规划，越南将改变集中建设方案，重点建设老街、芒街，把主要的大中型工业建设项目放在这两个区域，集中生产出口产品面向中国市场；而把中小型工业和手工业则放在边境各县，以利于独立生产，吸纳各地分散的劳动力。越南在芒街设立经济特区，外资在该特区可以享受到越南称之为"亚洲最优惠"的特殊政策。在老街的发展上，越南也出台了一系列专项政策。

　　越南重视在老街的基础设施投资。像中国一样，越南也十分重视沿边地区基础设施建设。由于山区地势不平，建设成本较高，而且北部山区的经济发展水平较低，自身财力不足，因而越南政府重视国家层面的政府投资，以改善诸如老街的通达条件。在中央政府支持下，越南修建了老街—莱州—奠边府—西庄口岸（越南与老挝边境口岸）的高等级公路，规划修建老街—莱州—封土—马鹿塘高速公路和距离莱州省省会 60 公里的新渊机场。用了两年时间，越南在与中国接壤的乡村修建乡村公路，在距离中越边境 50~100 米处修建边防巡逻道，并对重点地区进行油路改造，这使得像老街这样的城市深受其益。在沿边基础设施建设上，越南政府还十分重视利用外资，利用外国政府和国际组织的无偿援助和优惠贷款①，把开发沿边地区的资源和改善沿边地区的基础设施结合起来，促进沿边地区的经济社会发展。

除了政策支持外，越南十分注重集聚和利用北部的劳动力资源。越南民众普遍比较年轻，25 岁以下的人口占总人口的 40%，劳动适龄人口多的优势比较明显，老龄人口负担比重低；劳动力成本优势突出，最低工资标准没有超过 1200 元/月。在中国对越自卫反击战期间，大量边民逃出边境地区，移居到越南中部平原地带。在中越关系正常化后，越南鼓励迁移到平原地区的居民向北部山区迁移，并给予大量政策补助，以充实北部边境一线，为沿边开发开放提供了低廉而充足的劳动力供给。

但是，在发展沿边地区各种举措中，最有效的模式是建设口岸经济区。对增长较快的老街口岸，政府也一再采取扩容发展措施。2001 年，老街市与甘塘市合并。经过多年的发展，口岸城市发展又遇到空间不足瓶颈。越南曾经出台了八项政策措施②，其中之一，就是把老街市与甘塘市合并，老街省党政机关从原址搬迁至后方 7 公里处，让出全部土地用于城市建设，建设集商贸区、旅游区、加工区为一体的新老街市。与此同时，口岸城市大力建设现代化国际口岸中心、国际口岸商贸中心等平台。2016 年，越南总理阮春福再次签发命令，扩大老街口岸经济区的范围，调整后的老街口岸经济区范围扩大到 15929 公顷，涵盖老街市、巴刹县、芒康县和西马街县部分坊、镇、村。

口岸经济区建设中的其他政策措施包括：建设保税区；国家财政从口岸经济区获得的收入，实行返还性政策，用于口岸基础设施建设；土地租用 1~5 年全部免税，5~10 年免税 50%；企业所得税"免 4 减 9""免 4 减 5""免 2 减 4"等；在再投资状况下，也可以免征企业所得税；作为固定资产的商品进口时，免征进口税；根据进出口税法的规定，外资企业为生产出口商品而进口的原料、物资，不缴纳增值税等。除此之外，政府十分注重口岸功能的进一步完善，建设具有多样化自我发展功能、内部配套能力完善的综合性发展口岸。比如，老街口岸经济区内部设立非关税区和各种功能区，如口岸区、工业区、手工艺园、娱乐场、旅游区、海关办公区、购物中心、住宅小区、加油站等，能够自成体系地进行发展管理与运转。

---

① 缪汶江. 邻邦越南的边境政策 [J]. 今日民族，2013 (9).

② 刘洪. 中越边境区发展失衡调查——越南老街反超云南河口的政策激励和对策建议 [J]. 中国经贸导刊，2014 (5).

在推动边境小额贸易方面，越南也有一些正向支持政策。比如，越南按照国内外市场需求变化，对边民互市贸易免税商品目录进行调整，并把边民互市贸易免税额从2006年的每人每天50万越南盾提高到2010年的每人每天200万盾①，为广大边民参与互市贸易提供支持。

在经济改革与对外开放政策支持下，越南已经走上了快速工业化道路。根据越南工贸部工业局的信息，越南加工制造业对国内生产总值的贡献率已经从2010年的12%提高到2018年的16%，创造了960万个就业岗位，制造业对出口的贡献率达到80%。截至2018年底，越南引进的投资项目1.5万个，吸纳投资资金多达1800亿美元，其中有不少项目是从中国转移到越南的。尤其需要指出的是，越南目前已经进入工业园区大跃进时代。数据表明，截至2019年7月，越南设立的工业园区多达326个，总工业区占地面积9.55万公顷。根据"越南投资网"提供的信息，预计到2020年，越南工业园区将多达500个，园区占地面积达到50万公顷②。根据越通社提供的信息，越南政府智库——越南中央经济管理研究院（CIEM）已经预测2020年的增长速度确定为6.72%，世界银行和国际货币基金组织都预测越南增长速度维持在6.5%左右。

在越南对外开放过程中，北部沿边地区获得较快发展，靠近中国的谅山省在2011~2018年年均经济增长速度达到8%~9%，明显高于全国平均水平。2016~2018年，老街省地区生产总值年均增长速度达到10.1%。芒街、老街"二街"都取得令人瞩目的发展成效。以芒街来说，芒街市由过去只有1万人的集镇，发展到11万人的省辖市；人均收入从2000年的565美元提高到2008年的1420美元。目前，芒街被认为是越南最富裕的城市之一，部分家庭年平均收入超过2万美元。2019年前7个月，通过芒街进出口总金额达到27.56亿美元，同比增长19.5%；芒街市接待游客180万人，同比增长5%。

2019年7月，越共总书记阮富仲发布编号50-NQ/TW、名为《关于至2030年完善体制政策提高外国投资合作效果质量定向的政治局决议》（简称"50号文件"），是越共第一次从政治高度规范对外资管理的纲领性文件，标志着越南从以往"兼容并蓄"的吸引外资模式，向"择优引资"的吸引外资模式转变。根据最新的外商投资法，越南出于国家安全的考虑，更多地注重外资进入对国家安全的评估。同时，在投资环境不断改善和越南与西方合作关系不断加深背景下，越南对以开放实现发展更有自信。越南政府估计，在《跨太平洋伙

① 罗琳，程敏. 越南边境贸易体系、沿边及其影响［J］. 云南财经大学学报，2011（1）.
② 越南制造推动工业地产蓬勃发展［EB/OL］. 越南投资网，2019-8-26.

伴关系全面进展协定》《越南欧盟自由贸易协定》等加持下，到 2035 年，越南 GDP 将增加 17 亿美元，出口增加 40 多亿美元①。

中越边境地区的诸多民族原本是同一民族跨境而居，民族语言、民族信仰、民族生活习惯等完全一致，过境生活没有障碍。曾经有学者注意到，当中方边境政策弱于越方时，边民就会产生不平衡的感觉，就会向越方流动，导致中方边境凝聚力、向心力减弱。反之，当中方边境政策好于越方时，本土居民外流会减少，越南居民流向中国会增加。这种居民逐利性的流动行为已经被不少学者指出，并且把老街与河口作为典型加以对照②。但也要指出，老街与河口之间的现象可能属于个别特例。总体上看，中方边民收入与消费水平要高于越南边民。也正因为如此，我们也注意到，有越南高层智囊指出③，一些中越边境沿线的越方民众，不太重视内部生产力的发展，而是期待通过跨国经济活动获得不稳定收入，这增加了越南沿边地区社会秩序与国家安全维护的复杂性。

这种观点，反映了越南高层对增加沿边地区产业核心竞争力的紧迫感，值得中国沿边地区参考与借鉴。

当然，正因为边境地区开放发展有竞争和对比的含义，我们更需要加强对越南沿边开发开放的常态化分析，了解越南沿边开放的政策意图与动态进展，更好地推动中国边境地区开发开放。

---

① 裴长洪. 越南营商环境与中越经贸关系发展分析 [J]. 国际贸易，2019（6）.

② 毕世鸿. 中越边境政策比较研究 [A]. 红河学院学报，2010（1）；王孔敬. 革新后越南越中边境民族政策及对中国的影响 [J]. 东南亚研究，2007（4）.

③ 高鲜菊，王春情. 越南的社会经济发展与跨国民族关系问题 [J]. 南宁职业技术学院学报，2019（4）.

分报告之二：国内外边界效应研究进展及未来展望

一、引言

随着经济的发展，世界各国经济联系日益增强，区域经济一体化已成为全球经济发展和区域空间结构演变的趋势，无论是区域经济一体化还是全球经济一体化的推进，其根本目标都是在一体化区域内，实现各种资源利用效率的最优化，清除一切阻碍货物、服务和生产要素自由流动的障碍。党的十九大报告提出区域协调发展战略，推进经济协调发展，加快推动形成全面开放新格局。新格局要求以"一带一路"倡议为统领，坚持共商共建共享，形成与经济发展新形势相适应的开放和合作模式。但在全球固有分工体系受到冲击、国际经济环境发生重大变化的背景下，我国需要在全球经济中重新定位，在继续发挥全球制造中心作用的同时，逐步扮演全球市场大国的角色。然而，正如 Obstfeld 和 Rogoff（2000）在总结北美和 OECD 区域贸易时指出的：在建成自由贸易区后，国内地区与国外地区之间的国际贸易流依然远远小于国内区际贸易流，即存在边界效应。正因如此，边界效应已经成为国际合作、国内合作、打破区域联系壁垒的研究热点之一。

在"一带一路"倡议中，周边国家是"一带一路"建设的重要对象和首选经济体，由于我国与周边国家的自然地理边界地形复杂多样，边界的自然地理屏蔽效应突出，降低我国与周边国家的边界效应成为"一带一路"顺利推进首要问题。研究沿边开放，需要从基本概念、理论框架和数量测度角度评价和分析边界效应。在新的历史背景下，深化边界效应研究对于理解与深化沿边开放研究具有重要意义。

二、边界效应内涵界定与分类

(一) 边界与边界效应

英文文献中"边界"一般具有两种含义,即边境(Frontier)和边界(Border)。边境是一个不清楚的外向型前缘和外围地带,而边界具有限制的含义,指区分地区间的"线"及其周围的区域。一般地,边界是划分不同政治实体及其管辖地域的政治地理界限,区域边界的级别或层次越高,它的政治、经济职能越强。国家权力的存在使边界对跨边界经济行为产生影响,这种影响称之为"边界效应"(王亮、刘卫东,2010)。而经济学意义上广义的"边界"不仅有地理意义的"线",还加入了影响区域间贸易的人口、国际贸易、语言等因素以及很多难以量化的"非关税壁垒"因素。边界效应的大小反映了由贸易壁垒(或区域边界)导致市场分割的程度,也反映了在相同的贸易条件下企业仍然倾向于和本地企业进行贸易往来的程度,即"本地偏好"(HomeBias)的程度。

为了确定边界效应的来源,一些研究人员研究了非贸易商品和服务价格的作用(Engel and Rogers,1996;Morshed,2003),研究发现边界效应是由美国、加拿大两国国内价格差异分布的跨国异质性引起的;而另一组研究人员研究了地理特征变量(Parsley and Wei,2001),研究发现,美国和日本两国边界宽度竟达到 4.3×10^{10} 平方千米,市场分割现象严重。其他研究人员研究了社会相关变量,例如贸易壁垒(Engel and Rogers,2000)发现美、加市场分割现象严重,而贸易壁垒并不能完全解释这一现象;Morshed(2007)也对边界效应的存在提出质疑,他选取1971年前后2个时间段,对孟加拉国和巴基斯坦部分城市的商品零售价格作对比研究(孟加拉国于1971年脱离巴基斯坦独立),结果发现,跨边界的2个城市在同属1个国家和分为2个国家以后,价格变化不明显,这与2个独立国家间存在较大边界效应的结论相悖。

对于边界效应的性质,开始重视的是边界的负面效应,即边界对贸易的阻隔效应。事实上,长期以来大量的贸易数据表明,边界对国际贸易量的影响一直是存在的,而且都是负面的影响。客观存在边界效应的证据吸引了学术界进行研究,Brocker(1984)使用区际贸易重力模型对欧洲共同体的边界效应进行测量,结果表明国内贸易流量是国际边界之间贸易流量的6倍。McCallum

（1995）发现加拿大各省之间的贸易量是这些省与美国各州贸易量的 22 倍。
McCallum（1995）、Helliwell（1996）和 Evans（2003）等将他们的实证结果描
述为边界效应，并认为国家边界的确造成了对贸易的阻碍。边界效应通常被界
定为，除了不同地区或国家，由于经济规模或距离而导致的贸易量缩减之外的
额外减少。

然而，随着区域经济一体化的发展，边界对经济正面的联系作用显露出来。
由于边界两侧供给和需求的差异、税收水平的差异以及对特定商品贸易许可的
差异。边界两侧的行为主体（企业与个人），就能够利用不同国家边界地区的
货币、税收水平，以及边界两侧制度规范和要素价格等方面的差异展开各种获
利行为。李铁立（2005）提出了一个中性定义：边界效应定义为边界对跨境经
济行为的影响，这种影响（包括正面与负面影响）与边界独特的政治、经济、
安全、文化等属性联系在一起。

（二）边界效应研究分类

关于边界效应的理论研究源于西方经济学者（萨缪尔森，1952；克鲁格曼，
1996；唐娜、威尔逊，2001），近年来，国内学者的研究开始关注到这一点。继
McCallum 提出边界效应这一问题以来，国内一些经济学家、地理学家在这一领
域做了大量的研究，并探索了不同的边界效应类型，如表 3-1 所示。

表 3-1　不同研究者对边界效应分类

研究学者	分类的标准	边界的分类	表现形式
薛凤旋 （1995）	根据边界两侧的政治、经济、社会和地理状况对跨境合作的影响	对抗/分隔型	边界两边呈军事/政治对垒，缺少发展，甚至成了无人区，边界地区的主要功能是军事防卫
		自由型	边界两边政治及经济相似，两边政府对关税、边检的限制较少，交通设施优良，地理条件适宜，人口、货物、资金可以自由流动
		贸易型	两边政治、经济存在明确的关税及进出口限制，这种边界地区一般缺少发展，双边贸易集中在有利的地理点上

研究学者	分类的标准	边界的分类	表现形式
薛凤旋 （1995）	根据边界两侧的政治、经济、社会和地理状况对跨境合作的影响	发展型	边界一边的经济发展明显落后于另一边，但两边资源互补，有经济合作条件，两边的政治制度也不一致，经济不发达一边的政府在边界营造近似于发达一方的部分政策，以吸引资金流入，成为有规划、界限明确的发展区
方维慰 （1999）	功能	隔离	天然属性
		接触	国与国之间进行接触的前沿
		渗透	资源、劳动力、产品、资金技术相互流动最活跃的地区，它是一个特殊的地缘社会、经济系统，一体化趋势要求国家边界功能做出相应的转变，从传统的隔离和防御向接触与渗透转化
杨汝万、 胡天新 （1999）	功能	全封闭型	当两国政治关系紧张时，甚至双方政治利益发生冲突时，边界的屏障功能占支配地位，表现为封闭型边界
		半封闭型	大多数国际边界属于半封闭型边界，边界的屏障功能和中介功能都具有一定效应，人员和物资可以有选择地出入边界，这时的边界地区是不同政治、经济和文化体系的过滤器
		开放型边界	屏障效应微弱，中介功能效应为主导，人流、物流和信息流等基本可以自由流动，国际边界的功能基本等同于省界的功能，仅表现为行政边界
白旻 （2009）	结合后发大国产业发展战略问题的研究	进口边界效应	主要是针对资本、技术密集型产业而言的，发达国家凭其对核心技术的垄断优势，提高向发展中国家出口产品的价格并在全球获得超额技术垄断利润的现象
		出口边界效应	主要是针对资源、劳动密集型产业而言的，指的是后发大国在出口资源、劳动密集型产业产品的过程中，由于巨大的国家规模而导致其出口产品的数量巨大，往往会引发进口该产品国家抵制的现象
沈建法、 杨汝万 （2000）	根据边界两侧的政治、经济、社会和地理状况对跨境合作的影响	对抗/分隔型	边界两边呈军事/政治对垒，缺少发展，甚至成了无人区，边界地区的主要功能是军事防卫
		自由型	边界两边政治及经济相似，两边政府对关税、边检的限制较少，交通设施优良，地理条件适宜，人口、货物、资金可以自由流动

续表

研究学者	分类的标准	边界的分类	表现形式
沈建法、杨汝万(2000)	根据边界两侧的政治、经济、社会和地理状况对跨境合作的影响	调控型	边界两边存在明显的关税以及进出口限制,限制的程度不同,对边界两边的发展影响程度也不同
李铁立(2005)	介质本质	屏蔽效应	成为阻碍空间相互作用的边界效用
		中介效应	一定的物质、信息的交流,边界作为两国间的中介面

资料来源:由笔者整理得到。

从文献来看,当前研究大多对边界效应的研究按照李铁立的分类,从屏蔽效应上开始,研究边界对贸易量起的是抑制作用。而后研究开始关注边界效应的中介效应以及研究屏蔽效应向中介效应转化的动力。由于屏障效应是人为的,而中介效应是天然的,因此,屏蔽效应可以向中介效应转化。全球经济一体化和区域经济一体化是促使屏蔽效应转化为中介效应的根本动力,行为主体为中央政府、边境区地方政府以及企业和个人。各行为主体均通过发展跨境经济合作作为手段,使得边界对经济交往起阻碍作用的屏蔽效应转化为沟通作用的中介效应。

(三) 边界效应的研究进程

根据 ISIWebofKnowledge 以及中国知网 CNKI 学术文献网络出版总库中专业检索"主题""关键词"等方式对建库以来的所有文献进行检索并对所有结果进一步筛选(见图 3-1)。检索资料显示:国外针对边界效应研究比较多,由于全球化和区域一体化率先在发达国家推进,自 2007 年起,边界效应相关的研究增长迅速;进入 21 世纪,以中国加入 WTO 为契机,借助全球化和区域一体化浪潮,国内学者对边界效应的研究工作有了突破,随后有一个关注热潮时期。

边界效应的研究对象从发达国家之间和国家内部各省、各州之间的边界效应开始,继而研究发达国家与发展中国家之间的边界效应,进一步扩展到发展中国家之间和国家内部各省、各州之间的边界效应,研究对象的范围渐趋扩大。边界效应的研究内容从最初的边界效应的测量发展到影响边界效应的因素、屏蔽效应向中介效应的转化机制、价格差异、市场分割与边界效应、边界效应与行政垄断、边界效应与跨境经济合作、边界效应在区域经济、产业经济中的影响研究等。研究内容呈现日益丰富的趋势。

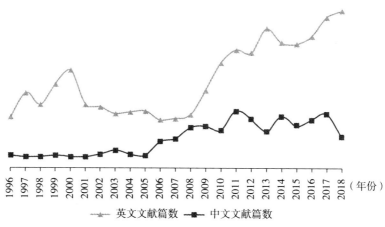

图3-1 1996~2018年针对边界效应的研究状况

经过统计，国内学者对边界效应研究的关注热点，重点在引力模型、区域经济一体化、市场一体化、跨境经济合作等。近年来，随着相关政策的发布，"一带一路"倡议、京津冀协同发展、丝绸之路经济带、中国—东盟自贸区相关的研究逐渐成为焦点（见表3-2）。

表3-2 2008~2018年国内研究者对边界效应研究的关注热点

年份	年度相关热词（按频率大小排序）				
2008	引力模型	市场一体化	市场分割	价格差	市场歧视
2009	市场分割	引力模型	社会网络	经济增长	外商直接投资
2010	区域一体化	市场分割	引力模型	产业内贸易	地方保护
2011	引力模型	区域一体化	区域经济一体化	产业内贸易	县域经济
2012	引力模型	经济一体化	区域经济一体化	市场一体化	政策边界、长三角区域、边界的屏蔽效应
2013	引力模型	政策边界	经济一体化	跨境经济合作区	时空演变、"新丝绸之路"、东北亚次区域合作
2014	边界条件	引力模型	跨境经济合作区	京津冀	区域经济一体化、中哈霍尔果斯国际边境合作中心、沿边开放、东北亚次区域合作
2015	引力模型	边界条件	协调发展	国际贸易	城市群、沿边开放、消费者决策、跨界治理

年份	年度相关热词（按频率大小排序）				
2016	引力模型	一价定律	区域经济合作	跨界治理	"一带一路"倡议、GMS经济走廊、中国—东盟自贸区、丝绸之路经济带
2017	区域经济合作	引力模型	"一带一路"倡议	GMS经济走廊	一价定律、中国—东盟自贸区、京津冀协同发展
2018	引力模型	市场分割	市场一体化	五年规划	双边界二分式、环境治理

资料来源：原始数据来自万方数据资源系统，由笔者整理得到。

三、边界效应的研究方法及模型

目前，边界效用测算主要从四个方向发展：第一，用地区间贸易直接测量地区间贸易壁垒的大小，例如运输成本以及其他形式的贸易壁垒。第二，相对价格的变动也能提供间接的证据。从分割的市场到一体化的市场意味着不同地区同类产品的价格差异会趋于零，即"一价法则"。如果边界效应不存在，那么同一产品在不同国家和地区的价格应该遵循一价定律，因此可以通过这种同样产品来自不同国家的价格差异来测度边界效应。第三，通过地区间产业结构差异来考察一体化的程度。如果产业结构的差异缩小，则认为边界效用增大，反之则减小。第四，分析各地区经济周期的相关程度，如果相关程度高，则市场一体化的程度高，边界效用小。

（一）边界效用测算方法

1. 贸易引力模型

研究边界效应的标准方法是使用引力模型，它的思想来自经典物理学中牛顿提出的万有引力定律：两个物体间引力的大小，与它们质量的乘积成正比，与它们距离的平方成反比。模型结合了规模因素和距离因素。一般来讲，引力模型主要包括四种类型，即全部流量约束的引力模型、产出约束的引力模型、吸引力约束的引力模型、双向约束的引力模型。模型的一般形式为：

$$T_{ij} = k \ (P_i^\lambda P_j^\alpha d_{ij}^\beta)$$

其中，T_{ij} 是 i 和 j 之间相互作用的值，d_{ij} 是 i 与 j 之间的距离。为了满足模型线性化估计的要求，并有效消除异方差的影响，引力模型通常采用对数形式：

$$\log M_{ij} = c + \beta_1 \log Y_i + \beta_2 \log Y_j + \beta_3 \log D_{ij} + \varepsilon_{ij}$$

其中，c 为常数；M_{ij} 为 i 国到 j 国的进口额；Y_i 和 Y_j 分别为 i 国和 j 国的经济规模，一般用 GDP 表示；D_{ij} 为两国间距离；ε_{ij} 为随机误差项。对于任何给定的时期，边界效应的估计方程最简单的版本可以写成下面的形式，其中 U_{ij} 为虚拟变量，用以计量边界效应，即：

$$\log M_{ij} = c + \beta_1 \log Y_i + \beta_2 \log Y_j + \beta_3 \log D_{ij} + \beta_4 U_{ij} + \varepsilon_{ij}$$

该模型对边界效应的度量主要停留在贸易视角，容易带来较大的数据获取难度，尤其是地区内部的贸易数据，并在对地理距离的测量上也存在异议，不同的距离测量方法直接影响到边界效应的估计结果。同时经济规模的差异也会使测算结果出现误差。因此，一些学者开始寻找不同的视角来度量边界效应，不过在实证方法上仍然留有 McCallum 边界效应模型的影子，尤其是对边界虚拟变量的保留，所不同的是对因变量定义和实证技术上的处理。同时该模型因其可感知的经验性而广泛应用，但是在学术界也受到批评，认为该模型缺乏理论基础。

2. 重力模型

该模型由 Head 和 Mayer（2000）从克鲁格曼的垄断竞争模型出发，由消费者偏好的不对称推导出来。该模型适用于行业贸易边界效应的综合分析，该模型的形式如下：

$$\ln \frac{m_{i-r}}{m_{ii}} = \sigma \ln \left| \frac{\prod_{j \neq i} p_j V_j}{P_j} \right| + (\sigma - 1)\eta A_{ij}[\beta + \ln(1 + u)] + e_{ij}$$

重力模型不仅拓展了引力模型的应用领域，而且为空间虚拟变量的测度提供了一种思路。在该模式的背景下，计算边界效应有很多不足，因为该模型仅与货物或高度未观察到的国家边界之间的高弹性替代一致。YiKei-Mu（2003）提出了一个以垂直专业化思想为中心的解决这个问题的方法。垂直专业化是指在一个连续的、垂直的贸易链中，随着每个国家或地区专门从事某一货物序列的特定阶段，生产过程的相互联系日益紧密。当区域仅在商品生产序列的特定阶段专门化时发生，显示垂直专业化扩大了边境壁垒（如塔里夫）的影响，因此，可以潜在地解释边界效应不依赖高弹性的替代或高不可见的贸易壁垒。

3. 基于"一价定律"的模型

一价定律源于基本思想是只要两地间价格差值不超过一定区间，两地不存在贸易壁垒，即无边界效应。若两地存在边界效应，由边界效应带来的贸易成本从数值上相当于在地区之间增加了一定的贸易距离。依据的思路建立成本价格传递实证模型，通过评估一个市场的商品价格与其成本和相邻市场相同商品成本的联动关系来测算市场分割程度：

$$\Delta_i \ln p_i^k = \alpha \Delta_i \ln c_i^k + \beta \Delta_i \ln c_j^k + \delta$$

其中，α 是本地传递系数，β 是异地传递系数。如果市场是分割的，商品 k 在市场 i 的价格变动只取决于本地的成本和市场条件，对市场 j 的成本变动不敏感；如果市场是一体化的，即使控制了自身成本，商品 k 的价格仍会随市场 j 的成本变化而一起变动。β 越小，市场分割程度越大。

但是很多学者在一价定律的框架内控制了地理距离后发现国家或地区间仍存在巨大的边界效应，因此，这种边界效应分析方法可能产生了估计偏误，使估算的边界效应值与理论预测值有巨大的偏差，即理论上的一价定律悖论，关于这个问题的解释主要是：第一，从数据来源上分析，多数文献在一价定律的框架内采用商品价格指数或自行构造价格指数进行分析，存在着数据加总偏误问题使边界效应估计产生一定的偏差。第二，商品的异质效应也会干扰边界效应的估计结果，降低边界与价格差异关系推断的可靠性。由于跨地区间价格差异分布具有异质性，在没有使用自然实验法或结构模型的情况下，无法估计边界效应的真实影响。

4. 趋同分析模型

趋同分析思想源于认为边界效应的影响最终体现在城市经济增长方面，区域一体化的实质无非是实现区域协调发展，缩小区域内城市间的距离，实现区域各城市的增长趋同。该模型的基础是通过 Barro 回归方程，通过引入虚拟变量对边界进行的。模型如下：

$$\ln \left(\overline{y_1 + T} \right) - \ln \left(\overline{y_1} \right) = \alpha_0 + \alpha_1 \ln \left(\overline{y_1} \right) + \alpha_2 du + \alpha_3 distance + \varepsilon$$

趋同分析模型能够通过较好地结合横向与纵向的比较，分析不同行政单元间经济发展水平的增长差距，从而确定边界效应的显著性和变化趋势。但边界效应视角下趋同分析的应用条件较为苛刻，明确多个研究子单元的共同稳态是必要前提，这在一定程度上限制了研究对象的选取。目前，边界效应范畴内，该方法的应用领域主要集中于经济地理学视角下的经济发展差距研究（李郇等，2006；张伟丽等，2011）。

（二）已有边界效用测算研究分析

目前，现有研究在边界效应测算的方法上基本达成共识，主要采用两种方法进行测量，分别是引力模型测定法及趋同分析模型。主要分歧有三点：一是边界效应的指标体系选取；二是引力模型中贸易流量及贸易距离的处理；三是一体化模型中贸易成本的确定。

1. 边界效应的指标体系选取

现有研究中，对边界效应影响因素考虑得太少，大部分仅考虑经济规模和地区间距离，很难测出准确的边界效应值。胡志丁等于2009年采用多指标综合评价法重新构建了边界效应的测定方法，并采用德菲尔法、主成分分析法、层次分析法三者相结合的方法测算边界效应。该方法克服单一的指标衡量边界效应，统筹考虑到边界的政治、经济、文化、社会属性，并结合非传统边境安全因素构建边界效应测定（见表3-3）。

表3-3　边界效应测定指标体系

目标层	准则层	变量层
边界效应综合测定指标体系	政治环境	政治稳定性之比
		对外开放度之比
		法律制度完善性之比
		海关制度差异之比
		边境地区非传统安全之比
	经济发展	人均收入之比
		经济增长率之比
		外资投资规模之比
		制造业和服务业占总产值比重之比
		平均经济周期之比
	文化发展	宗教信仰差异度
		社会风俗习惯差异度
		历史文化氛围差异度
		当地社会对跨国公司的信任与合作度
	社会发展	城市化比重之比
		养老保险覆盖率之比
		每万人拥有病床数之比
		人均邮电业务量之比
		平均受教育年限之比

资料来源：胡志丁等. 边界效应测定方法新探［J］. 世界地理研究, 2009（3）.

2. 引力模型中贸易流量及贸易距离的处理

贸易流量借鉴 Wei（1996）的思想用总产出减去对外总出口作为一个国家从该国内部的调入额，而用总产出减去对外的总进口作为一个国家从该国内部的调出额。Head 和 Mayer（2002）对 Wei（1996）的方法进行了完善，他们认为不同的内部距离测量方法会影响边界效应的估计结果，想要得到正确的边界效应估计结果必须要对内部距离进行有效的测量。行伟波和李善同（2009）通过国税总局金税工程所采集到的增值税发票整合出了货物贸易数据。

国家之间贸易距离通常采用两国首都之间点到点的直线距离（梁陆双、张梅，2016；行伟波、李善同，2009）来刻画，数据来自卫星定位系统 GoogleEarth 的测量获得。关于内部贸易距离有多种定义，借鉴 Wei（1996）的思想，他假定各国内部的经济行为在空间上是均匀分布的，故国家内部的平均距离是该国经济中心到最近邻国边界的 1/2，他用该国首都到最近邻国首都距离的 1/4 作为内部贸易距离。但是正如弗兰克尔等曾经指出的那样，由于各国地域面积、不同地区经济发展水平和两国间相对位置的特殊性等因素，完全采用两地区首都之间的距离会大大降低模型的拟合程度，因此部分学者（冯宗宪、赵立伟，2013）考虑到相对位置以及经济发展状况，并未采用首都作为距离测量的起点，而是选择了某个城市。

3. 一体化模型中贸易成本的确定

大多数学者选择国内各地商品价格指数（桂琦寒等，2006）考察相邻省份市场整合情况，发现我国国内市场的整合程度总体上呈现上升的趋势。行伟波等采用一年中国城市间类生产资料价格数据，运用面板单位根检验发现，大多数生产资料的地区间价格差异越来越小，收敛速度很快；赵永亮和刘德学以相同要素和产品价格或边际报酬在空间上分布差异来衡量边界效应，运用各省城市间的价格差异的方差作为被解释变量，验证了我国省际边界效应的存在；现有研究基于市场一体化的假设认为地区间商品价格差异等于总贸易成本，在此基础上进行的实证分析并不能准确测算出边界对价格差异的影响。套利理论（黄新飞、陈珊珊、李腾，2014）在一价定律框架内讨论市场一体化和市场分割条件下价格差异和边界成本的关系构建了市场分割测算模型以及引入当地市场供求变量边界效应的修正模型。

总之，目前学者们普遍认可我国省际边界效应的存在，但问题的焦点是对于边界效应究竟有多大一直存在巨大分歧，有些文献甚至得出相反的结果。例如，赵永亮等认为省际边界效应呈现增长趋势，且过大。而黄赜琳和王敬云、行伟波和李善同等则认为省际边界效应总体较小。徐现祥等甚至认为省际边界效应减小的趋势实际上说明了我国市场一体化进程的推进，甚至在同一视角下，得出的结果也会有差异。例如，黄赜琳和王敬云对边界效应的结论同范剑勇的结论完全相反。造成这些问题的原因在于：首先是因为思路不同，使得假设条件不同，变量选取也有所不同，容易导致误差项的影响作用不同，从而带来边界效应的度量结果不同，甚至是相反的结论。其次是时空上选取不同，特别是在趋势判断上，如果选取的时间跨度不同、地区对象不同，那么就很容易得出不同的结论。最后是上述方法忽略了空间相关性，以省际间贸易流为例，其本身会表现出空间的依赖性或相关性。

四、国家内部不同区域间边界效应研究进展

Paul R. Krugman（2000）曾经指出："理解世界经济运行方式的最好方法就是从研究国家内部的情况开始。"Wolf（2000）研究发现，在控制了距离、经济规模和其他一些影响因素后，美国各州州内贸易量远高于各州之间的贸易量。Poncet（2003）根据1987年、1992年、1997年中国地区投入产出表的数据，分析了中国省际间贸易状况，发现省际间贸易占GDP或贸易总额的比重在下降，边界效应有上升的趋势。Engel和Rogers（1996）基于一价定律发现国界导致了严重的贸易壁垒。即使在一国内部不存在制度、文化差异的情况下，行政区之间仍存在较为严重的市场分割问题。Wei（1996）巧妙地采用了间接获取国内贸易流量的方法，即用一国的总产出减去总出口来近似替代一国国内贸易量，因而克服了一国国内贸易量难以获得的缺点。在此基础上他研究OECD国家的边界效应，结果显示，在控制了距离、国家经济规模、共同语言等因素后，OECD国家的内部贸易量大约是各OECD国家之间贸易量的2.5倍。Nitsch（2000）借鉴Wei（1996）的方法研究发现，在控制了距离和经济规模因素后，平均而言，每个欧盟成员国的国内贸易量大约是欧盟成员国之间国际贸易量的10倍。Chen（2004）对OECD国家和欧盟国家的研究结果表明，这些国家之间均存在边界效应。

在国内的实证研究中，国内的学者大部分通常是在国家内部不同区域范围内进行边界效应的分析。李郇和徐现祥（2006）采用经典的Barro回归方程结合重力模型，对20世纪90年代江苏与浙江、上海与江苏、上海与浙江的边界效应进行了实证分析。王振波、朱传耿和徐建刚（2008）运用Barro回归方程

结合重力模型对淮海经济区 1995~2005 年的边界效应进行了定量测定, 得出苏鲁豫皖四省边界效应存在着一体化边界和疏远型边界两种类型。赵永亮、徐勇和苏桂富 (2008) 从产业的层次上运用垄断竞争贸易模型进行研究, 他们利用1997 年和 2005 年的多重面板数据, 从中国 28 个省份和八大行业两个层面来获取中国贸易的边界效应。

陈金龙 (2018) 从中原经济区省际区域出发, 根据 2006~2015 年的统计数据, 结合 15 个衡量经济发展水平的指标运用分子分析法, 结果表明, 边界区各地市在区位交通、经济发展、边界阻隔以及政府导向等方面的基础和条件不同, 边界效应中产生的 "屏蔽效应" 大于 "中介效应"。

卢中辉等 (2018) 对长江中下游省级行政边界效应的测算中, 引入趋同分析模型, 通过采用条件 β 趋同 Barro 回归方程, 得出结论, 说明 2000~2014 年, 省际边界阻碍了区间城市的差异缩小速度, 长江中游城市群存在着明显的屏蔽效应, 其中, 湖南与湖北、江西与湖北间的边界效应较大, 江西与湖南间的边界效应相对较小。2000~2008 年, 省际间的边界屏蔽效应呈减小态势, 并于2008~2014 年转变为中介效应, 但就 2000~2014 年整体而言, 城市群边界的屏蔽效应仍强于中介效应。

王小彬 (2018) 在对粤港澳区域经济一体化的研究中, 采用了基于一价定律的边界效应模型, 得出人均收入水平和货物运输能力是影响价格水平的主要因素, 继而影响边界效应; 制度因素对价格水平没有显著影响, 即对边界效应作用不大, 制度因素对港澳和广东省的经济一体化的影响已不明显。

在我国的区域发展中可观察到明显的边界效应, 例如, 城市或者省份交界处的交通设施通达性和兼容性不足, 又如, 边界地区的经济发展相对滞后。在2012 年国务院扶贫办发布的名单中①, 592 个国家扶贫开发工作重点县中, 超过一半位于省份交界处, 边界县的贫困发生率远高于非边界县; 在 11 个集中连片特殊困难地区中, 有 10 个为多省交界地区 (唐为, 2019)。

五、国家间跨境区域的边界效应研究进展

McCallum (1995) 在边界效应问题上进行了开创性的研究, 他对美加边界如何影响美加贸易展开了深入分析, 结果发现美国与加拿大的边界使得加拿大

① 新时期我国的扶贫对象分为国家扶贫开发工作重点县和集中连片特殊困难地区县两类, 两者名单部分重合。

各省之间的贸易量平均是加拿大各省与美国各州之间贸易量的 22 倍（控制了省和州的经济规模与距离因素），边界效应的作用相当明显。Anderson 和 vanWincoop（2003）基于具有微观基础的引力模型再次对美加边界效应进行了研究，结果显示，虽然美加边界效应与 McCallum（1995）的研究相比有很大下降，但是美加边界对美加贸易依然有很强的阻碍作用；同时他们对其他工业化国家的研究结果表明，由于边界效应的作用，工业化国家之间的贸易量大约下降了 20%~50%。Engel 等（2000）试图利用贸易壁垒来描述边界效应，他们重新考察了美国、加拿大的跨国贸易，并探讨边界效应如何影响美、加两国的市场一体化进程，结果发现，美国、加拿大市场分割现象严重，而贸易壁垒并不能完全解释这一现象。

目前不少国内外学者对边界效应进行了研究，但现有文献通常单独研究国际、国内边界效应较多，很少学者将两者置于同一框架进行联合分析。Coughlin 和 Novy（2011）以及 Fally 等（2010）也有过类似尝试。Coughlin 和 Novy（2011）利用 1993 年、1997 年和 2002 年的数据对美国的国际、国内边界效应展开了联合研究，实证结果显示，美国的国内边界效应高于国际边界效应，基于此他们认为美国具有贸易本地化偏好。Fally 等（2010）对巴西进行了研究，结果也表明，巴西的国内边界效应高于国际边界效应。Tombe 和 Zhu（2019）构造了一个包含国内和国际贸易的一般均衡模型，通过数据校准发现我国的贸易和迁移成本在 2000~2005 年有所下降，由此带来的效率提升可以解释这一时期整体生产率增长的 1/3，并且在未来仍存在较大的改进空间。Gil‐pareja（2005）发现 1995~1998 年西班牙国内各地区之间的贸易量是其与 OECD 其他国家贸易量的 21 倍。Olper 与 Raimond（2005）选取经合组织中 22 个国家的农产品贸易数据，得出边界效应在 1995~2002 年造成了双边贸易缩减 8 倍。

关于中国对周边国家边界效应的研究，屠年松（2016）基于贸易引力模型，对中国与 GMS 五个国家（柬埔寨、缅甸、老挝、泰国、越南）之间的边界效应进行分析，其运用 2009~2013 年中国 27 个省份与五个国家的相关数据，在控制 GDP、人口、距离的情况下，实证得出我国与大湄公河次区域国家的边界屏蔽效应逐年降低，且 2009~2013 年与我国边界屏蔽效应最大的国家为老挝，最小为越南，柬埔寨与我国的边界屏蔽效应下降最快，其他国家与我国的边界屏蔽效应上升与下降趋势相似，无十分明显的变化。李理甘（2012）通过选取国内具有代表性的 7 省市与东盟十国为样本，利用 2002~2008 年的相关数据，在引力模型中控制经济总量、距离、人口规模的情况下，得出我国与东盟国家历年的边界效应值存在下降趋势，但仍然有显著的边界屏蔽效应，国家边界对自贸区的活动存在较强的阻碍作用。冯宗宪和赵立伟（2013）基于引力模型对中国与东盟间的边界效应进行了测量，结果表明：中国与东盟间存在着很高的屏蔽效应，随着中国—东盟自由贸易区的建设有了一定的下降，但依然很高；并且来自东盟侧的屏蔽效应远大于中国侧的屏蔽效应。

关于中国对周边国家边界效应的研究，尽管中国各个边境省区均提出并实施了跨境经济合作区发展的思路，但是，现有的研究并没有从边界效应的角度来探讨跨境经济合作区建设的途径，仅有胡超（2009）从中越边境的角度出发，认为通过边境地区城市化的要素集聚、分工深化和市场制度建立等作用可以有效地促进边境地区外向型经济的发展，提出把边境地区城市化作为经济发展的重点、取消要素自由流动限制和适度工业化的观点。

六、多国发展一体化的边界效应研究进展

边界地区的一体化效应是指"边界地区在区域经济一体化进程中能够改变原有区位劣势，创造出对外部市场的接近优势"，是边界中介效应的一种集中表现。近年来，蓬勃发展的区域一体化实践总体呈现两个趋势：一是区域一体化组织数目的不断增加；二是区域一体化组织的范围扩大和内涵加深（侯若石，1996）。这两种趋势使得区域一体化和边界效应之间的对立关系备受关注：一体化组织的大量出现似乎形成了贸易保护的区域集团，不同集团之间所形成的贸易壁垒正在成为全球化时代新的边界；而区域一体化使得区域内部跨边界的合作能够更便捷地展开，而一体化区域与其外部的边界效应仍显著地存在。

一些学者研究认为，实行了一体化的国家之间之所以存在显著的边界效应，是由于存在着国内偏好，Obstfeld 和 Rogoff 所说的 McCallum 的著名发现——"边界之谜"，实际上指的是国内偏好对自由贸易的影响。VolkerNitsch（2002）对西德与东德的双边贸易和西德与其他国家的贸易中的边界效应进行研究，认为国家边界确实抑制了贸易，内部偏好因素大约是 2.2，西德的货物运到东德比运到其他国家多 120%。Nitsch（2000）对欧盟国家研究的结果认为，20 世纪80 年代初期以来，欧洲的边界效应显著下降，同样的结果也被 Head 和 Mayer（2000）的研究所证实，但欧洲仍然还有很高的边界障碍，这是由于消费者的国内产品偏好胜过非关税壁垒。Brenton 和 Vancauteren（2001）的研究认为，如果边界效应是首先由于这种"国民"因素，如欧洲消费者中的口味差异或者促

进供给和需求的地方网络，那么一个无边界效应的完全一体化是永远不会形成的。Poncet（2003）使用"边界效应"方法，研究了中国各省国际和国内市场一体化，认为我国的国内市场分割壁垒相对于国际贸易壁垒更为严重。

通过比较边界屏蔽效应在区域经济一体化前后的强度变化，可以分析经济一体化对边界效应的影响。在国外区域一体化问题上，Helliwell（1998）在比较美加建立自由贸易区前后的屏蔽效应时发现：美加建立自由贸易区后，边界的屏蔽效应呈现下降趋势，但仍然明显存在于美加之间。Anderson 等（2003）利用美加之间的贸易流量分析得到结论：自由贸易协定下，国家经济规模越小，边界效应下降对国内贸易的促进作用越大。Kei-MuYi（2005）通过美加经济一体化条件下美国和加拿大的贸易测算，结果边界的屏蔽效应比过去相关研究的测算结果都小。Scherngell Thomas 和 Lata Rafael（2013）利用欧洲 255 个区域 1999~2006 年的数据，采用空间交互模型进行的实证研究表明：地理距离和边界效应逐渐减少。行伟波和李善同（2009）、陆铭和陈钊（2009）、黄新飞等（2014）利用不同的数据和方法，均发现我国内部存在市场分割问题。在国内区域市场一体化问题上，郑毓盛、黄赜琳、赵永亮、行伟波等分别从不同角度进行了研究，认为由于存在地方保护偏好等，完整统一的全国市场体系还没有真正形成，虽然不同产业有所差异，但市场分割情况相当严重，省际间边界效应甚至有逐渐上升趋势。内部市场一体化对中国经济增长具有关键的意义，其好处显而易见。例如，通过保障货物自由流通不仅能够降低交易成本、促进竞争和增进社会福利，而且能够扩大市场规模，进而扩大有效需求和化解失业等问题。

Elizondo 等认为，区域一体化使国内市场的重要性降低，国内市场的中心性和吸引能力下降，边界地区对经济要素的吸引能力加强。Venables 指出，与全球生产呈垂直联系的企业更有可能向国家边界地区迁移，这些跨国界生产的经济活动具有在国家边界地区集聚的动力。因此，区域一体化提高了市场接近性、市场潜力和市场规模。Deardoff（1998）运用引力模型研究了区域经济一体化如何影响区域内成员间的贸易关系，他认为两个国家的贸易量与其经济规模之积正相关，而与其空间距离负相关。边界效应具有明显的政策含义，因而很早就被用于对区域一体化效果的检验。

七、浅论边界效应研究未来走向

经过多年的研究积累，国外学者对边界效应研究已经形成体系。然而国内对边界效应的研究尚处于初级阶段。随着研究的深入，学者们也指出，国家边界地区是地缘关系、政治、社会竞争复合的抽象化区域，这一地区的形成并非经济、政治、文化的简单组合，而是这些要素暂时或持久发挥效用的特殊关系的综合体现。当今社会合作与发展仍是当前研究的主题，随着边界效应的转化，边界效应的影响呈现出较高的弹性，并表现在制度、文化、种族等方面。因此，在全球化与区域一体化的快速发展中，边界效应研究范畴不再局限于经济地理学领域，旅游地理学、城市地理学、政治地理学等学科视角的边界效应研究也逐渐兴起，边界地区的制度建构和跨边界管治成为塑造边界效应和边界区位再造的重要制度手段，这也成为当前边界领域研究的热点。

（一）边界效应研究不足

1. 尚未形成完整的理论框架和系统的理论体系

已有的研究主要是实证研究，理论研究较少，主要回答了边界效应是什么，测量了边界效应的大小；尚未回答为什么，对于边界效应的成因、构成要素、影响因素、演化机制、屏蔽效应向中介效应的转化机制以及屏蔽效应的消除路径，尚未形成完整的理论框架和系统的理论体系给以解释。

2. 偏重于静态研究，动态研究较少

现有文献偏重于静态研究，动态研究文献很少。而静态研究只能说明边界效应的历史状况，不能反映边界效应的变动趋势；从而，无法总结出边界效应的演化规律，也不利于评估经济一体化等政策的绩效。

3. 创新边界效应的研究方法

目前，边界效应的研究方法存在以下三个问题：一是基于实践效果选取的重力模型，理论基础薄弱，研究方法应用的严谨性受到质疑；二是现有研究模型中，距离变量选取标准的主观性较强，进而不同程度地影响测度结果；三是已有研究大多选取构建虚拟变量的方法测度边界效应系数，然而，边界效应是否能通过模型的测算系数值来体现，值得商榷。

（二）未来方向探索

1. 基于行政边界的本质探究边界效应机理

在世界格局多极化背景下，国际权力分散化和均衡化现象日益凸显，加之经济全球化快速发展推动国家间联系日益密切，"多赢"理念下的多边合作势在必行。以中国的"一带一路"倡议为例，如何与东盟、中亚、欧洲范围内具

有不同发展诉求的国家实现发展成果共享，已成为推动多边合作顺利开展的必要前提。现有边界效应的研究多从跨国贸易的角度分析行政边界对跨区域经济行为的影响。然而，在面对中日"政冷经热"、中俄"政热经冷"的国家间合作问题时，现有边界效应的研究视角难以揭示行政边界作用的内在机制。作为不同国家、区域间的界限，行政边界的本质属性表现为政治、政策权限，同时也是国家权力和行政区权力的体现。未来，可以从行政边界的本质出发，深入研究边界效应机理，为全球化时代背景下跨区域合作奠定坚实的理论基础。

2. 拓展边界效应研究的空间尺度

改革开放以来，在市场机制驱动下，国内部分城市凭借区位交通与资源禀赋的优势率先发展起来，北京、上海、广州、深圳成为中国发展的增长极，天津、南京、青岛、成都等成为带动地区发展的核心城市。然而，作为节点的城市，辐射范围和带动作用有限。目前，无论是城市群培育还是沿海、沿江经济带建设，都试图从中观尺度寻找能够带动区域发展的最优模式。而已有边界效应研究多集中于宏观尺度下的跨国贸易研究或微观尺度下的区域一体化分析，因此，在城市群、经济带框架下，中观尺度区域一体化的边界效应研究具有迫切的现实需求。未来，可从边界效应的视角入手，深入剖析人流、物流、信息流在城市群、经济带内部跨边界流动的过程和机理，为中国城市群快速发展、长江经济带崛起提供理论支撑。

3. 边界效应研究方法的创新势在必行

未来需要加强边界效应领域的理论基础研究，通过规律探索、实践总结和理论完善为研究方法创新提供坚实的理论基础。同时，边界效应研究方法的创新可充分利用信息时代的大数据优势，结合日臻成熟的空间分析技术，精准测度空间变量，并基于较为完善的理论基础，合理确定边界效应测度的具体表现形式。

4. 理论的探讨是为了指导实践，边界效应的测定研究也是为了有效的调控边界

然而，目前国内对边界效应的调控研究还是空白。所以，在研究边界效应测定时，应同时考虑边界效应的调控，做到理论与实践相结合。

5. 通过边界效应的动态研究，掌握了边界效应的动态发展趋势，有针对性地制定相关政策

目前的研究多是静态研究，说明边界效应的历史状况，未来应重视研究边界效应的动态变化趋势，促进屏蔽效应向中介效应的转化，降低直至消除屏蔽

效应，推进经济一体化的发展，促进经济发展和社会进步。

6. 加强对一体化协作下国家边界地区的集聚效应研究

在一体化背景下，经济要素将呈现出向国家边界地区集聚的趋势，边界地带的集聚效应更为明显，如广西东兴地区、云南瑞丽地区以及新疆伊宁地区等，探究如何吸引要素集聚以及发展落后地区，如何转变发展劣势等内在机理进行深入的研究。

参考文献

［1］Obstfeld M., Rogoff K. 2000. The Six Major Puzzles in International Macroeconomics：Is There a Common Cause［J］. Nber Macroeconomics Annual, 15 (4)：339-412.

［2］McCallum J. National Borders Matter：Canada-U. S. Regional Trade Patterns［J］. American Economic Review, 1995 (85)：615-623.

［3］Evans, Carolyn L. The Economic Significance of National Border Effects ［J］. American Economic Review, 2003, 93 (4)：1292-1312.

［4］李铁立，姜怀宇. 次区域经济合作机制研究：一个边界效应的分析框架［J］. 东北亚论坛, 2005 (3)：90-94.

［5］陆继峰. 边界效应转化下的跨边界次区域经济合作研究［J］. 商业时代, 2013 (14)：41-42.

［6］Wei S. J. Intra-national Versus Inter-national Trade：How Stubborn Are Nations in Global Integration［R］. National Bureau of Economic Research Working Paper, 1996.

［7］赵永亮等. 市场潜力、边界效应与贸易扩张［J］. 中国工业经济, 2011 (9).

［8］Salvador Gil-Pareja, Rafael Llorca-Vivero, Jose A. Martinez-Serrano and Josep Oliver-Alonso. The Border Effect in Spain［J］. The World Economy, 2005 (11).

［9］李郇，徐现祥. 边界效应的测定方法及其在长江三角洲的应用［J］. 地理研究, 2006 (5).

［10］Yi Kei-Mu. Can Vertical Specialization Explain the Growth of World Trade ［J］. Journal of Political Economy, February, 2003, 111 (1)：52-102.

［11］陆继峰. 边界效应转化下的跨边界次区域经济合作研究［J］. 商业时

代，2013（14）：41-42.

[12] 杨汝万，胡天新. 边界效应的转变和边境城市化 [A]. 叶舜赞等. 一国两制模式的区域一体化研究 [M]. 北京：科学出版社，1999：104-111.

[13] Evans, Carolyn L. The Economic Significance of National Border Effects [J]. American Economic Review, 2003, 93 (4)：1292-1312.

[14] Wilson, Charles A. On the General Structure of Ricardian Models with a Continuum of Goods：Applications to Growth, Tariff Theory, and Technical Change [J]. Econometrica, 1980 (48)：1675-1702.

[15] Okubo T. The Border Effect in the Japanese Market：A Gravity Model Analysis [J]. Journal of the Japanese and International Economies, 2004, 18 (1)：1-11.

[16] Marie Danumal and Soledad Zignago. Measure and Determinants of Border Effects of Brazilian States [J]. Papers in Regional Science, 2010 (4).

[17] Keith Head and Thierry Mayer. Illusory Border Effects：Distance Mismeasurement Inflates Estimates of Home Biasin Trade [J]. Scottish Journal of Political Economy, 2002 (5)

[18] Poncet S. Measuring Chinese Domestic and International Integration [J]. China Economic Review, 2003 (14)：1-21.

[19] Hummels, David, Rapoport, Dana and Kei - MuYi. Vertical Specialization and the Changing Nature of World Trade [J]. Economic Policy Review, 1998：59-79.

[20] Helliwell, John. How Much do National Borders Matter [M]. Washington D. C.：Brookings Institution Press, 1998.

[21] Anderson, James, van Wincoop, Eric. Gravity with Gravitas：A Solutionto the Border Puzzle [J]. American Economic Review, 2003, 93 (1)：170-192.

[22] Dornbusch, Rudiger, Fischer, Stanley, Paul Samuelson. Comparative Advantage, Trade, and Payments in a Ricardian Model with a Continuum of Goods [J]. American Economic Review, 1977 (67)：823-839.

[23] Eaton, Jonathan, Kortum, Samuel. Technology, Geography, and Trade [J]. Econometrica, 2002, 70 (5)：1741-1779.

[24] Allen T., Arkolakis C. Trade and theTopography of the Spatial Economy

［J］. Quarterly Journal of Economics, 2014, 1085-1140.

［25］ Anderson J. , vanWincoop E. Gravity with Gravitas: A Solutionto the Border Puzzle ［M］. American Economic Review, 2003: 170-192.

［26］ Anderson J. , vanWincoop E. Trade Costs ［J］. Journal of Economic Literature, 2004: 691-751.

［27］ Anderson J. , Yotov Y. The Changing Incidence of Geography ［J］. American Economic Review, 2010: 2157-2187.

［28］ Balistreri E. , Hillberry R. Structural Estimation and the Border Puzzle ［J］. Journal of International Economics, 2007: 451-463.

［29］ Behrens K. , Ertur C. , Koch W. Dual Gravity: Using Spatial Econ-ometrics to Controlfor Multilateral Resistance ［J］. Journal of Applied Econometrics, 2012: 773-794.

［30］ Briant A. , Combes P. , Lafourcade M. Dots to Boxes: Do the Sizeand Shape of Spatial Units Jeopardize Economic Geography Estimations? ［J］. Journal of Urban Economics, 2010: 287-302.

［31］ Cassey A. State Export Data: Origin of Movementvs. Origin of Production ［J］. Journal of Economic and Social Measurement, 2009: 241-268.

［32］ Chaney T. Distorted Gravity: The Intensive and Extensive Margins of International Trade ［J］. American Economic Review, 2008: 1707-1721.

［33］ Chen N. Intra-National Versus International Trade in the European Union: Why Do National Borders Matter? ［J］. Journal of International Economics, 2004: 93-118.

［34］ Coughlin C. The Increasing Importance of Proximity for Exportsfrom U. S. States ［J］. Federal Reserve Bank of St. Louis Review, 2004: 1-18.

［35］ Coughlin C. , Mandelbaum, T. Measuring State Exports: Is There a Better Way? ［J］. Federal Reserve Bank of St. Louis Review, 1991: 65-79.

［36］ Charles Engel. Real Exchange Ratesand Relative Prices: An Empirical Investigation ［J］. Journal of Monetary Economics, 1993 (32): 35-50.

［37］ Charles Engel and John Rogers. How Wide is the Border? ［J］. American Economic Review, 1996, 86 (5): 1112-1125.

［38］ Charles Engel, John Rogers. Deviations from Purchasing Power Parity: Causes and Welfare Costs ［J］. Journal of International Economics, 2001 (55):

29-57.

［39］Charles Engel，John Rogers，Shing-Yi Wang. Revisiting the Border：An Assessment of the Law of One Price Using Very Disaggregated Consumer Price Data ［R］. International Finace Discussion Papers，2003.

［40］Paul L. Fackler，Barry K. Goodwin. Spatial Price Analysis ［J］. Handbook of Agricultural Economics，2001：17（1）.

［41］Robert Feenstra，Jon Kendall. Pass-through of Exchange Rates and Purchasing Power Parity ［J］. Journal of International Economics，1997（43）：237-261.

［42］Jeffrey Frankel，David Parsley，and Shang-JinWei. Slow Passthrough around the World：A new Import for Developing Countries? ［R］. NBER Working Paper 11199，2005.

［43］Luis Gil-Alana. Stochastic Behaviour of Nominal Exchange Rates ［J］. Atlantic Economic Journal，2003，31（2）：159-173.

［44］Yuriy Gorodnichenko and Linda Tesar. A Re-Examination of the Border Effect. NBER Working Paper 11706，2005.

［45］Yuriy Gorodnichenko，Linda Tesar. Border Effect or Country Effect? Seattle May Not Be so Far from Vancouver After All ［J］. American Economic Journal：Macroeconomics，2009，1（1）：219-241.

［46］Charles Engel. Real Exchange Rates and Relative Prices：An Empirical Investigation ［J］. Journal of Monetary Economics，1993（32）：35-50.

［47］Charles Engel，John Rogers. How Wideis the Border? ［J］. American Economic Review，1996，86（5）：1112-1125.

［48］Charles Engel，John Rogers. Deviations from Purchasing Power Parity：Causes and Welfare Costs ［J］. Journal of International Economics，2001（55）：29-57.

［49］唐为. 分权、外部性与边界效应 ［J］. 经济研究，2019（3）.

［50］胡志丁等. 边界效应测定方法新探［J］. 世界地理研究，2009（3）.

［51］赵永亮. 国内贸易壁垒因素与边界效应——自然分割和政策壁垒［J］. 南方经济，2012（3）.

分报告之三：关于边境口岸建设的研究报告

《中共中央关于全面深化改革若干重要问题的决定》明确指出，"加快沿边开放步伐，允许沿边重点口岸、边境城市、经济合作区在人员往来、加工物流、旅游等方面实行特殊方式和政策"。中南半岛经济走廊和孟中印缅经济走廊分别向南延伸，把中国与东南亚和南亚诸多国家联系在一起。而其中的南向出口，就是云南和广西的口岸。云南、广西两地口岸发展与建设的水平，与南向"一带一路"建设存在相关关系。为更好地了解沿边地区开放开发情况，本章笔者2015年7~8月参与了对云南、广西两地的调查，2019年再次带队到云南西双版纳调研。除了在昆明、南宁两地走访有关厅局外，也深入德宏、崇左两市进行深入考察，获得了更进一步的实地资料。值得指出的是，典型调研的德宏州口岸多年来综合贸易流量居于云南省第一，而崇左市口岸进出口也在广西壮族自治区独占鳌头。在调研过程中，笔者走访了不少沿边口岸，深化了对云南、广西沿边口岸建设重要性的认识。笔者认为，加强沿边口岸建设，有助筑牢、夯实"一带一路"的发展基础，推动沿边地区进一步扩大开放。

一、边境口岸是"一带一路"建设的重要内容

以往的口岸通常是指国家通商、贸易和人员直接进出境的区域，主要位于沿海港口和沿边的边境城市。根据国家口岸办发布的新闻稿，随着全方位开放战略的推进，"十三五"时期国家将对口岸定义加以修改，取消直接进出境概念，增设内陆口岸，为不沿海、不沿边的区域创造条件。不过，作为国家对外往来的门户，各类口岸存在的共同特质是，口岸是国家之间对外贸易与人员出

入的枢纽，是国家对外开放的窗口。通常，口岸按照批准规格划分为一类口岸和二类口岸，一类口岸是由国务院批准开放的，二类口岸则由省级人民政府批准设立；口岸按照交通运输和物流方式还可以分为港口口岸、航空口岸和陆路口岸。口岸不仅有人员、货物的通过功能，而且作为关卡还有人员货物的查验、检查功能，在防范偷渡、走私、贩运枪支和毒品、防止传染病输入等方面都有重要作用，这使口岸管理包括了极其丰富的内涵。

边境口岸早期起源于陆地的边关、关隘、关卡，主要是居民集聚和交通枢纽，最后为国家之间商品往来与贸易的重要通道。在现代社会，口岸多是由相邻国家依照官方合同与协定设立的具有对应关系的官方通道。一般来说，口岸具有对应关系，在主权国家沿边地区设立口岸，在相邻国家也会就近设立口岸，便于货物与人员以最短距离流动，实现从一国的口岸到另一国口岸的通行。在我国，口岸的划分除了在国家层面的一类口岸、二类口岸外，还有水运口岸、铁路口岸、陆路口岸和航空口岸；实体口岸与电子口岸；内部通商口岸和边境口岸；第三方口岸与双边口岸的分类（田俊迁，2020）①。截至2018年12月31日，我国共有经过国家批准开放的对外开放口岸306个，水运口岸135个（其中河港口岸54个、海港口岸81个）、陆路口岸97个（其中铁路口岸21个、公路口岸76个）、空运口岸74个。

有所不同的是，港口口岸和内陆口岸都距离国外较远，难以实现近距离商品交易或者人员往来。而边境线两边的货物可以近距离的交易，两边的民众可近距离接触和流动。在边境两边的资源要素禀赋存在差异、在安全和管理得到保障的情况下，促进资源、产品、人员、技术等的流动，有助于形成跨国经济合作与分工，实现互补、双赢式发展。沿边口岸建设由于涉及两个国家的合作，可以形成不同于内地和沿海的开放型经济形态。

口岸经济在"一带一路"建设中具有重要作用，已经被越来越多的学者所认可。一些学者认为口岸是"一带一路"中国与邻国共同发展的增长节点（沈进建、陈家勤，2015），也有人认为口岸对"一带一路"建设起到重要支撑作用，是促进"一带一路"建设的战略支点（狄永江，2015），有学者结合边境口岸的开放，指出也有些学者注重口岸在"一带一路"建设中推动基础设施建设、扩大边境贸易、促进沿边物流、提升人口城镇化水平的作用（王博，2015），有学者通过特定沿边口岸的定量分析得出结论：在"一带一路"建设

---

① 田俊迁.论口岸的渊源、定义、分类及功能［J］.贵州民族研究，2020（2）.

中，口岸外贸通道功能的发挥是口岸城镇发展的重要推动力，口岸综合经济实力发展是口岸城镇发展的基础（张丽君、张珑、李丹，2016）。

通常而言，以往的口岸经济主要以贸易功能为主，但是，随着各地可持续发展意识的觉醒，也在口岸建设起边境经济合作区或者与周边国家合建跨境经济合作区。但是，贸易是口岸最基本的功能。沿边贸易主要包括两类：过境贸易和边境贸易。在国际贸易领域，过境贸易通常是指甲国向乙国运送商品，由于地理位置等方面的原因，必须通过第三国。对第三国来说，虽然没有直接参与此项交易，但商品要进出该国的国境或关境，并经过海关统计，从而构成了该国进出口贸易的一部分。对于第三国来说，由于产品非本地生产，产品来源地与贸易目的地各为其他国家，这种贸易就构成了过境贸易。就我国沿边地区来说，过境贸易就是指产品生产地为本国其他地区，贸易目的地为其他国家；或者，产品生产地为其他国家贸易目的地为本国其他地方的现象。沿边口岸在架起外国与本国其他地区之间的贸易桥梁，更多地只具有通过功能。

还有一种类型的贸易为边境贸易。边境贸易是指边境地区，在一定范围内边民或企业与邻国边境地区的边民或企业之间的货物贸易。边境贸易通常具有三种形式：边民互市贸易、边境小额贸易和边境对外经济技术合作。其中，边民互市贸易指边境地区边民在边境线20公里以内、经政府批准的开放互市点或指定的集市上，在不超过规定的金额或者数量范围内进行的商品交换活动。而边境小额贸易是指经批准有边境小额贸易经营权的企业，通过国家指定的陆地口岸，与毗邻国家边境地区的企业或其他贸易机构之间进行的贸易活动。而边境经济地区对外经济技术合作通常是指经批准有对外经济技术合作经营权的企业，与我国毗邻国家边境地区开展的承包工程和劳务合作项目。

"一带一路"建设，将通过沿边地区口岸之间的互联互通及向内陆及更多国家延伸，把中国与周边国家及遥远国家紧密结合在一起。"一带一路"跨国经济走廊通常穿越多个国家，而口岸是走向跨国合作的前沿节点。若国家之间维持良好关系，口岸吞吐功能较强，口岸处于开放状态，资源与要素能够合理流动，将有助于国家之间的分工合作，促进互利共赢，推动"一带一路"建设；若国家之间关系紧张或者口岸的吞吐功能较弱，口岸的功能不能有效发挥，资源要素流动与重组的潜力不能释放，将不利于"一带一路"的建设。总之，口岸建设在"一带一路"建设中具有特殊重要地位。

二、边境口岸建设需要多方合力推动

边境口岸建设，涉及中央到地方的许多机构与部门，也因而需要各个部门加以配合与支持。国务院通过出台《国民经济与社会发展规划》《兴边富民规划》等相关规划，按照《国务院关于口岸开放的若干规定》，对边境口岸的对外开放工作加以管理。

首先，口岸建设需要进行体制改革，激发各方支持口岸建设、管理口岸运行、推动口岸发展的活力。按照我国的政府管理部门规定与职责，各个部门根据自己本部门职责，支撑经济社会重大发展战略的实施，推动口岸建设与口岸开放不断发展。

国家口岸管理办公室承担着政策管理与协调的重要职能。根据相关政策规定，国家口岸管理办公室负责起草口岸管理规章制度，组织制定口岸发展规划、电子口岸规范并协调实施，牵头拟订口岸安全联合防控工作制度，协调口岸通关中各部门的工作关系，指导和协调地方政府口岸工作。同时，根据以往工作记录，国家口岸管理办公室也会组织开展一些口岸国际合作的工作。当然，国家口岸管理办公室虽然行使国家间口岸开放合作的政策协调职能。不过，签署政府间开放协定，通常由负责涉外事务的外交部进行。

外交部在国与国之间口岸相互开放中，发挥重要政策引领作用。外交部在口岸方面功能的发挥，是由边界管理和边界合作开发派生而来。通过签署国家间协定，推动我国沿边口岸与周边国家口岸平等、互惠地相互开放。

我国的口岸实行垂直管理制度，国务院口岸办、海关、进出口检验检疫等部门在口岸建设管理都发挥重要作用（见表4-1）。海关作为依法依规行使进出口监督管理的主要政府部门，海关拥有进出口关税及其他税费征收管理、出入境卫生检疫和出入境动植物及其产品检验检疫、进出口商品法定检验、海关风险管理、国家进出口货物贸易等职能。在国家推动边境口岸建设，海关负责推动进出口贸易自由化、便利化的工作，积极推动口岸大通关。同时，在具体执法过程中，海关官员依法行使以下诸多职能或者权限：检查权、查阅权、查问权、调查权、稽查权、复制权、扣留权、追缉权、处理权、强制执行权、佩戴和使用武器权等权限。海关是边境口岸进出口管理中，职能最重要、职责最直接、职权最对应的政府部门。

表 4-1　口岸管理相关制度与制定实施部门

口岸管理制度	管理部门	法律法规	工作职责
口岸规划政策研究	国务院口岸办（海关）	《国务院关于口岸开放的若干规定》	规划、政策制定
海关监管制度	海关	《中华人民共和国海关法》《中华人民共和国货物进出口管理条例》	征税、缉私、督查、统计
边境口岸相互对等开放协定	外交部	沿边地区边界勘定、共同开发，口岸相互开放相关协定签署	政府磋商和签署双边协定
对外贸易经营管理者制度	商务、海关、外汇	《中华人民共和国对外贸易法》	对外贸易经营者资格管理、报关、进出口货物收付汇制度
出入境检验检疫制度	海关	《中华人民共和国进出口商品检验法》《中华人民共和国国境卫生检疫法》《中华人民共和国进出境动植物检疫法》	出入境商品检疫、出入境卫生检疫、出入境动植物检疫、进出口食品安全认证认可
边检制度	出境入境边防检查站	《中华人民共和国公民出境入境管理法》《中华人民共和国公民出入境边防检查条例》	检查出境、入境的人员及交通运输工具

在口岸建设与开放中，实行对外贸易经营管理者制度。这一制度由两个方面的内容组成：进出口经营权管理制度和进出口经营范围管理制度。国家相关政策规定，法人、其他组织或者个人在从事对外贸易经营前，必须按照国家的有关规定，依法定程序在商务部备案登记，取得对外贸易经营的资格，在国家允许的范围内从事对外贸易经营活动。对外贸易经营者未按规定办理备案登记的，海关不予办理进出口货物的通关验放手续；但对外贸易经营者可以接受他人的委托，在经营范围内代为办理对外贸易业务。

此外，出入境检验检疫制度和边检制度的实施，都有利于加强边境安全，维护国家安全利益。

口岸建设涉及对外开放。一国沿边口岸保持大幅度开放之势，另外一个国家开放幅度节奏不同，会影响双边商品要素往来。开放迟滞一方的政策落后程度，于是成为双边开放的短板，制约口岸开放效率。因而，沿边口岸功能正常运转和效率发挥，需要国家之间采取对等开放的共同行动，协商和签署政府文件，进行制度化、协调性政策安排。比如，2013 年 12 月，中越陆地边境口岸管理合作委员会第一次会议，就中越口岸开放合作达成共识。最终形成的文件中，包括以下内容："加快口岸开放，扩大开放范围，服务贸易发展；加强口岸合作，优化口岸服务，促进口岸通关便利化；加强边境执法合作，打击非法越境，维护口岸通关环境与秩序；加强口岸疫病疫情防控和边境贸易检验检疫的交流与合作。"①

当然，相邻国家的社会制度、政党关系、信任程度、交往紧密程度差别，确立双边口岸开放的广度。比如，中尼两国外交部主管 2012 年签署《中华人民共和国政府和尼泊尔政府关于边境口岸及其管理制度的协定》。确定了双边口岸的相互开放。这一协定有效期为十年。在协定中，中尼双方对双边边境对等开放口岸加以明确，政策载明了中国——尼泊尔之间的五对口岸相互开放：普兰（中）—雅犁（尼）；里孜（中）—乃琼（尼）；吉隆（中）—热索瓦（尼）；樟木（中）—科达里（尼）；日屋（中）—瓦隆琼果拉（尼）；陈塘（中）—吉马塘卡（尼）。双方规定，除非遭遇不可抗力，"未经另一方同意，任何一方不得单方面关闭口岸"。同时明确，"双方应加强口岸基础设施和查验监管设施建设，完善口岸通行条件，提高口岸通行能力，口岸设施的设计和建设应考虑口岸未来发展需求"。

口岸功能的发挥，离不开口岸设施建设。口岸设施的建设与管理，与国家和地方的发展改革部门、建设部门、交通运输等部门都存在管理协调关系。口岸进出道路、口岸查验设施、口岸通水通电通邮、口岸生活服务的供应，都需要政府建设与管理部门承担相应职责，从供给侧和需求侧满足口岸日常正常运转的需要，同时服务于口岸的贸易与人员往来。

三、边境口岸建设加快趋势已经形成

云南、广西同为我国南方边境省区，是历史上著名的南方丝绸之路的发源地。改革开放以后，云南、广西沿边地区一直重视口岸建设。以云南来说，1985 年国家批准德宏率先实行全境对外开放，1992 年德宏州瑞丽市、畹町市成为全国第一批 14 个进一步扩大对外开放的沿边县市，并设立 2 个国家级边境经济合作区；2000 年批准设立当时全国唯一一个实施"境内关外"管理方式的姐

---

① 中越陆地边境口岸管理合作委员会第一次会议召开［EB/OL］.中国政府网，2013-12-28.

告边境贸易区。因此，德宏创造了"全国边贸看云南、云南边贸看德宏"的业绩。在"一带一路"重大倡议提出以后，云南、广西两省区都表达了积极的参与热情。为促进沿边地区口岸建设，沟通"一带一路"沿线国家与中国国内企业的经济联系，扩大人员之间往来，促进跨国投资与贸易活动，云南、广西两省区都十分重视沿边口岸建设，发挥口岸在衔接"一带一路"重要通道、促进国内外各种要素往来的枢纽作用，以集中、转移和扩散各类经济要素，提升沿边地区的开放水平。

一是构筑起沿边口岸全方位开放的格局。云南共有 16 个州（市），其中 8 个边境州（市）与越南、老挝、缅甸接壤，具体地说，就是红河、文山与越南接壤，保山、临沧、普洱、德宏、怒江、西双版纳与缅甸接壤，普洱、西双版纳同时又与老挝接壤，沿边地区共有 9 个国家一级口岸和 7 个省级二级口岸，边境线长达 4060 公里。在云南省的 23 个一类和二类口岸中，大部分都位于沿边州市（见表 4-2）。广西有百色、崇左、防城港 3 个边境地级市，其下属的东兴、防城区、宁明、凭祥、龙州、大新、靖西、那坡 8 个县（市区）、38 个边境乡镇、225 个边境行政村与越南的河江、高平、谅山、广宁 4 个省 18 个县接壤。广西陆地边境线长 696 公里，大陆海岸线 1595 公里，拥有凭祥（铁路）、友谊关、东兴、水口、爱店、龙邦、平孟 7 个国家边境一类口岸，峒中、硕龙、岳圩、科甲、平而 5 个边境二类口岸和 26 个边民互市点。在所调研的云南德宏州、广西崇左市，我们都能看到口岸开放全方位开放的整体格局。比如，德宏州也依托边境优势和各类交通运输条件，已经建立起以一类口岸为主体、二类口岸为支撑、省级通道为辅助、民间通道为补充，涵盖公路、铁路、航空、水运，规范、便捷、高效、安全的边境立体口岸体系。德宏州目前拥有 2 个一类口岸、2 个二类口岸、3 个中缅对开口岸，为中缅边境对开口岸、通道最多和国家级边境贸易功能区最密集的区域。

表 4-2 云南省口岸分布的基本情况

序号	名称	位置	类型	级别	面向国家
1	昆明国际机场口岸	昆明市巫家坝	空港口岸	一类	多个国家
2	西双版纳国际机场口岸	景洪市嘎洒镇			泰国、老挝
3	丽江国际机场口岸	丽江市七河乡			韩国、新加坡

续表

序号	名称	位置	类型	级别	面向国家
4	西双版纳景洪港口岸	西双版纳州景洪市	河港口岸	一类	泰国、老挝、缅甸
5	思茅港口岸	思茅市			
6	河口口岸	红河州河口县	铁路口岸		越南
7	天保口岸	文山州麻栗县天保镇	公路口岸		
8	金水河口岸	红河州金平县			
9	都龙口岸	文山州马关县都龙镇			
10	磨憨口岸	西双版纳州勐腊县			老挝
11	勐康口岸	普洱市江城县			
12	瑞丽口岸	德宏州瑞丽市			缅甸
13	畹町口岸	德宏州瑞丽市			
14	清水河口岸	临沧市耿马县孟定镇			
15	猴桥口岸	保山市腾冲县猴桥镇		二类	
16	打洛口岸	西双版纳州勐海县			
17	田蓬口岸	文山州富宁县田蓬镇			越南
18	盈江口岸	德宏州盈江县			缅甸
19	章凤口岸	德宏州陇川县			
20	南伞口岸	临沧市镇康县南伞镇			
21	孟连口岸	普洱市孟连县			
22	沧源口岸	临沧市沧源县			
23	片马口岸	怒江州泸水县片马镇			

资料来源：根据有关资料整理。

　　二是重视口岸基础设施建设。根据云南省口岸办提供的信息，2009年以后，云南省从国家发展改革委员会获得口岸建设补助资金累计达2.16亿美元，从财政部专项转移支付中获得的一类口岸建设补助资金达6亿元，云南省发展与改革委员会、财政厅同步配套用于口岸建设的资金达7.12亿元，各州、市、企业在口岸特殊监管区的投资超过20亿元，在口岸经济区、边境经济合作区、出口加工区、综合保税区、国际陆港的投资超过300亿元。另据有关方面的调研，云南省每年将2.2亿元中央转移支付资金交由云南省口岸办用于口岸建设，同时各口岸所在地政府也拿出相应的配套资金和采取相应的政策，支持口岸建设。广西也十分注重对口岸建设投入。除了争取财政部、发改委等主渠道的支持外，也十分重视利用好兴边富民政策支持口岸建设。2013年以来，自治区兴边富民行动大会战指挥部共安排边境口岸基础设施项目55个，总投资2.36亿元（其中自治区补助资金1.38亿元，市县自筹0.98亿元）。广西壮族自治区决定，2013~2016年，自治区财政将安排3亿元用于边境口岸、边民互市、边境贸易市场、边境农贸市场建设，用于提升沿边口岸的软硬件水平。另据不完全统计，崇左市自2003年建市以来，先后多渠道筹措建设资金60多亿元投入口岸和边民互市贸易点基础设施建设。2009年国际金融危机后，崇左市政府在财政资金比较困难的情况下，以政府资金带动社会资金投入3亿多元，用于口岸基础设施的项目规划、前期工作、维修和改造进出边贸点道路、边贸点通水通电工程、建设验货场等，口岸设施不断完善。崇左市龙州县尽管属于国家贫困县，但2010年以来，共投入1.76亿元加强口岸基础设施建设。其辖区内的水口口岸联检楼改扩建工程、水口检验检疫综合实验楼、水口互市区都已具备运行条件，即将投入使用。不仅一类、二类口岸重视基础设施建设，甚至一些边民互市点也重视加强基础设施建设。以崇左的岩应互市点来说，2009年开始开工建设，先后投入建设资金1300多万元，基础设施逐步趋于完善。一般的口岸联检基础设施建设都有配套的人货分流设施、物流园、查验场地、边贸进出口货物封闭通道等，为贸易畅通和人员往来打下了坚实的基础。从口岸建设资金来源方面看，各地的口岸建设资金并非全部来源于政府资金，而是更注重资金来源多元化。比如，云南省的孟连口岸在建设资金的来源组合如下：企业投入3720万元、中缅合资500万元、直属系统642万元、省级投入1584万元、市级投入310万元、县级投入553万元。通过商业化运作，以招商引资方式筹集的资金，占口岸建设资金总额的比重接近60%。①

三是重视口岸的科学化管理，加快推进口岸通关便利化进程，注重提高口岸通关效率。云南省协同推进区域通关、集报通关、分类通关、无纸化通关、自助通关"一站式"通关、"一口岸多通道"模式、通关综合业务流程、关检"三个一"联合通关、"属地申报、口岸验放"通关扩大适用范围等通关便利化改革项目，在磨憨口岸开展通关便利化综合改革试点，推进货场一站式通关和自助通关优化等工作。2014年底，广西崇左的各个口岸启动海关与检验检疫关检合作"三个一"和新公路仓单通关模式改革，口岸查验部门注重通关查验流程的整合优化和简化手续，检验检疫部门实行"检务智能管理系统"，海关以

---

① 赖永添，陶家祥，扎西旺姆. 云南广西口岸发展经验及对西藏的启发［J］. 国际商务财会，2011（4）.

电子通关单代替纸质通关单，通关效率明显提高。

四是逐渐重视口岸之间的分工与合作。近几年来，云南、广西管理部门开始认识到加强口岸建设专业化的重要性，开始重视口岸建设中的口岸定位，以明确各个不同口岸的建设方向。比如，广西崇左提出，在建设友谊关口岸中，要把友谊关口岸开放范围扩大到弄尧（浦寨），建设成集口岸作业、保税物流、经贸旅游、爱国教育、跨境金融等功能为一体的面向东盟开放合作的综合性国际口岸；在建设凭祥铁路口岸中，把凭祥口岸建设成面向东盟最大的边境国际铁路口岸集散物流市场，并使其成为南新（南宁至新加坡）铁路的重要枢纽；在建设水口口岸中，把水口口岸开放范围扩大到水口二桥，争取设立国家级龙州边境经济合作区，打造全国最大的坚果加工交易基地；在建设爱店口岸中，建设面向东盟最大的中药材进出口集散市场，建成对越中药材和农副产品进出口基地和海产品进出口贸易加工基地；在建设硕龙口岸中，以中越德天·板约瀑布旅游合作区为依托，打造集跨境旅游、休闲度假、娱乐购物和贸易加工为一体的跨国旅游购物中心；在建设平而关口岸中，建成珍稀苗木种植、销售基地和海产品加工销售基地；在建设科甲口岸中，建成矿产品、农产品加工基地和生态旅游度假基地。

五是重视连接跨境通道的建设。近年来，由于中国重视与周边国家的经济政策协调，国家之间的互联互通速度明显加快，在云南、广西沿边地区调研时，调研人员明确感受到跨境通道建设对边境口岸建设的正面影响。比如，广西邻接越南，崇左市启动了浦寨—新清、弄怀—谷南、叫隘—那行、爱店—峙马四条通道建设，促进了口岸与边贸点之间的贸易往来。云南省与缅甸、老挝相连，加强和延伸口岸之间跨境通道的合作成为双方的共识。在缅甸，缅方已经有木姐—曼德勒、木姐—八莫公路、木姐直升机场等直通缅甸国内，木姐—腊戍铁路已经列入缅甸国家建设规划，进一步明确了向中国开放的积极态势。与此相对应的是，云南畹町至缅甸105码二级公路、云南盈江那邦至缅甸密支那、云南陇川章凤至缅甸八莫公路等跨国交通基础设施也获得双方批准，将在不久加快建设。

六是加强口岸建设与管理方面成为中国与周边国家的共识。近年来，我国先后与周边国家加强政府在口岸管理方面的合作，形成《中华人民共和国与越南社会主义共和国政府关于中越陆地边境口岸及其管理制度的协定》《中华人民共和国政府和缅甸联邦政府关于中缅边境管理与合作的协定》《中华人民共和国政府和老挝人民民主共和国关于边境口岸及其管理制度的协定》，中国政府与周边国家相关政府就口岸建设、跨境通道、跨境运输等建设与管理事务建立起合作关系，边境两边口岸所在地方政府也建立起协调机制，加强口岸管理方面的合作。比如，根据中越双方的安排，中越陆地边境口岸管理委员会正式建立并于 2013 年 12 月在南宁召开第一次工作会议，就双边口岸开放和升格进行磋商并签署了会议纪要。

四、边境口岸建设积极作用得到显现

由于重视扩大沿边开放，重视发挥口岸作用，云南、广西两省区的口岸建设取得了明显成效，有条件也有可能支持"一带一路"建设。

第一，口岸发展水平明显提升。2014 年，云南省经国务院批准的 16 个口岸（未含都龙）完成进出口额 111.1 亿美元、货运量 1102 万吨、出入境人员 2713 万人次、出入境交通工具 527 万辆次，分别比上年增长 27%、23.1%、14% 和 22%，其中，瑞丽、磨憨、河口等口岸在进出口中发挥着重要作用（见表 4-3）。2014 年德宏州口岸出入境人数、交通工具、货运量、进出口额分别达到 2059 万人次、444.6 万辆次、294.4 万吨和 72.9 亿美元，分别增长 15%、15%、25.32% 和 61.4%，口岸进出口商品种类多达 2000 余种，出口商品相当一部分经缅甸转销印度、孟加拉等南亚国家，进口货物大部分销往云南省外，口岸综合流量连年居全国沿边地区前列，是我国沿边进出口商品种类最多和云南省口岸综合流量最大的地区；州一级进出口总额达到 53.2 亿美元、占中缅贸易的 21.4%、滇缅贸易的 75.6%，排名云南省地州边贸进出口第一位、外贸进出口第二位。

另据统计，2011～2014 年，广西边境小额贸易累计进出口总值 2551.1 亿元，年均增长 30.7%，占广西外贸的比重由 2011 年的 26.7% 逐年提高到 2014 年的 36.3%，提高了近 10 个百分点。2003 年建市以来，崇左边境口岸出入境货物量、出入境车辆、出入境人数年均增长 20% 以上。

表 4-3　2014 年云南省一类口岸流量统计

口岸名称	进出口额		货运量		出入境人员		交通工具	
	合计（万美元）	同比增长（%）	合计（吨）	同比增长（%）	合计（人次）	同比增长（%）	合计（辆、艘、架、列次）	同比增长（%）
瑞丽	466319	58.7	3464945	85.2	16709154	15.2	3541409	16.5

续表

口岸名称	进出口额		货运量		出入境人员		交通工具	
	合计（万美元）	同比增长（%）	合计（吨）	同比增长（%）	合计（人次）	同比增长（%）	合计（辆、艘、架、列次）	同比增长（%）
磨憨	274739	22.0	1531529	34.4	922463	22.6	299131	23.7
昆明机场	161598	17.7	15642	17.6	1963154	4.4	16558	2.3
河口公路	89432	-14.1	1844987	-31.0	3009127	-2.4	143205	-23.8
打洛	32083	2.5	116598	30.6	788707	38.3	233420	23.2
景洪港	27823	20.7	167031	23.1	71139	30.7	4750	-10.5
天保	7685	0.7	116608	23.1	570876	-8.6	41812	19.7
腾冲猴桥	19387	50.2	3007777	30.7	960050	53.6	353530	97.9
孟定清水河	17904	21.0	511402	41.6	598618	35.1	248516	66.3
畹町	10888	-17.7	173118	-2.6	1095811	30.3	343722	45.7
金水河	1579	27.5	22933	-63.7	284344	-2.6	11933	13.7
勐康	876	26.2	44214	-33.9	72344	4.8	27348	5.8
版纳机场	0	0.0	0	0.0	8724	-52.0	235	-25.4
丽江机场	0	0.0	0	0.0	74953	44.0	753	37.2
河口铁路	442	-18.5	3522	-64.4	396	-71.6	33	-73.4
思茅港	0	0.0	0	0.0	0	0.0	0	0.0
一类口岸合计	1110755	27.0	11020306	23.1	27129860	14.0	5266355	22.0

资料来源：云南省口岸办：云南省"十三五"口岸发展规划意见，2015年2月28日。

第二，口岸服务功能逐步增强，通关效率明显提高。口岸服务功能的增强一方面表现为更好地向企业和个人提供服务，减少企业与个人的负担，另一方面表现为口岸效率的提高。以前一方面看，云南省近年来数次清理整顿口岸收费状况，2010年，因停止收取口岸三项费用即减轻企业负担9000多万元；2010~2014年，除了散装商品、危险货物及保障外，对《法检目录》中的出口工业产品不再实施口岸查验，据此减免收费1.8亿元。口岸通关效率的提高，也使企业和民众真正受益。2014年，德宏州瑞丽口岸接受667家企业共28792份无纸化报关单申报，占该年无纸报关单总量的75.9%。根据2015年7月瑞丽重点开发开放试验区综合办公室提供的数据，瑞丽试验区三个海关平均无纸化通关率已经达到90%以上，在关、检合作"一次性报关、一次性报检、一次性放行"的"三个一"改革试点中，人车最快 15 秒即可通关。数据显示，在崇左口岸，由于通关效率的提高，企业办理查验等候时间减少 50% 以上，其中凭祥海关平均海关作业时间仅为 0.14 秒，跃居广西第一，24 小时作业完成率达 99.89%。

第三，口岸建设对进出口贸易的托举作用得到充分显示。崇左市进出口产品由小规模向大规模、由单一向多元、由低价值向高价值、由生活用品向生产设备的方向转变，形成纺织品、机械设备、汽摩零配件、水果、坚果、红木、冷冻产品多类产品规模化进出的格局。2014 年，崇左市机电产品出口 59.44 亿美元，同比增长 82.25%，占当年广西机电产品出口的 55.35%；纺织品原料及制品出口占 51.66 亿美元，同比增长 1.9%，占当年广西纺织品出口的 95.29%；农副产品出口 7.05 亿美元，同比增长 21.05%，占当年广西农副产品出口的 33.74%。由于口岸功能的发挥，崇左市已经形成包括红木家具、五金机电、纺织服装、水果蔬菜、中草药、矿产品在内的六大贸易集散市场。

第四，口岸建设对地方经济起到一定的支撑作用。2014 年，边境贸易提供给广西龙州县提供的财政收入达到 1.11 亿元，占财政收入的 13.32%。而且，口岸建设带动地方特色优势产业发展。广西龙州县由于水口口岸的建设，推动坚果加工、粮食加工、海产品加工、中草药加工、跨境红色旅游、甘蔗跨国合作种植六大特色产业发展。2011 年以来，该县先后引进加工型企业 11 家，总投资 11.65 亿元。由于加工工业的发展，2008 年以来经由水口口岸进口的腰果及其他坚果进口总量年均增长 20% 以上。

第五，口岸建设给周边民众带来了明显的经济实惠。口岸建设规模的扩大，拉动了沿边地区的建筑业、运输服务业、装卸服务业、餐饮住宿业等产业的发展，使许多边民分享到口岸建设的成果。边境经济合作区的建设，还增加了沿边地区劳动密集型产业的就业。除此之外，口岸相关的发展带动了城镇化进程。以广西水口镇来说，由于口岸建设带动，外来流动人口已经达到 2000 多人，已经与本地常住人口持平，扩大了对城镇基本功能的需求。当然，在口岸功能发挥中，社会大众既是参与者，也是受益者。早在 2000 年，有关专家就在调研中发现，云南边境贸易的扩大，使一些原本贫困的沿边区域快速脱贫①。在口岸功能发挥过程中，水口镇所在的龙州县利用边民互助组开展互市贸易。2015 年 1~6 月，龙州县利用边境口岸完成互市贸易 75.22 亿元，同比增长 95.57%，边

---

① 朱振明.云南与邻国的边境贸易及发展［J］.云南社会科学，2000（6）.

民通过互市贸易人均增收 1200 元左右。不少边民通过购买运输车辆参与边境互市贸易，较大幅度改善了生活条件。

第六，周边国家也逐渐重视口岸建设。口岸建设形成一定的外溢效应，也得到周边国家的认可。由于中国与周边国家的贸易占各国贸易份额的比重较大，越南、老挝、缅甸等国也都效仿云南和广西，日益重视口岸建设，并且在各相关口岸建立起园区，希望吸引中国的投资，扩大与中国的贸易往来。比如，缅甸借鉴云南省口岸建设的经验，积极推动与我毗邻地区的口岸建设。2007 年，缅甸参照瑞丽姐告口岸"境内关外"模式设立总面积 300 余平方公里，由商务部直接管理的特殊经济贸易区，海关等联检部门后撤到离边境 14 公里的 105 码区域，赋予与仰光口岸相同的对外贸易审批管理权限。2012 年，缅甸借鉴瑞丽试验区的做法，对包括腊戌、木姐、九谷、南坎四个行政区的木姐地区实施一体化开放开发。木姐已经成为缅甸最开放最发达的区域，有"缅甸深圳"之称。越南在越中边境邻接广西的口岸相继建立起芒街口岸经济区、谅山省同登口岸经济区、高平省驮隆口岸经济区，在邻接云南的方向建立起老街口岸经济区。经过多年的发展，这些口岸经济区发展成绩斐然，一些园区原有的规划面积已经不能满足经济发展的需要，面临进一步扩容压力。多年来，在沿边开放过程中越南获得了口岸建设的好处，也进一步重视加强口岸建设。

五、边境口岸建设的现实障碍与不足

笔者调研发现，云南、广西边境口岸建设也存在着一些障碍与不足，不能完全适应"一带一路"建设的需要，需要在深化沿边开放中加以弥补。

第一，口岸建设和发展受国外政治环境的较大影响。在沿边口岸建设与发展中，中国与一些周边国家存在领土争端、一些国家内部存在长期的民族矛盾，当此类矛盾激化时，率先受到影响的就是中国沿边口岸。比如，云南、广西毗邻东盟多国尤其是金三角，这一区域历史矛盾与冲突长期存在。复杂的地缘政治环境，对云南、广西的口岸建设造成一定影响。比如，2011 年 10 月发生的湄公河惨案、2013 年以后缅甸中央政府与克钦族冲突、中越之间南海岛屿之争等，都对云南、广西的口岸建设造成一定的冲击。近年来，云南省的第一大贸易伙伴缅甸政局动荡，缅北战事致使边贸企业陷入停滞状态。2015 年 1~5 月，云南口岸出口额为 45.8 亿美元，同比下降 31.8%。根据云南省商务厅提供的数据，2015 年 1~5 月，云南对缅进出口额仅 18.7 亿美元，同比下降 25%，其中边境州市影响最大，德宏州下降 73%，保山市下降 48.3%；怒江州下降 45.8%；临沧市下降 50.9%。

第二，部分口岸及互市贸易点基础设施落后。中央政府加大了对一类口岸建设的支持力度，一类口岸的基础设施和日常维护、水电等费用可以得到保障，但二类口岸的建设缺乏国家政策支持，地方政府的财力有限，对二类口岸建设的投入也不足，从而影响到二类口岸的建设，导致一类、二类口岸建设存在较大差距。当然，即使是一类口岸，一些口岸也存在着建设资金不足的现象。在调研期间，地方政府反映，广西水口口岸联检大楼配套资金尚缺 1200 万元，验货场综合楼、仓库等建设缺乏资金 1000 万元，水口二桥联检楼及配套设施建设缺乏资金 5 亿元。至于二类口岸，差距就更大。广西崇左硕龙口岸的口岸封闭工程、口岸验货场、检验检疫查验区、检疫货物处理区、检验检疫生活用房、边境检查站营区搬迁建设、联检部门现场查验设施等建设资金配置都存在较大缺口。除此之外，一些边民互市点的水、电、路等基础设施落后，互市点配套设施不完善，有些地方基础设施还远远没有达到规范要求，有些地方甚至没有正规的、固定的市场和仓储场所，离海关监管标准化要求相去甚远。在广西，只有 36% 的边贸互市点完全正常开展互市贸易，口岸开放力度不能满足边贸需求。在广西，除友谊关、防城港、梧州等少数口岸外，广西的大多数口岸尚未建设电子口岸，科技通关水平相对较低。

第三，沿边口岸交通物流体系存在一定制约因素，降低了商品与人员的集疏运效率。云南、广西边境连接口岸与外界沿边公路等级较低，路况较差，进出口岸速度较为缓慢；仓储装卸能力低，配套设施不齐全，配套管理措施不完善，制约了口岸吞吐能力和通关速度。云南的物流成本较全国其他省份明显偏高，德宏州处于云南西陲，距离省会城市昆明相对较远，口岸向外延伸的高等级道路相对较少，影响到口岸功能的发挥，也影响了云南经济的发展。在云南德宏，连通缅甸的中缅陆水联运大通道推进中还存在很多困难，瑞丽—皎漂公路与铁路建设尚未正式启动，龙瑞高速、大瑞铁路建设地方承担部分压力巨大。再如，广西东兴、水口两座界河桥已被界定为危桥，尤其是东兴市目前唯一的口岸通道是 20 世纪 50 年代兴建的中越大桥，桥面双向两车道，通过能力十分有限。广西的水口口岸虽为国家一类口岸，但是未通高速公路和铁路；龙州—水口—崇左的航道疏通工程还未实施；宁明爱店口岸缺少专门的综合市场，进出境货物临时储放在居民住房中，不利于联检部门管理和监控。此外，还有一些边贸口岸没有实行人货分流，功能难以满足边贸需求。

第四，口岸发展的产业带动功能发挥不够。沿边地区的对外开放优势没有转化为带动经济更好发展的产业优势，口岸更多地体现为通道功能，而没有体现为沿边地区产业规模小而散、结构不合理、体系不健全、产业竞争力薄弱，对于经济发展形不成支撑。比如，广西边境地区贸易的 70%以上为省外货源①②，本地口岸更多地表现为通道经济。2014 年，全国各地经广西口岸出口到东盟的货物总值 1630 亿元，其中广西区外货源 1374.5 亿元，同比增长 51.5%，占经广西口岸出口到东盟货物总值的 84.3%。广西本地出口商品集中于化纤制品、水果、农产品等初级原材料，大多为劳动密集型和低技术含量且附加值低的初级加工制成品，互市贸易进口商品仅为生活用品，边民受益面窄。

第五，口岸之间存在着一定的盲目竞争因素。口岸资源的合理有序利用，是发挥口岸建设效率的关键。但在云南和广西内部，由于缺乏合理分工，沿边地区的口岸之间还存在着明显的不正当相互竞争，导致资源与要素的不正常流动。比如，同为云南的口岸，临沧口岸边民互市区对进口产品不收税费，导致原来由德宏州进口的豆类、水果、水产品等产品转向临沧口岸。

第六，地方配套支持口岸建设的能力较弱。以云南省来说，口岸和监管场所的增加与扩大，口岸运行维护费用已经从"十二五"初期占经费总额的 15%提高到近两年的 25%，但口岸建设专项资金总额却一直维持在 2.2 亿元，口岸建设专项资金与日益增长的需求相比显得捉襟见肘。在调研中发现，一些地方因为财力不足，存在滞拨、欠拨、挪用、挤占配套资金的现象。在大部分情况下，从国家层面上拨付的建设资金通常能够到位，而地方政府的配套资金往往不能及时到位，影响到口岸建设项目的实施。云南、广西的经济发展水平相对落后，地方政府的配套资金往往不能落实。2014 年德宏州地方财政自给率只有 25.5%，有限的财政资金主要用于供养人员。比如，畹町口岸芒满通道"一关两检"基础设施项目，所申请的边境地区转移支付口岸建设项目专项资金 1163 万元，发改委项目补助资金 1200 万元，都得到支持。但是，规划中的地方配套资金，涉及土地征收成本及搬迁企业补偿费用，市委市政府却未确定下来，直接影响到项目的实施。广西宁明县爱店口岸相关基础设施建设需要 200 亩土地，但是，爱店镇每年用地指标只有 15 亩，远远满足不了口岸建设的需要。

第七，与我国相邻国家的口岸建设比较落后，制约了我国口岸功能的有效

① 宋周莺，车姝韵，王姣娥，郑蕾. 中国沿边口岸的时空格局及功能模式［J］. 地理科学进展，2015（2）.

② 韦朝晖，张蘅. 发挥口岸优势 增强开放活力［J］. 广西经济，2014（4）.

发挥。云南、广西相邻的国家越南、缅甸、老挝都是不发达国家，政府向口岸投入相对有限，导致口岸基础设施建设落后于我国，也影响到我国口岸功能的发挥。云南南伞口岸已经完成从二类口岸向新开一类口岸的转变，但是对面的缅甸口岸却未实现同等转变，口岸功能混杂、基础设施建设落后局面比较突出。与广西硕龙口岸比较，对面的越南里板口岸也有同样特征。虽然硕龙口岸没有铁路和水路运输路线，但直通硕龙口岸的有省道，并有崇左至靖西的高速公路就近穿过。相比之下，对面的越南里板口岸不仅基础设施较差，口岸监管配套设施落后。而且口岸与外界联系方式落后。里板口岸连接越南高平省下琅县的公路等级较低，仅相当于我国四级泥沙路标准，交通通行能力相对较差。另外，一些国家管理标准不一，限制了我国口岸畅通贸易功能的发挥。

第八，一些边境口岸还未实现双向相互对等开放。以云南来说，尽管我国与缅甸之间在姐告—木姐、畹町—九谷、章凤—雷基、猴桥—甘拜地实现了口岸间的相互开放，促进了贸易往来。但其中一些口岸之间开放程度不一，影响了双方口岸间的合作。比如，缅甸的雷基口岸是国际口岸，而我国的章凤口岸只是二类口岸，双方之间的开放程度不对等。广西的水口口岸尚未升格为向第三国人员开放的国际口岸，而与水口口岸相对的越南的驮隆口岸却已经完成升格审批手续。另外，还有一些口岸还未实现相互开放。比如，云南与缅甸之间的盈江—拉咱、片马—大田坝等口岸至今没有正式开通。

第九，跨国口岸及口岸与腹地之间的货运畅通还存在管理制约因素。老挝在限载方面的要求就低于中国，使得中国运输车辆到达老挝以后，往往因为超载因素，而受到严厉处罚；限载方面管理尺度的国家间差异，在中缅之间也有所表现。① 在周边一些国家的口岸，存在通关政策信息不透明，检查手续烦琐、通关时间长等因素，甚至部分路段存在重复收费现象；有些国家的边境口岸执行双休日和节假日休息制度，在此期间通过需要付出较高通过费用。不过，越南曾经多次提出，中越双方口岸在部分时段通关时间不一致，不利于人员或货物进出，要求广西延长通关时间。

值得注意的是，口岸管理的一项重要工作是安全管理。多年来，口岸在促进经济发展中的作用比较突出，但是个别口岸的安全管理也值得加强。多年来，从泰国、缅甸地区毒品经过我国沿边边境入口，通过深圳、香港进入东南亚和美国，成为著名国际贩毒通道。我国政府一直加强对这一毒品通道的打击力度，

---

① 张丽君，郑妍. 云南边境对外贸易的成就、问题与对策研究［J］. 中央民族大学学报，2014（2）.

几乎年年都有毒品查获。但是，国内外贩毒势力还是不断变换伪装，千方百计通过沿边口岸进入我国，给口岸建设和管理带来巨大压力，也带来社会安全隐患。

六、应切实重视边境口岸建设

大力发展口岸经济，切实加强口岸建设，对于沿边省区全面建成小康社会，促进沿边地区经济社会发展、对于持续推动"一带一路"建设具有重要意义。2015 年 5 月，国家海关总署已经明确了，要在"一带一路"建设中"畅顺大通道、提升大经贸、深化大合作"，并出台了 16 项措施，明确了统筹口岸发展布局、创新口岸管理模式、推进国际物流大通道建设、促进海上运输通道建设、推动口岸管理相关部门信息互换监管互认执法互助和推进"一带一路"区域通关一体化改革等一系列重要举措。云南、广西处在"一带一路"建设前沿，两省区都对加强口岸建设有着深刻认识。围绕云南的口岸建设，云南主管部门已经提出，要把云南的口岸建设成"我国向西南开放重要门户的基本支撑；我国沿边开放试验区和西部地区实施'走出去'战略先行区的必由路径；西部地区重要外向型特色优势产业基地的关键节点；我国重要生物多样性和西南生态安全屏障的坚强前哨；我国民族团结进步、边疆繁荣稳定示范区的重要保障"，明确了要把口岸建设与国际大通道、边境通道和边民互市点建设有机结合，与促进边疆民族地区经济社会发展等有机结合，搭建起全面对外开放口岸平台，提升云南沿边开放水平。在口岸建设方向上，提出"促铁、拓水、稳空、优陆"的思路。具体地说，就是大力促进铁路口岸建设、积极拓展水运口岸、稳步发展航空口岸、优化设置沿边陆路口岸[①]。云南省人民政府进一步提出[②]，到 2020 年，力争云南口岸开放数量突破 30 个，全省进出口额突破 400 亿美元，口岸货运量突破 5000 万吨，口岸出入境人员突破 8000 万人次，出入境交通工具突破 1000 万辆，云南省实现由口岸大省向口岸强省的转变。

广西壮族自治区提出建设目标是，与全国同步建成小康社会，基本建成面向东盟的国际大通道、西南中南地区开放发展新的战略支点、21 世纪海上丝绸之路与丝绸之路经济带有机衔接的重要门户，并且提出，要"推进南宁—新加

[①] 资料来源：云南省口岸办，云南省"十三五"口岸发展规划意见，2015 年 2 月 28 日。

[②] 储东华，熊艳. 开放的窗口辐射的平台——24 个口岸添彩"一带一路" ［J］. 创造，2015 (11).

坡经济走廊、文莱—广西经济走廊合作，积极融入中国—中南半岛国际经济走廊，建设贯通我国西部地区与中南半岛、衔接'一带一路'的南北陆路新通道"；"实施沿边经济带开发开放规划，大力推进重点开发开放试验区、沿边口岸、边境城镇和跨境经济合作区等建设"。

加强口岸建设，有利于"一带一路"目标的实现。一带一路沿线的人口占全球的63%，经济规模占全球的1/3，"一带一路"沿线口岸的货物与服务贸易占全球的比重达到23.9%[①]，经济存在着巨大增长空间，而通过口岸提升贸易联系功能有巨大潜力。通过口岸建设，促进大口岸、大通道、大枢纽的形成，可以更好地提高国家之间的资源与要素交换能力，提高口岸的吞吐功能，促进国家之间的经济分工与合作；可以强化口岸的节点作用，更集约使用通道资源，推动地区生产要素的集聚与疏散，加快资源流动与重组。

加强口岸建设，有利于促进沿边产业基地的发展。沿边口岸具有离邻国距离最短，可以低成本地利用邻国资源，又可以结合本国的优势资源，实现较好的资源与要素组合，建设具有竞争力的产业基地。加强口岸基础设施建设，还可以降低产业基地的建设成本。根据 Jeffrey Cohen 量化了目标研究区域与相邻区域产业的口岸成本与收益，用于评估基础设施建设在制造业生产与就业中的作用。研究发现，随着口岸基础设施的增加，目标区域的制造业成本降低；但是随着相邻口岸基础设施的增加，目标区域制造业成本会上升。在云南、广西各类口岸的调研中发现，主要口岸在基础设施建设达到一定程度时，地方政府会高度重视建设加工型产业基地。由于边境地区以往的产业过于偏重于农业、资源输入、贸易流通业，制造业基地的扩张对于优化结构，改善产业布局形态，提高产业集聚效益有积极意义。

加强口岸建设，有利于实现兴边富民的政策理想。面对全面建成小康社会的要求，沿边地区具有以开放加快发展的迫切性。尤其是，要在2020年如期实现脱贫目标，更需要以扩大口岸开放促进民生改善。反观云南、广西的沿边地区，都是典型的不发达地区。云南是全国贫困人口数量居于第二的省份，边境地区25个县的经济发展程度普遍落后于云南省也落后于全国平均水平，在25个县中有22个县是国家和省级贫困县。2013年全国人均GDP为41907元，云南省人均GDP为25083元，而25个边境县的人均GDP只有17355元，仅为全省平均数的69.19%，全国平均数的41.41%。2013年云南省人均公共财政收入

---

① 沈进建，陈家勤. 全面开放"一带一路"沿线口岸与各国打造命运共同体［J］. 全球化，2015（7）.

为 6349.34 元，而 25 个边境县的人均公共财政收入只有 2491.76 元，相当于全省平均数的 39.24%。广西的情况大同小异。2014 年底，广西拥有 538 万贫困人口，也是全国贫困人口数量居前的省区。2014 年底，8 个陆地边境县（市、区）人均 GDP 为 25728 元，为全广西人均 GDP 的 77.46%；人均财政收入 2805元，为广西全区平均水平的 61.67%。截至 2014 年底，广西的 8 个边境县（市、区）仍有 49 万多人口未脱贫。崇左市边境地区的贫困村 157 个，占全市 287 个贫困村总数的 54.7%；沿边地区贫困人口 25.75 万人，占全市贫困人口 45.56万的 56.52%。口岸建设规模的扩大与口岸功能的增强，可以增强区域的自主发展能力，促进工业化与城镇化进程，促进贫困地区的脱贫致富。

推动"一带一路"建设，将加强中国与亚欧非大陆其他国家之间的经济联系，促进在全球更大范围实现互利共赢，共同打造包容、互惠的命运共同体、利益共同体和责任共同体。抓住"一带一路"建设机遇，加强沿边口岸建设，有助于提高"一带一路"建设效果，实现"一带一路"成果更好地惠及沿边地区民众，助推沿边地区全面建成小康社会的目标实现。

七、进一步推动边境口岸建设的政策建议

根据在云南、广西两地沿边口岸的调研结果，提出以下若干政策建议：

第一，把沿边口岸建设纳入重要发展建设规划。在"十四五"国民经济与社会发展规划、西部大开发规划、兴边富民规划以及改革开放的相关规划中，都把沿边口岸建设作为重要内容，加强各类规划之间的衔接。笔者也希望，有关方面能够从国家层面制定沿边口岸建设与发展规划，对沿边地区的口岸建设进行总体谋划，并科学配置口岸建设的政策资源，通过实施规划强化口岸建设，发挥口岸对"一带一路"的支撑作用。在中央政府的口岸建设规划中，应就口岸建设的规模标准、装备设施配置、机构编制、投资来源、运行维护费的分担等，制定管理规范和实施细则。比如，可以把德宏州、崇左市作为跨国经济走廊建设的中方先导区，纳入"一带一路"、沿边开放、经济走廊建设的相关规划，予以扶持。

第二，重视增强口岸与腹地之间的联系功能。建议在兴边富民等规划中，把政策覆盖范围从县级辖区扩大到市、州一级区域。这样，市州一级政府可以为口岸建设足够的配套资金，市州一级广大行政区域可以为边境口岸提供更充足的可贸易货源；同时，沿边口岸建设的辐射范围可以扩展到更远地区，促进

大区域范围一般贸易、补偿贸易、加工贸易等形式的分工，使口岸经济的外溢效应惠及更广泛区域。与此同时，要加强口岸与市州范围内城市和城镇之间的合作，以积极的口岸建设推动城市经济发展，以活跃的城市经济促进口岸繁荣。

第三，加强口岸建设管理资金多渠道融通。在国家保增长扩大政府建设项目中，应该重视建设供需缺口较大的口岸基础设施建设。一方面，对于经济贫困的县区，提高中央政府和省级政府财政支持的力度，减少甚至取消当地政府向口岸建设的配套资金。另一方面，可以在口岸建设的一些领域，开放民营资本进入的渠道，既扩大口岸建设的资本总量，又在口岸资本多元化中提升口岸建设和管理效率。在发达地区、中央部委对沿边地区建设的援助中，可以把口岸建设作为援助的内容之一，加快口岸建设的步伐。

第四，更加重视口岸基础设施建设。口岸基础设施建设先行，是口岸运行的基础和前提，需要在口岸建设中注意完善海关、检验检疫、边防检查、贸易仓储、园区管理等方面的基本功能。加强口岸基础设施建设，需要多渠道投入口岸查验设施，配强口岸各类查验设施，配备孔道电子监控设施，建设生物及有害物质监测实验室，改善查验设施条件，提高安检技术水平，增强预防恐怖事件能力。与此同时，重视推进口岸电子化、智能化建设，按照"共建、共管、共享"的原则，促进口岸不同部门间的到网络互联、数据互通、资源共享，实现对进出口货物、交通工具、集装箱、旅客及口岸服务单位的数据采集、电子监控和电子放行，提高口岸的信息管理水平。

第五，加强口岸之间的分工协作。适应现代市场经济发展的需要，促进口岸之间的良好分工，可以根据口岸与"一带一路"跨国走廊之间的关系、口岸与腹地之间的经济联系、口岸与所在城镇之间的支撑关系，可以把口岸划分成核心口岸、重点口岸、一般口岸等类型，对各类口岸分别进行建设，要避免口岸建设规模大型化、趋同化的趋势，既避免口岸建设规模过大导致资金不当沉淀，同时又避免口岸建设满足不了通关需求。应加强口岸之间的分工合作，合理界定综合口岸和专业化口岸。核心口岸和重点口岸都带有综合性口岸的性质，应发挥其多样性特点，突出口岸在引导跨国贸易、人员交流的主导作用；而一般性口岸应该突出特殊作用和专业性，更好地促进口岸向同行特定行业、特定贸易品的方向发展。

第六，进一步加强口岸管理。完善口岸申报通道、无申报通道、"绿色通道"体系，推动有条件的口岸实施"人车分流、客货分离"。深入实施关检"三个一"联合通关改革，加快推行"提前报关、提前报检、实货放行"、"集中申报、分类查验"、旅游购物离境退税、旅检现场一机两屏等监管服务模式，积极探索跨关区、检区"三个一"试点，探索实施园区与口岸双向联动通关模式。要在更大范围协调口岸之间的管理关系，推动区域通关一体化。增加口岸联检工作人员，解决管理人员不足的矛盾。

第七，加强跨境基础设施的互联互通。中国与东南亚各国在铁路建设规范上存在着米轨与准轨的差距，积极推动昆明—瑞丽—缅甸木姐—曼德勒—皎漂—孟加拉国吉大港—达卡—印度加尔各答铁路和高等级公路建设；中缅陆水联运大通道陇川县—缅甸八莫县的高等级公路改造；推动泛亚铁路建设；推动中缅跨境通信信息网络建设。通过跨国基础设施建设方面的互联互通，争取早日形成相互间快捷、安全、高效和各种运输方式布局合理、优势互补、分工明确、衔接顺畅的区域性国际大通道。应该发挥亚洲基础设施投资银行、金砖国家开发银行和丝路基金的作用，扩大基础设施互联互通资金的规模。在对外援助中，可适度注重互联互通通道建设的援助。

第八，完善跨国口岸经济合作的机制与政策。加强与周边国家之间的政府合作，规范跨境经济合作区管理，按照"两国一区、协同监管、境内关外、封闭运行、政策优惠"的经济合作新模式，建设跨境经济合作区。比照中越合作模式，尽快完善中老、中缅之间的口岸合作机制。加强与缅甸方面的协商，签订瑞丽—木姐跨境经济合作区建设谅解备忘录；尽早商签中缅两国实施《大湄公河次区域便利货物及人员跨境运输协定》备忘录；推动畹町口岸芒满—缅甸木姐通道常态化开放；协调有关部门解决中缅边境持护照通行问题；鉴于北汽集团已经在德宏州投巨资建设年产15万辆乘用车项目，建议有关部门协调缅方允许从德宏州陆路口岸进口乘用车辆，并协调有关部委批准畹町口岸为整车出口口岸。在边境口岸管理、口岸基础设施之间的联通、口岸与腹地之间的物流通道建设等方面，加强国家之间的协调，促进跨境贸易多式联运比重，推动公铁联运、铁海联运、江海联运、陆空联运，降低跨境口岸之间的物流成本，保持口岸之间的贸易畅通和管理高效。

第九，创造有利于口岸发展的良好环境。要规范国家对口岸建设的管理，通过深化改革规范口岸开放程序、验收层级与权限，减少审批范围，下放临时开放口岸的审批权限，激活口岸建设活力。要明确中央对口岸建设的政策支持。比如，可以考虑把瑞丽、畹町口岸作为边境口岸管理和通关改革试点口岸，加大德宏电子口岸建设的项目、资金支持力度；加快开放芒市口岸机场并支持开通德宏至缅甸、印度、泰国、孟加拉国的国际航线。

第十，加强口岸建设的理论研究。口岸建设的庞大需求，提出了加强口岸建设理论研究的重大命题。许多问题在实践中被提了出来，需要理论工作者加以研究和回答。比如，一些地方政府以周边国家重视口岸建设为由，希望我国比照执行相关政策。比如，越南规定国家年财政预算投资口岸建设不低于所在地当年财政收入的50%，边境自由贸易示范区内所征关税的50%返还用于区内基础设施建设；区内企业可享受个人和企业所得税"三免五减半"等一系列优惠政策等。应该说，各个国家开放时间先后不同，口岸建设基础不同，口岸基础设施满足需求的差异程度不同，采取各自不同的政策有其国情。比较起来，我国的沿边地区口岸建设状况虽然落后于沿海发达地区的口岸建设，存在某种程度的梯度差；但是与周边国家的口岸建设状况相比，我国沿边地区的口岸建设水平明显较高，口岸设施的先进程度、完好程度好于周边国家的口岸，中外之间也存在一定程度梯度差。对我国沿边口岸与周边国家的口岸通行比较，我国口岸通行能力、查验能力、过货速度等指标好于周边国家的口岸。所以，周边一些国家包括越南正在以我国作为参照系，采取特殊政策来缩小与我国的口岸建设差距，十分合情合理。但如果我们把越南等国家采用的特殊政策用于我国的口岸建设，却有点邯郸学步，很不恰当。

参考文献

［1］沈进建，陈家勤. 全面开放"一带一路"沿线口岸与各国打造命运共同体［J］. 全球化，2015（7）.

［2］本报"一带一路"调研报道组. 全国陆路最大口岸打造"一带一路"战略支点［N］. 上海证券报，2015-8-21.

［3］娜仁图雅，魏泽瀚. 融合"一带一路"战略，助力中蒙俄经济走廊——基于二连浩特口岸的分析［J］. 宏观经济管理，2015（10）.

［4］王博. 丝绸之路经济带推进中的口岸建设问题［J］. 黑龙江民族丛刊，2015（2）.

［5］张丽君，张珑，李丹. 口岸发展对边境口岸城镇发展影响实证研究［J］. 中央民族大学学报，2016（1）.

［6］张丽君，郑妍. 云南边境对外贸易的成就、问题与对策研究［J］. 中央民族大学学报，2014（2）.

［7］张丽君，时保国等. "一带一路"背景下的中国陆路口岸［M］. 北京：中国经济出版社，2017.

［8］涂裕春，刘彤．民族地区口岸经济发展预判——基于"一带一路"建设的分区域类型研究［J］．西南民族大学学报，2016（1）．

［9］Jeffrey Cohen，Kristen Monaco. Portand Highways Infrastructure：An Analysis of Intra-and Interstate spillover［J］. International Regional Science Review，2008，3（31）：257-274.

［10］方冬莉，李红．开放条件下的边境口岸经济：一个文献综述［J］．经济问题探索，2011（12）．

［11］张义伟，李发．云南边境口岸分析［J］．红河学院学报，2014（4）．

分报告之四：关于边境经济合作区建设的研究报告

1992 年初，中国改革开放总设计师邓小平南方谈话掀起了新一轮改革开放热潮。从 1992 年开始，中央政府在沿边地区建设一批边境经济合作区，推动沿边的对外开放与经济发展。经过近 30 年的努力，边境经济合作区得到壮大和发展，一定程度上显示出沿边开放的成效。

在党中央一再贯彻落实新发展理念，推动沿边进一步开放的背景下，更需要发挥政府与市场的作用，动员社会各方凝心聚力，形成支持边境经济合作区规模扩大与转型升级的强大动力，以边境经济合作区的发展带动沿边进一步发展，是"十四五"时期兴边富民的重要工作任务。

一、开发区发展演变的全球趋势

在全球经济不断做大做强的过程中，一种典型的发展趋势是，开发区模式成为主流形态。根据 OECD 的总结，开发区可以分为四类：自由贸易区、出口加工区、特殊经济区、专业投资区（见表 5-1）。由于开发区的建设，能够同时满足政府与企业参与方的需要，带来较好的经济与社会价值，所以全球经济的发展模式逐渐由分散型经济向"开发区经济"转变。

表 5-1　主要开发区类型与功能特征

类型	基本特征
自由贸易区（Free Trade Zones，FTZs）	设置围栏，免税区域，提供仓储存储，分布式贸易设施，具转运功能，拥有再出口业务

续表

类型	基本特征
出口加工区（Export Processing Zones，EPZs）	确定工业地产，吸引出口导向型投资，投资覆盖到制造业的较广范围
特殊经济区（Special Economic Zones，SEZs）	覆盖较大范围甚至整个城市作为特殊经济区范围；常常覆盖工业和服务业等领域，面向国内国外市场；有税收刺激和管理激励等政策工具；允许就地安置
专业投资区（Special Zones/Investment Zones，SZs）	专门针对某种特定类型的专业化园区，如科技园区、石化园区、物流园区、航空园区等；对于非优先性脱离规划中的专业化产业会进行限制，基础设施建设会配套专业化部门

资料来源：OECD（2010）。

通常而言，相对于其他区域经济形态，开发区经济的优势比较明显。这就是，可以集约使用生产要素与资源，带来较高的产出效率。第一，开发区经济可以在小区域范围集中配置基础设施，让更多的参与企业共享，也就是中国常常提到的"七通一平"甚至"九通一平"。在基础设施集中建设中，平均单个企业的基础设施配置配套成本较低。第二，可以形成开发区内的产业集群，促进专业化产业分工与合作，并完善产业配套。第三，可以形成共享的开发区文化，在开发区"社区"范围，企业、员工可以相互管理经验甚至技能技巧，形成开放、共享、合作的发展氛围，有助于企业与员工分享信息，提高自身能力。开发区内的人员流动与管理竞争，都倒逼企业和员工不断提升自身能力。第四，有助于政府加强开发区内企业管理。与分散型经济管理模式相比较，开发区内政府对企业的管理在地域上高度集中，方便政府管理，节约管理成本，可以便利地收集到企业发展的广泛信息。第五，有助于园区污染的集中处置与治理。

自开发区模式诞生以来，就受到各国政府的欢迎，成为全球区域经济的流行趋势。根据联合国贸发会议（UNCTAD）提供的数据，1975年，全世界只有29个国家拥有开发区，开发区的数量也只有79个，平均每个国家只有不到3个；到1996年时，全世界已经有73个国家建立了开发区，开发区的数量增长到500个，平均每个国家拥有的开发区增加到接近7个；到2018年时，全世界拥有开发区的国家增加到147个，兴办的开发区数量增长到5400个，平均每个国家拥有的开发区数量达到近37个（见图5-1）。

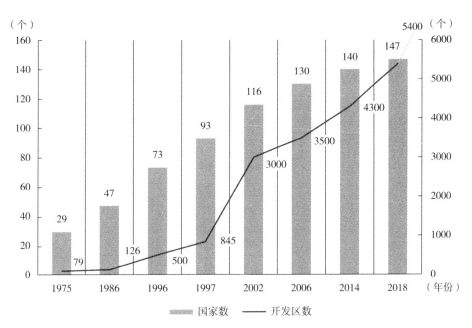

图 5-1　1975~2018 年拥有开发区的国家数量与开发区数量双趋势

资料来源：UNCTAD（2018）。

　　全球各个国家基于经济发展的需要，对开发区的重视程度基本趋同。亚洲是全世界经济增长最快的一个区域，同时也是全世界园区建设最积极的区域。2019 年，包括菲律宾、印度、土耳其、泰国、韩国、阿联酋、马来西亚、缅甸、柬埔寨 9 个国家建设的园区就多达 1287 家（见图 5-2），成为支撑这些国家发展的重要动力。而根据联合国贸发会议的数据，到 2019 年时，中国自身建设的园区数量就多达 2543 家，接近上述 9 个国家的 2 倍，是亚洲也是全球开发区数量最多的国家。

　　当然，在学术界层面，不同学者进行的开发区划分是存在差别的。如表 5-2 所示，Zeng Zhihua 曾把各类园区都归类于特区，划分出 7 类经济特区（Zeng Zhihua，2017）[①]。但是，也应该指出的是，这些区域大多数是园区型。正如 Zeng Zhihua 所指出的那样，在国内，经济特区是以城市甚至省的形式存在。

　　[①]　Douglas Zhihua Zeng，Special Economic Zones：Lessons from the Global Experience，2017.

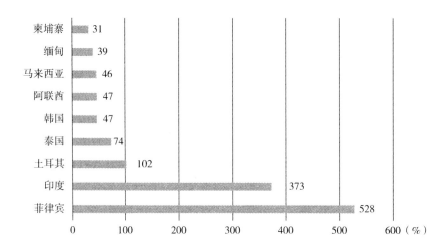

图 5-2　2019 年亚洲部分国家建设的园区数量

表 5-2　经济特区 SEZ（Special Economic Zone）的类型划分

名称	主要特征
自由贸易区	商品免税区，用于贸易、仓储、再出口等
出口加工区	主要面向工业发展，主要包括两类：面向所有工业的综合性（Comprehensive）出口加工区和偏重于个别部门的专业化（Special）出口加工区
综合性经济特区	也称为"多功能经济特区"，区域规模较大，混合了工业、服务业和城市功能。在某些情况下，特区就是指大的城市或者区域，如深圳、海南
工业园（Industrial Park）	主要由制造业基地组成，通常规模不大，但是激励与效率都较高
免税区（Bonded Area）	根据有关规范，免除税收，与自由贸易区不同，免税区受海关法律与行政监管
专业园区（Special Zones）	科技园、石化园、物流园、航空园等
生态产业园区（Eco-Industrial Park）	削减废弃物和改善生态环境，着眼于提高能源和资源使用效率

注：这里的经济特区主要是开发区。

资料来源：Douglas Zhihua Zeng（2017）。

在全球园区发展中，特殊经济区（SEZ）因为能够带来多方面的经济与社会收益而得到政府支持。如表 5-3 所示，这些收益其中一些是直接效应，诸如就业创造、获取外汇、外商直接投资、政府税收、出口增长；另一些收益是间接收益，比如带来技能提升、出口多样化、促进集群发展等。园区经济由于或多或少能够同时实现多方面的直接收益和间接收益，而成为各个国家发展经济的有效地域组织模式，受到各国或者城市政策管理者的欢迎。园区经济其所以能够流行不衰，其组织管理模式的效率是得到一致认可的。

表 5-3　成功 SEZ（Special Economic Zone）项目带来的收益

	直接收益	间接收益
就业创造	√	
获得外汇	√	
外商直接投资	√	
政府税收	√	
出口增长	√	
技能提升		√
广泛的经济改革与民主效应		√
当代技术转移与技术采用实践		√
出口多样化		√
增加国内企业的贸易效益		√
推动集群发展		√
城市与区域开发甚至绿色发展		√

注：这里的经济特区主要指开发区。
资料来源：Douglas Zhihua Zeng（2017）。

联合国贸发会议注意到，因为处于不同发展阶段，不同国家的园区在建设上存在方向性差异（见表 5-4）。在高收入、中上等收入、中等收入和低收入经济体四个类型中，园区在建设内容上、目标上、管理上互有不同。对于那些处于低位等级的经济体来说，应该顺应园区发展的规律性，制定合理的政策目标，采取科学的符合本国本地区实际的发展模式，推动园区经济的结构升级，带动整个国家的经济升级与规模扩大。

表 5-4　特殊园区发展阶梯（development Ladder）

	园区政策目标	流行的园区发展模式
高收入经济体	为发展复合体（Complex）提供有效平台；发展跨境供应链；聚焦于避免恶化经济	物流中心、免税园区；创新与工业革命导向；建设科技园区，没有分离的管理框架
上中等收入经济体	支持转向服务经济；吸引高技术产业；聚焦提升创新能力	技术基础支撑的园区（高技术、研发、生物技术）；专业化地发展高附加价值产业；推动价值链细分（segments）；建设服务型园区
中等收入经济体	支持产业升级；推进 GVC 一体化和升级；聚焦于技术分离与外溢	聚焦于 GVC 密集的专业化园区（如汽车、电子）；服务型园区
低收入经济体	刺激工业发展与分工；在投资环境上弥补弱点；在有限区域范围推动商业改革；集中投资建设基础设施；聚焦直接就业与出口收益	多样化建设的园区；立足于吸引加工企业的以资源为基础的园区

资料来源：UNCTAD。

二、边境经济合作区——影响不大作用不小的第三类开发区

在沿边地区设立开发区是不少国家的共同做法，就是利用沿边的区位优势，建设集贸易与加工于一体的产业园区。在南非，在沿边地区设立的产业园区称为边境开发区（Border Development Zones，BDZs）。而我国设立的同样园区，则称为边境经济合作区（Border Economic Cooperation Zones，BECZs）。边境经济合作区与高新技术产业开发区、经济技术开发区一样，已经成为对国家发展起到一定作用的开发区。

通常，像许多边境地区开放开发一样，边境经济合作区建设也一定围绕以下问题被学术界提及。第一个问题是边境是机遇还是阻碍？在边境经济合作区建设中，首先明确沿边地区的开放是重大的发展机遇而非阻碍。这种开放在大多数情况下都表现为边境两边的双边开放。从中国沿边看，不仅中国的沿边地区对周边国家开放，周边国家和地区也对我国开放，这易于释放资源与要素的供需信息，促进生产要素跨境交流与集聚。因而，边境开放为园区发展提供了难得的机遇。

第二个问题是在境还是跨境？通常在边境地区建设园区的过程中，因为园区设置的区位，可以形成三类开发区：第一类是园区设置与边境线有一定距离，属于境内园区；第二类是边境线上的园区，园区设置在边境线上，边境线一段作为园区的边界；第三类是跨境园区，就是园区设置包括了两个国家各一部分领土。通常，沿边地区的境内园区更为常见。出于利用沿边地区的地理位置优势、周边地区城镇居民区的基础设施和保持园区安全稳定等因素，政府更愿意设置境内园区。边界园区可以更好地利用边境线资源，带来土地节约，但也会带来一定的不安全因素。同时，将园区设置在边界，会因为污染、资源利用等因素，带来两国政府之间的矛盾与纠纷。在大多数情况下，政府设立此类园区积极性不大。第三类跨境经济合作区，通常涉及两个国家之间的合作关系，不是单方面可以决定，建设此类园区需要让渡一定的经济主权。一旦发生纠纷，地方政府解决的能力有限，往往诉诸中央政府，带来较大的谈判协商成本。

第三个问题是区域还是园区？在我国，地区开发的多年实践表明，建设园区是一种好的发展模式。园区发展能够带来资源与要素的集约节约使用，可以有效地引导资本、劳动力与技术在小范围集中，产生集聚经济效果。园区开发是区域开发的最好模式，因而，设立专门园区，可以有效引导资源与要素集中。

边境经济合作区是典型的园区形态，也得到园区发展理论的支持。从区域层面看，Paul Krugman 等提出，一体化可以使国内市场和国内中心地带的作用下降，而边界地区的市场作用提升。假如边界两边的市场合并为一个市场，边界地区的内部市场会因而扩大。如果能够跨边界地区形成产业前向后向联系，可以吸引投资者和消费者进入边界地区，以产业联系带动投资行为与消费行为，促进边界地区的发展。假如国内和国外产业具有垂直一体化特征，则更有助于形成空间集聚，有益于打造边界地区新的经济中心。产业园区是一种能够集成产业发展要素的区域。在边境地区建立的园区，有助于新的经济中心的形成。产业园区集中在城镇外围尤其是主要居民区以外，通过与交通运输设施特别是多个交通运输枢纽、高端通信节点、大容量电力供应设施、水供应中心、燃气供应中心等连接在一起，增加了可进入性和可投资性。通过集中建设基础设施，降低单个企业的基础设施成本；能够在一个小的区域范围吸引新的商业企业进入；由于每个企业分摊基础成本，进入园区获利的可能性增强；由于远离城市尤其是居民区，可以减少因工业发展需要的严格环境要求与社会问题的冲击；能够提供区域化的环境保护尤其是规模化的环境保护设施，可以满足社会对可持续发展的要求。

在边境经济合作区成立之前，我国主要的开发区模式是高新技术产业开发区和经济技术开发区。高新技术产业开发区主要依托于国内大中城市，以产学研结合为主要方向，以高新技术产业、高技术制造业和生产性服务业为主要发展产业，突出产业的技术含量与对市内外先进要素的集成与重组，引领中国产业转型升级与高端化国际竞争。高新技术产业开发区由科技部管理。截至 2018年 10 月，我国国家级高新技术开发区共有 156 个。经济技术开发区也主要依托于大中城市，重视发展符合市场需要的加工制造业与服务业，相对于高新技术产业开发区来说，更加突出外资、外贸发展方向，从其诞生初始就强调技工贸的发展模式。经济技术开发区由商务部主管。1984~1986 年，经过国务院批准，首先设立了 14 个国家级经开区。截至 2015 年 9 月，中国共设立 219 个国家级经济技术开发区。

不过，无论是高新技术产业开发区还是经济技术开发区，都必须以实体经济为主要发展方向。经过多年的发展，高新技术产业开发区与经济技术开发区一片繁荣景象，对国民经济与社会发展的贡献不断增大。一些研究者注意到，经济特区与各类园区是驱动中国经济增长、增加就业、出口和吸引外资的重要平台，对中国经济有重要贡献①。多年来，国家级高新技术产业开发区保持 10% 以上的增长速度。2017 年 156 家国家高新区 GDP 总和为 9.52 万亿元，占我国国内生产总值的 11.5%。2017 年底，高新区实现营业收入 30.71 万亿元，同比增长 9.03%；2017 全年实现税收收入 1.2 万亿元，同比增长 20.1%，占全国税收 8.2%。2017 年，高新技术产业园区已经拥有 4.6 万家高新技术企业，占全国 39.4%。在国务院与地方政府支持下，国家级经济技术开发区也出现突飞猛进的发展。与高新技术产业开发区一样，国家级经济技术开发区已经成为国民经济发展的重要支撑。2018 年，全国 219 家国家级经济技术开发区实现地区生产总值 10.2 万亿元，同比增长 13.9%，增幅高于同期全国平均水平（6.6%）7.3 个百分点，占同期国内生产总值比重为 11.3%。219 家国家级经开区实现财政收入 1.9 万亿元，同比增长 7.7%，增幅高于同期全国平均水平（6.2%）1.5 个百分点，占全国财政收入的比重为 10.6%。实现税收收入 1.7万亿元，同比增长 10.1%，增幅高于同期全国平均水平（8.3%）1.8 个百分点，占全国税收收入的比重为 11.1%。

边境经济合作区是第三类园区。高新技术产业开发区与经济技术开发区不

---

① Douglas Zhihua Zeng. How do Special Economic Zones and Industrial Clusters Drive China's rapid development? World Bank, Policy Research Working Paper 5583（WPS5583）.

同、边境经济合作区位置在沿边地区，不能像内地前两种园区一样利用内地高水平的基础设施，不能利用大中城市与科研院所的创新资源，周边区域不能提供丰富的先进生产要素与资源。这些先天劣势，使得边境经济合作区的发展要远远落后于高新技术产业开发区和经济技术开发区，对全国国民经济的贡献度也远远低于上述两类园区。2017 年，全国边境经济合作区工业总产值达 755.59 亿元，实现税收收入 47.43 亿元，部分边境经济合作区经济总量占到所在城市的 50%以上，对外贸易进出口总额达到了 1053.59 亿元。

不过，人们一般认为，建设边境经济合作区，是我国推动区域经济协调发展的重大举措，是我国扩大和延续对外开放的重要方略。边境经济合作区的设立，对深化我国与周边国家的经济贸易和睦邻友好合作、繁荣少数民族地区经济、推动边疆建设和发展、带动沿边地区居民致富奔小康都发挥了积极性、建设性作用。

三、边境经济合作区发展历程与政策支持

1992 年是开放城市大规模起始之年，也是边境经济合作区建设的元年。这一年，中央批准 14 个边境城市对外开放，并开始批准设立了边境经济合作区。一夜春风吹沿边，园区兴盛更无前。1992~1993 年，珲春、满洲里、黑河、绥芬河、伊宁、博乐、塔城、凭祥、东兴、畹町、河口、瑞丽、丹东、二连浩特 14 个边境经济合作区，就如雨后春笋般密集地建立起来。

此后，在近 20 年时间里，国家没有再批准设立新的边境经济合作区。直到 2011 年 9 月，国务院批准设立吉木乃边境经济合作区，2013 年批准设立临沧边境经济合作区，2015 年批准设立和龙边境经济合作区（见表 5-5）。但是，与 1992 年相比，以后设立的边境经济合作区零星批准。

表 5-5　中国边境经济合作区设立的重大政策决策信息

时间	政策内涵
1992 年 3 月	国务院印发《关于进一步对外开放黑河等四个边境城市的通知》，提出建设边境经济合作区
1992 年 9 月、1993 年 1 月	国务院特区办根据 1992 年 3 月通知精神，批准设立珲春、满洲里、黑河、绥芬河边境经济合作区

时间	政策内涵
1992 年 6 月	国务院印发《关于新疆维吾尔自治区进一步扩大对外开放的批复》，根据批复精神，国务院特区办公室 1992 年 12 月批准设立伊宁、博乐、塔城边境经济合作区
1992 年 6 月	国务院印发《国务院关于进一步对外开放南宁、昆明以及凭祥等五个边境城镇的通知》，根据通知精神，国务院特区办先后于 1992 年 9 月、12 月批准设立凭祥、东兴、畹町、河口、瑞丽边境经济合作区
1992 年 7 月	国务院印发《关于进一步对外开放二连浩特市的通知》，根据通知精神，国务院特区办于 1993 年 6 月批准设立二连浩特边境经济合作区
1992 年 7 月	国务院批准设立丹东边境经济合作区
2008 年	国务院明确商务部为边境经济合作区主管单位
2011 年 9 月	国务院批准设立吉木乃边境经济合作区
2013 年 9 月	国务院批准设立临沧边境经济合作区
2015 年 3 月	国务院批准设立和龙边境经济合作区

资料来源：根据有关资料整理。

除了边境经济合作区以外，中央政府还与周边国家合作，探索设立跨境经济合作区。2004 年 9 月和 2005 年 7 月，我国商务部与哈萨克斯坦工贸部分别代表本国政府签署《中华人民共和国和哈萨克斯坦共和国政府间关于建立霍尔果斯国际边境合作中心的框架协议》《中华人民共和国和哈萨克斯坦共和国政府间关于霍尔果斯国际边境合作中心活动管理的框架协定》。2006 年 3 月，国务院印发《国务院关于中国—哈萨克斯坦霍尔果斯国际边境合作中心有关问题的批复》，2012 年 4 月，中哈霍尔果斯国际边境合作中心正式封关运行。2014 年，商务部与老挝经济特区管委会签署《关于建设磨憨—磨丁经济合作区的谅解备忘录》，2016 年 3 月，国务院印发《国务院关于设立中国老挝磨憨—磨丁经济合作区的批复》。此外，中国与蒙古国、中国与越南、中国与尼泊尔等国家之间就建立跨境经济合作区，都签署有双边政府文件，提出促进建设跨境经济合作区的意向。

但对于边境经济合作区与跨境经济合作区，国家在功能认定与政策支持等方面存在着较大差别。边境经济合作区是中国沿边开放城市发展边境贸易和加工出口的开发园区，其目的是利用沿边城市对外开放的优势，通过发展边境贸易和加工，提升边境城市的产业层次和开发水平，促进沿边地区的开放开发。国家关于边境经济合作区发展的第十二个五年规划明确提出："深化与周边国家经贸合作，进一步扩大和提升沿边开放质量和水平，完善沿边地区互利共赢、安全高效的开放型经济体系，优化、整合和提升区域功能，形成沿边地区参与国际竞争的新优势。"跨境经济合作区是由两个国家甚至两国以上政府批准在边境地区设立的特定开发园区。这类园区通常享受到特殊的财政税收、投资贸易以及配套的产业政策，并对园区内部分地区进行跨境海关特殊监管，往往享有出口加工区、保税区、自由贸易区等优惠政策，其建园目的在于吸引人员、物流、资金、技术、信息等各种生产要素聚集，推动园区产业升级和加快发展，进而通过辐射效应带动周边地区发展。

尽管近些年中央增设的边境经济合作区不多，从 2011 年到现在只有 3 个。但是，在数量不多的前提下，中央出台的支持边境经济合作区建设的政策密集度却相当高（见表 5-6）。在边境经济合作区主管部门由国务院特区办调整到商务部以后，商务部就结合管理国家级经济技术开发区的经验，积极支持边境经济合作区建设，并在土地、金融、税收等方面实行优惠措施。在具体政策执行中，商务部甚至还比照中西部国家级经济技术开发区，实行基础设施项目贷款的财政优惠政策（曲凤杰，2011）[①]。由表 5-6 可见，近年来，在党中央、国务院的高度重视下，国家支持边境经济合作区政策出台的密集度不断提高。2011~2020 年，几乎每年都有新的政策出台，反映了高层对边境经济合作区的高度重视，也透露出中央在边境经济合作区的发展上，并不特别重视数量增长，而是更加重视高质量发展，这与中央在发展国民经济实行的大政方针是完全一致的。

表 5-6　2007 年以来支持边境经济合作区建设的政策文件及主要内容

部门文件与时间点	支持边境经济合作区建设的相关内容
商务部：《关于落实科学发展观构建和谐开发区的指导意见》（2007）	将边境经济合作区纳入开发区管理体系，在政策待遇上趋同于国家级经济技术开发区
商务部：《关于落实科学发展观促进边境经济合作区又好又快发展的意见》（2009）	以"外联内引"为手段加快推动开放型产业向沿边地区转移

---

① 曲凤杰. 建立和完善沿边开放的政策体系［J］. 国际贸易，2011（2）.

部门文件与时间点	支持边境经济合作区建设的相关内容
商务部：《国家级经济技术开发区和边境经济合作区"十二五"发展规划（2011－2015）》（2011）	"积极推进外引内联，深化与周边国家经贸合作，进一步扩大和提升沿边开放质量和水平，完善沿边地区互利共赢、安全高效的开放型经济体系，优化、整合和提升区域功能，形成沿边地区参与国际竞争的新优势，为实现'富民、兴边、强国、睦邻'的战略目标作出新的贡献"
商务部、财政部、国土资源部、住房和城乡建设部、海关总署、国家税务总局：《关于规范和促进边境经济合作区发展的意见》（2012）	提出 10 项支持性政策，其中包括：加大对边境经济合作区符合条件的基础设施建设贷款贴息支持力度；设在西部地区边境经济合作区内的鼓励类产业企业，在 2020 年底前减按 15% 的税率征收企业所得税；赋予边境经济合作区对外商投资道路运输（旅客运输）、国际货运代理、批发等行业的审核管理权限；此外，还就土地管理、海关特殊监管、劳务合作和工程承包以及人员往来便利化等方面提出了鼓励政策和支持措施
国务院：《关于沿边地区开发开放的若干意见》（2013）	"研究在条件比较成熟的沿边地区设立新的边境经济合作区和跨境经济合作区"
财政部：《国家级经济技术开发区、国家级边境经济合作区等基础设施项目贷款财政中央财政贴息资金管理办法》（2013）	对边境经济合作区基础设施建设项目，实行先付后贴的政策，主要项目可以涵盖：道路、桥涵、隧道、污水处理、生活垃圾处理、供电、供热、供气、供水、孵化器、技术支撑平台、标准厂房、节约资源、文教卫生等内容
《国务院关于支持沿边重点地区开发开放若干政策措施的意见》（2015）	在政策文件中，把 17 个边境经济合作区列入国家重点开发开放试验区目录，并提出"继续对边境经济合作区以及重点开发开放试验区符合条件的公共基础设施项目贷款给予贴息支持"
《国民经济与社会发展"十三五"规划纲要》（2016）	加快海关特殊监管区域整合优化升级，提高边境经济合作区、跨境经济合作区发展水平
国务院：《兴边富民行动"十三五"规划》（2017）	"加大对边境经济合作区和跨境经济合作区的支持力度。推动边境经济合作区与东部地区国家级经济技术开发区等各类园区一对一合作，鼓励有条件的边境经济合作区与周边国家开展产业合作，积极有序承接境内外产业转移，推动边境经济合作区加工制造、边境贸易、商贸物流、休闲旅游等特色产业和相关新兴产业发展"

部门文件与时间点	支持边境经济合作区建设的相关内容
商务部：《国家级经济技术开发区对口帮扶边境经济合作区、跨境经济合作区三年行动计划（2018－2020年）》（2018）	按照"政府引导、企业主体、市场运作、合作共赢"原则，充分发挥各自园区发展优势，在规划编制、产业合作、投资促进、人才交流、信息互通等领域开展全面合作，通过产业联动、梯度转移，实现资源共享、优势互补，促进经开区创新提升，推动边合区、跨合区提升发展水平
国务院印发：《关于推进国家级经济技术开发区创新提升打造改革开放新高地的意见》（2019）	"充分发挥外经贸发展专项资金作用，支持国家级经开区与边境经济合作区、跨境经济合作区开展合作，共同建设项目孵化、人才培养、市场拓展等服务平台和产业园区，为边境经济合作区、跨境经济合作区承接产业转移项目创造条件"
商务部支持边境贸易创新发展的政策措施（2019）	"适度增加沿边省区地方政府的债券额度，用于边境（跨境）经济合作区符合条件的基础设施建设。优先保障边境（跨境）经济合作区引进项目所需建设用地指标。允许金融机构依法合规支持有关园区发展"
商务部办公厅、中国进出口银行办公厅：《关于应对新冠肺炎疫情支持边境（跨境）经济合作区建设促进边境贸易创新发展有关工作的通知》（2020年3月）	"各地商务主管部门要发挥政策引导作用，统筹疫情应对和稳住外贸外资基本盘需要，支持进出口银行为边境（跨境）经济合作区及区内企业提供优质服务，促进解决复工复产面临的资金周转和扩大融资等迫切问题，保障边境贸易产业链、供应链畅通运转，将疫情带来的影响降到最低。进出口银行各相关分行要立足职能定位，加大金融支持力度，创新完善金融支持方式，合理配置信贷资源，优化投向结构，支持园区和企业应对疫情、复工复产、拓展业务，为稳边安边兴边做出积极贡献"

资料来源：根据有关资料整理。

尤其是在2019年底新冠肺炎疫情发生以后，党中央、国务院高度重视，习近平总书记亲自部署、亲自谋划、亲自推动了对新冠肺炎的全国性防范重大战略，调动各方资源对新冠肺炎围追堵截，对患者加强救治，取得了全国防治新冠肺炎的阶段性胜利。在防范工作取得决定性成果后，中央及时调整布局，把工作重点转移到复工复产上来。商务部、中国进出口银行积极贯彻中央部署，加强对边境经济合作区、跨境经济合作区复工复产的政策支持，对推动边境经济合作区、跨境经济合作区可持续发展起到积极作用。

在中央政府的指导下，一些沿边省区还探索建设省级边境经济合作区。在以往园区建设中，都有省级经济技术开发区或者高新技术产业开发区通过个性化努力，做大规模，转型升级，最后由省级园区升级到国家级园区成功的先例。在边境经济合作区建设的具体政策实践中，一些省区也遵循同样原则，在国家级边境经济合作区以外，设立省级边境经济合作区，以园区经济模式推动沿边发展。比如，吉林已经明确了要设立集安、临江边境经济合作区；广西强调要积极争取设立防城、靖西边境经济合作区；内蒙古强调要设立巴彦淖尔等边境经济合作区；西藏突出强调要发展吉隆等边境经济合作区。

地方政府的政策努力，不仅着眼于增设新的省级边境经济合作区，还出台相关管理政策、法规和规范。比如，一些省区注重建立起边境经济合作区建设政策管理规范和框架，依法依规更好地管理边境经济合作区。1997 年，黑龙江省人大常委会出台了《黑龙江省边境经济合作区管理条例》，按照法规模式开展对边境经济合作区的管理，侧重于明确边合区的发展与管理地位，方便赋予其特殊政策。不过，也有些省份直接从政府管理角度出台相关规范。2016 年，云南省人民政府办公厅出台了《云南省边境经济合作区管理办法》，要求边合区的发展与地方国民经济与社会发展方向相一致，倡导边合区与政府的规划与建设方案相衔接。

四、边境经济合作区建设成效突出

通过多年的发展和建设，国家级边境经济合作区总数达到 17 个，边境经济合作区在推动沿边地区开放开发的作用得到发挥。

第一，边境经济合作区保持较快增长势头，在地区经济发展中的影响逐渐扩大。根据商务部提供的文件，在沿边地区经济社会发展中，边境经济合作区表现出经济总量扩张、经济影响扩大势头，在沿边开放城市发展中的意义日益凸显，对沿边城市发展起到了重要引领和支撑作用。边境经济合作区建立到"十一五"时期，边境经济合作区主要经济指标年均保持 20%～30% 的增长幅度，以每平方公里平均投入产出计算，基础设施投入 1.5 亿元，实现税收、GDP、工业产值、出口总额的增长，分别为投入的 2 倍、15 倍、10 倍和 32 倍，带动了区域经济的快速发展（周民良等，2011）。到 2017 年时，边境经济合作区的经济总量更是今非昔比。东兴、河口、凭祥等边境经济合作区的经济总量已经占到所依托沿边城市的一半以上。17 个边境经济合作区的工业总产值达到 755 亿元，相当于西藏自治区工业产值的 3.5 倍。统计数据显示，2017 年 17 个边境经济合作区的税收收入达到 47 亿多元，17 个边境经济合作区的进出口总额达 1053 亿多元（见表 5-7），都在各所在城市经济发展和对外开放中发挥了重要作用。

表 5-7　2017 年 17 个边境经济合作区主要经济指标　　　单位：万元

名称	工业总产值	税收收入	进出口总额
绥芬河边境经济合作区	698121	2033	219347
黑河边境经济合作区	77237	12551	30287
满洲里边境经济合作区	298889	33858	330813
二连浩特边境经济合作区	97354	3550	89000
丹东边境经济合作区	1304043	149399	998758
珲春边境经济合作区	2609456	54263	769500
和龙边境经济合作区	—	—	—
凭祥边境经济合作区	308410	15017	2336342
东兴边境经济合作区	1115476	76338	2258617
瑞丽边境经济合作区	96840	37141	1223100
畹町边境经济合作区	134418	143224	147256
河口边境经济合作区	107092	9655	1374465
临沧边境经济合作区	119904	1991	521230
伊宁边境经济合作区	265107	57800	49613
博乐边境经济合作区	325533	6044	—
塔城边境经济合作区	16170	3924	153266
吉木乃边境经济合作区	95059	5744	34374
合计	7555879	474301	10535968

注：和龙边境经济合作区 2015 年批复设立，个别数据资料暂缺。
资料来源：商务部外资司（2018）。

　　第二，边境经济合作区创造了丰富的就业机会，推动了沿边地区共享发展。根据商务部提供的不完全统计，17 个边境经济合作区创造就业多达 16.68 万人，平均每个边境经济合作区带动的就业接近 1 万人。由于沿边地区是我国不发达地区，边境经济合作区创造的就业，意味着吸纳了大量的劳动力，劳动力就业重心逐渐实现从第一产业向第二、第三产业转化，带来了明显的收入增长和结构优化。商务部提供的相关数据显示，与边合区设立初期相比，凭祥边境经济合作区城镇居民人均可支配收入增加了5倍多；河口边境经济合作区通过开展边贸活动，带动边民人均年增长近2000元。不少边境经济合作区如东兴、凭祥、满洲里实施"边贸+精准扶贫"模式，带动了边民脱贫，对当地的精准扶贫起到重要推动作用①。

第三，充分利用了沿边的区位优势与开放优势，积极开发加工周边国家的自然资源。我国是一个人口规模庞大、人均资源短缺的国家，在对外开放中利用好周边国家的资源，充分加工周边国家的资源，有利于实现优势互补，满足中国对资源加工型产品的需求，而边境经济合作区因为其所处地理区位，更有利于利用两种资源与两个市场。在实践中，一些园区做了较好探索与尝试。比如，新疆的吉木乃边境经济合作区与新疆广汇集团和哈萨克斯坦TBM集团合作开发哈萨克斯坦的斋桑油气区块项目，原料运回国内加工，目前已经在采油、采气方面取得一定突破，项目建设前景看好。满洲里边境经济合作区进口俄罗斯的木材，发展不同程度的加工制造，形成初加工规模化、中段加工集约化、末段加工品牌化的思路，积极发展成材、木质门窗、木质别墅、家具等产业，成为沿边地区重要的木材加工基地。

第四，做出了具有积极意义的开放探索。比如，云南省由于边境线长、沿边城市多，在设立四个国家级边境经济合作区、一个国家级跨境经济合作区基础上，设立了四个省级边境经济合作区（见表5-8）。目前，云南已经是全国边境经济合作区数量最多的省份。由于云南省边境地区相邻周边国家较多（越南、老挝、缅甸），具有与多国深化跨国合作的优势，边境经济合作区并未因为多设而降低水平。比如，瑞丽边境经济合作区初步形成了以边境贸易、物流仓储、商业地产、珠宝旅游、宾馆餐饮、工业加工为主体的产业体系；畹町边境经济合作区充分利用中缅两国原料和市场，可从事内贸、外贸、边贸、边贸加工、农业资源开发、国际经济劳动技术合作和旅游业的开发，目前已经累计完成基础设施投资约5亿元。

---

① 商务部外国投资管理司.边境经济合作区、跨境经济合作区发展报告［Z］.2018.

表5-8 云南省边境经济合作区、跨境经济合作区建设状况

名称	级别	建设日期	依托口岸
瑞丽边境经济合作区	国家级	1992	瑞丽市瑞丽口岸
畹町边境经济合作区	国家级	1992	瑞丽市畹町口岸
河口边境经济合作区	国家级	1992	河口县河口口岸
临沧边境经济合作区	国家级	2013	临沧市孟定核心园区、南伞园区和永和园区
中国老挝—磨憨—磨口经济合作区	国家级	2015	勐腊县磨憨口岸、老挝磨口口岸
腾冲（猴桥）边境经济合作区	省级	2011	腾冲县猴桥口岸
麻栗坡（天保）边境经济合作区	省级	2009	麻栗坡县天保口岸
泸水（片马）边境经济合作区	省级	2012	泸水县片马口岸
孟连（孟阿）边境经济合作区	省级	2012	孟连县勐阿口岸

资料来源：根据云南省有关资料整理。

第五，积极探索有效的发展模式。小组团模式原是沿海一些国家级经济技术开发区采用的招商引资与园区管理模式，就是划定一定小区域范围，进行集中招商和快速形成配套，尽快建设形成规模效应，达到在园区单位成熟一片再建设下一片的连续性、滚动性开发模式。沿边一些边境经济合作区发现这一模式，也进行了移植和推广，取得了不错的经济效益。比如，云南临沧探索小组团的发展模式，把政府积极性与企业的积极性调动起来，形成以商招商的模式，减少了政府招商的盲目性与不确定性。商务部、国土资源部认识到这一模式的独特意义，两部委在2019年联合发文《关于推动边境经济合作区探索小组团滚动开发的通知》，在全国边境经济合作区建设中推广这一模式。

第六，形成支持边境经济合作区建设的具体政策框架。多年以来，商务部出台了一系列支持边境经济合作区建设的政策，并且把国家级边境经济合作区与国家级经济技术开发区打包规划，在对比中支持边境经济合作区建设。甚至是，商务部支持国家级经济技术开发区与边境经济合作区结对子，由国家级经济技术开发区对口支援边境经济合作区发展。在各地省区一级，无论是对当地的国家级边境经济合作区还是省级边境经济合作区，都采取积极支持的具体政策。比如，在临沧边境经济合作区建设上，云南省政府出台了《关于支持临沧边境经济合作区建设的若干政策》，从体制机制改革、通关便利化、投资和金融政策、财税政策、土地林地政策、产业政策、公共政策七个角度明确具体事项

和优惠政策，支持临沧边境经济合作区建设发展。

第七，探索形成合理的园区管理模式。边境经济合作区建设晚于经济技术开发区，其管理模式也借鉴了经济技术开发区的管理模式。比如，边境经济合作区都按照相关要求成立管委会，作为属地政府的派出机构。管委会在规划建设、招商引资、园区管理等方面都发挥重要作用。但是，在各地具体管理实践中，采取的具体管理做法各不相同。比如，根据商务部外资司提供的相关资料，丹东边境经济合作区探索小管委会、强开发公司的思路，把政府作用与企业作用结合起来，推动了园区发展和建设。在具体分工上，园区管委会的职能主要放在动迁、招商引资、项目建设、行政审批等方面；另外，园区把有限的资源、资产、资金、资本集中起来，用于打造一体化的开发建设集团。建设集团承担了边境经济合作区重大基础设施和社会服务事业的投资、融资、建设及运营管理，并作为边境经济合作区授权出资代表，参与 PPP 基础设施项目投资和边境经济技术开发区土地一级开发和片区开发①。

第八，基础设施短板得到一定程度弥补。在各地的边境经济合作区建设中，首要的是基础设施建设，改善园区的用水用电条件，加强园区内外的道路连接，在改善园区运营硬环境中，增加园区对各地企业的吸引力。应该说，边境经济合作区的基础设施，与经济技术开发区和高新技术产业开发区一样，为各地政府所重视，每过几年各个园区基础设施都会有所改观。比如，临沧边境经济合作区设立时间较晚，云南在建设临沧边境经济合作区时，就重视基础设施建设。根据新闻媒体报道，即使是经济条件最差、最后批准的和龙边境经济合作区，也举全市之力开展了边合区建设攻坚战，完成 13.7 万平方米的标准化厂房及园区"七通一平"等配套基础设施建设。

第九，个别园区出现结构升级的良好局面。比如，辽宁是东北地区经济实力最强、工业基础最好的省份，在推动丹东边境经济合作区建设中，注重建设高水平的产业集群。根据有关方面提供的信息，丹东边境经济合作区建设的两个重点产业集群都是制造业相关，而且技术含量、产业发展水平都较高。其中之一是，汽车及零部件产业集群。着眼于与黄海汽车等企业合作，重点发展新能源客车、汽车零部件加工和高档汽车音响，并积极引进发动机、自动变速箱等汽车关键部件生产企业，鼓励增压器企业引进海外技术与装备，提升企业零部件技术与本地配套水平，力争到 2020 年产值达到 100 亿元。另一个重点发展

---

① 商务部外国投资管理司. 边境经济合作区、跨境经济合作区发展报告［Z］. 2018.

的产业集群是仪器仪表产业集群。其发展构思是，以重点企业为龙头，加快发展仪器仪表产品集成化、智能化与微型化产品，突出 X 射线仪器仪表增强功能和拓展应用领域，提高高压发生器、射线管等关键零部件发展水平。除此之外，积极发展工业 IT、在线监测系统、智能医疗器械等产品，开拓发展核仪表、液位仪表等产品，提升工程配套能力，力争到 2020 年仪器仪表产业集群实现产值50 亿元。

五、边境经济合作区建设存在问题分析

从国家层面看，全国的边境经济合作区发展还存在着一些突出矛盾，需要引起高度重视。

第一，边境经济合作区还存在着明显的发展不平衡。由于边境经济合作区设立省区的条件不同，边境经济合作区与周边国家合作的进展不同，尤其是各个边境经济合作区管理的模式不同，造成边境经济合作区发展的差别十分巨大。从 2017 年来看，吉林珲春边境经济合作区与辽宁丹东边境经济合作区两个园区的工业产值之和就达到 390 亿元，超过全国 17 个边境经济合作区工业总产值总和（755.56 亿元）的一半以上。2017 年，新疆、云南一些边境经济合作区的工业产值不到珲春边境经济合作区产值的 1%。吉木乃边境经济合作区总体规划曾经设定，到 2015 年吉木乃边境经济合作区 GDP 达到 30 亿元，建设用地达到600 公顷，实际的执行结果是，到 2015 年 GDP 达到 7.2 亿元，用地达到 136 公顷（陈卫杰等，2017）[①]。这既反映了边境经济合作区之间的巨大差距，也反映出不少边境经济合作区建设具有提升潜力。

第二，边境经济合作区投资建设存在着大起大落现象，发展稳定性差。园区经济保持平稳增长状态，可以放大经济的可预见性，减少经济的盲目性，合理的配置园区管理资源。相反，一旦投资或者建设出现大起大落，则无疑会带来较大的发展波动性与不可预期性，前期的不少投资建设形成沉淀，一些已经招聘的劳动力会开始闲置。近年来，由于中美贸易摩擦、各类社会成本上升、中国与周边部分国家的关系很不稳定等因素，导致中国经济增速出现逐年下降走势。边境经济合作区因为处在开放前沿，企业对未来的预期变化更加敏感，投资行为趋于谨慎，导致园区投资增速大幅度回落（见图 5-3）。以东兴边境经

---

① 陈卫杰，罗翔，赖志勇. 国家级边境经济合作区的空间治理与机制创新［J］. 城乡规划，2017(4).

济合作区来说，2015 年固定资产投资规模达到 70 亿元，2016 年、2017 年固定资产投资规模降低到 10 亿元以下。临沧边境经济合作区的情况也是如此，2015年固定资产投资规模达到 200 亿元以上，2016 年、2017 年投资规模萎缩到 5 亿元以下，以至于出现投资增速先大幅度下降到-98%，而后又突然提升到 30%以上的结果(见图 5-4)。

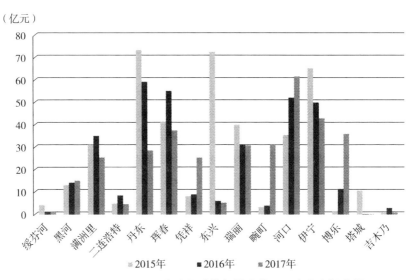

图 5-3　2015~2017 年主要边境经济合作区固定资产投资额

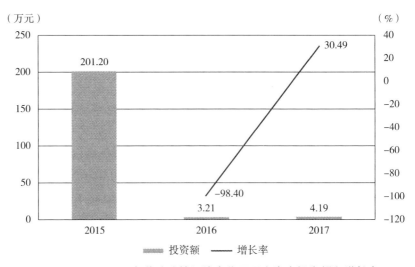

图 5-4　2015~2017 年临沧边境经济合作区固定资产投资额和增长率

第三，不少边境经济合作区结构转型升级缓慢，缺乏高水平现代产业体系做支撑。根据学者胡伟、于畅的整理，2006年、2018年各个边境经济合作区的主导产业得以展现时序变化。从表5-9可以看出，2006~2018年，大部分边境经济合作区的主导产业变化不大，绝大多数园区在2006年的主导产业是农副产品加工、商贸、边境贸易等，到2018年依然是这些产业。除了丹东边境经济合作区等少数园区的产业层次相对较高外，大部分园区的产业层次相对较低。甚至是，我们将时间倒推到20世纪90年代初期，大部分成立的边境经济合作区的产业与2018年边境经济合作区的主导产业还有较大的同质性。这种状况与沿海经济技术开发区和高新技术产业开发区产业结构的迅速变化，形成极大的反差。

表5-9　2006年和2018年各边境经济合作区的主导产业

名称	主导产业（2006年）	主导产业（2018年）
二连浩特边境经济合作区	边境贸易、木材和建材加工、食品及畜产品加工	进出口贸易、木材加工
丹东边境经济合作区	设备制造、电子、医药	汽车和零部件、仪器仪表
珲春边境经济合作区	纺织服装、林产品和矿产品加工、农副产品深加工	纺织服装、木制品、能源矿产
和龙边境经济合作区	—	进口资源加工、边境贸易、旅游
绥芬河边境经济合作区	边境贸易、服装、木材加工	边境贸易、服装、木材加工
黑河边境经济合作区	边境贸易、木材和轻工产品加工、农副产品加工	边境贸易、木材加工、轻工产品加工
东兴边境经济合作区	边境贸易、产品进出口加工、边境旅游	边贸、旅游、加工制造
凭祥边境经济合作区	出口加工型工业、边境贸易、国际物流	木材加工、农副产品加工、
临沧边境经济合作区		商贸物流、进出口加工、农产品加工
河口边境经济合作区	边境外贸、农副产品加工、国际物流	边境贸易、边境旅游、口岸物流
畹町边境经济合作区	商贸物流、木材加工、农副产品加工	仓储物流、加工制造、商贸
瑞丽边境经济合作区	边境贸易、农副产品加工、边境旅游	边境贸易、农副产品加工、边境旅游

续表

名称	主导产业（2006年）	主导产业（2018年）
博乐边境经济合作区	食品（番茄）加工、建材加工、国际物流	纺织服装、石材集控、建材
伊宁边境经济合作区	亚麻纺织、绿色食品工业、粮油加工	生物、煤电化工、农副产品加工
塔城边境经济合作区	实木加工、边境贸易、仓储	商贸、物流、进出口加工、旅游文化
吉木乃边境经济合作区	—	能源、资源进出口加工、装备组装制造

资料来源：胡伟、于畅（2020）。

第四，城市与园区呈现双弱基本格局，导致所依托的县域或者城市支持园区发展能力不足。在国内，园区发展成功的一个重要特征是园区与城市可以形成相互支撑关系。园区在初始建设之时，主要依托大量的投资，城镇经济能力较强，可以为园区提供较强的支持，园区基础设施就可以大大加快。但是，边境经济合作区位于边远地区，城镇的经济基础比较薄弱，城镇化率普遍较低，商业配套设施不完善，服务能力偏弱，使得入园的企业与人口偏少，难以实现对园区的支持。同时，园区虽然作为地方政府的支持重点，但因位置偏远等因素也难以吸引到经济技术含量高的企业，经济规模长期上不来，园区财政收入少，主导产业薄弱，也难以对所依托的城镇构成有效支撑。

第五，边境经济合作区土地利用不尽合理，土地综合利用效率低。比如，在满洲里边境经济合作区，木材加工厂的露天堆场面积过大，占用大量土地资源，造成土地利用效率不高（叶茹罕，2014）[1]；在对绥芬河边境经济合作区研究中，研究人员发现，该园区土地利用强度较低，工业用地投入产出效率不高（马龙泉等，2015）[2]。还有学者通过对7个边境合作区的数据计算发现，7个边境经济合作区的工业产值密度只有5000万元/平方公里（胡超，2019）。

第六，边境经济合作区管理体制未完全理顺。近年来，不少研究指出，边境经济合作区作为属地政府的派出机构，与地方政府在争夺项目等方面存在矛盾。以吉木乃边合区来说，就与属地政府存在管理矛盾：管委会内没有独立的

---

① 叶茹罕. 满洲里边境经济合作区土地集约利用研究［J］. 西部资源，2014（4）.

② 马龙泉，关国锋，郑浩，徐搏. 绥芬河边境经济合作区土地集约利用潜力研究［J］. 测绘与空间地理信息，2015（9）.

财税、商贸部门，管委会只行使招商引资、规划建设等权限，但规划审批、土地审批、税收等权限在属地政府，导致园区发展的一些重大决策难以实施或者难以落地，管理受到诸多掣肘（陈卫杰等，2017）①。

第七，边境经济合作区建设的一些政策没有完全实施。从中央政府提出的促进边境经济合作区建设的相关设想，但最终一些政策没有实施。比如，2011年6月，国务院颁发了《关于进一步促进内蒙古经济社会又好又快发展的若干意见》，其中指出，"探索在巴彦淖尔等有条件的地区设立边境经济合作区，支持在有条件的地区设立海关特殊监管区和保税监管场所"。但是，因种种原因，9年过去了，在巴彦淖尔设立边境经济合作区的构想还停留在纸面，没有付诸政策实践。

第八，边境经济合作区与外界联系的基础设施比较薄弱。边境经济合作区建设除了区内基础设施以外，与外界尤其是市内外、国内外的基础设施建设要求不断推进。但是，在建设资金相对有限的情况下，边境经济合作区通常只能把主要的建设努力放在园区内基础设施功能完善上，园区与所依托城市的基础设施建设相对薄弱，园区与相邻国家之间的基础设施连接更为不足，对园区发展构成进一步约束。以2015年成立的和龙边境经济合作区来说，据初步测算，区内基础设施资金缺口在59.55亿元，地方政府作为国家级贫困县年财政收入不足6亿元（张文生等，2016）②。大规模基础设施建设资金缺口十分庞大，导致园区建设初期起步艰难。

第九，新设立的多种类型沿边开放平台，冲击了边境经济合作区的政策优势。在1992年边境经济合作区密集建设到21世纪初期，边境经济合作区都在沿边地区发展中发挥着独特重要作用。但是，进入2010年以后，新的多样化开放平台与模式建设起来，形成诸如重点开发开放试验区、沿边开放特区、国际合作示范区、沿边金融创新综合改革试验区等开放模式，政策优惠分散化，导致边境经济合作区的地位和作用有所弱化。

第十，跨境经济合作区的政策衔接存在较多问题。笔者在云南广西调研期间发现，个别省份边境经济合作区存在建设范围过大，资源投入分散，整体建设效率不高的问题。但与之相比，跨境经济合作区存在的问题似乎更多。由于

① 陈卫杰，罗翔，赖志勇.国家级边境经济合作区的空间治理与机制创新［J］.城乡规划，2017（4）.

② 张文生，崔荣焕，金香兰."一带一路"框架下边境经济合作区建设面临的金融困境及对策研究［J］.吉林金融研究，2016（10）.

跨境经济合作区涉及双方国家之间的关系协调、涉及地方政府之间的关系协调，难免出现"锣齐鼓不齐"的现象。比如，一些跨境经济合作区建设方案未得到中国与周边国家中央政府的正式批准立项，合作区的建设缺乏政策体系的支撑，尚没有可执行的特殊优惠政策，存在土地、金融、财税政策支持不足等问题；跨境经济合作区各方都按照自己的管理范围制定规划独立推进，存在着自行其是、合作力度不足的问题。未来园区建设以后，也还存在着分享利益的突出问题。

六、正确认识边境经济合作区的地位与作用

边境经济合作区经过近三十年发展取得明显成效，得到各方认可。但在边境经济合作区不同时期发展中，人们对边境经济合作区有过高或者过低的不同认识。但是，在经过多年的探索实践以后，笔者认为，对边境经济合作区的建设，要立足于"六个不可"管理认识。这就是，不可或缺、不可言喻、不可限量、不可忽视、不可高估、不可止步，在此基础上积极重视推动发展。

一是不可或缺。1992 年，中央支持 14 个沿边城市对外开放时，就明确边境经济合作区建设的功能——要在推动沿边对外开放、加强与周边国家的睦邻合作与友好往来、繁荣少数民族地区经济中发挥重要作用。近三十年来，设立边境经济合作区的政策依据依然存在，依然成为指导边境经济合作区未来建设的重要指针，说明边境经济合作区建设具有多方面的经济、政治与社会意义。目前，沿边省区建设边境经济合作区的热情高涨，不少省区希望在"十四五"时期推动边境经济局合作区再上新台阶。这种政绩意识与发展建设边关情怀，应该得到尊重。应该充分认识到，没有边境经济合作区的建设，就谈不到沿边开放；边境经济合作区没有得到充分发展，就不能反映沿边进一步扩大开放取得新成就。

二是不可言喻。在推动沿边开放上，不少学者对中国沿边的情况了解多，对周边国家与地区的情况了解少，对于沿边开放究竟能够取得什么样的结果与成就，往往不易得出准确结论。但是，各个边境经济合作区通过与周边国家的接触，可以获取一手资源禀赋差异的信息，从而探索边境经济合作区的开放合作思路，在此基础上寻求边合区的发展方向与潜力。比如，云南省建立了省级麻栗坡边境经济合作区，紧邻的越南经济明显落后于我国。与麻栗坡边境经济合作区紧邻的越南河江省拥有丰富矿产资源，具有合作开采加工的特殊条件和

巨大潜力。河江省拥有矿产资源28类149个矿种，包括铁、锑、锰、铅、锌、铜、锡、金、宝石等，大多数矿物贮藏量都超过1000万吨以上，具有较大的开发利用价值。而我国南方矿产资源相对较少，且大多数进入开发后期，资源的接续开发和相关产业的持续发展，需要在国际上寻求新合作伙伴。利用好边境经济合作区的地理优势与政策优势，积极开发毗邻国家的资源，地域近、运距短，有助于内外一体化发展，也有利于边境经济合作区做大做强。

三是不可限量。边境经济合作区是我国与周边国家开放合作的重要平台，可以通过边境经济合作区建设，实现与周边国家的互补式发展。在实践层面，建设中的边境经济合作区把沿边地区的开放优势与周边国家的资源优势有效结合起来，实现了边境经济合作区的良好起步。一些边合区利用地方信息灵通、交往便利的特点，深入周边国家领域，探讨多方面扩大合作的途径，把中国的合作范围向外推展。边境经济合作区在一定程度上代表了我国与周边国家合作和利用周边国家资源的水平。在"一带一路"倡议的新背景下，我国与周边国家的经济联系将进一步扩大与深化，为边境经济合作区带来新的机遇。

四是不可忽视。这是指在政策上保持积极扶持的态度，不能放松对边境经济合作区的支持。边境经济合作区远离国家经济中心，接受到的经济辐射相对较弱；所依托的城镇规模较小，城镇能够给予的支持十分有限。借助于政策优惠起步，是促进边境经济合作区发展的共同做法。在国际社会的园区建设中，都会给予园区投资一定免税期（Tax Holiday）。在各个边境经济合作区实施的政策中，减免税政策带有普遍性。比如，边境经济合作区可在一定权限范围内，自行审批边贸、加工、劳务合同及外商投资项目，外商投资企业所得税减按24%的税率征收；允许毗邻国家投资商在其投资总额内用生产资料或其他物资、器材等实物作为投资资本，可按国家有关边贸的规定销售，并减半征收进口关税和工商统一税；在一定时期内，进口的种子、种苗、饲料及相关技术装备给予一定减免税；企业为加工出口产品和进行技术改造进口的机器设备和其他物料，给予免征进口关税和产品税或增值税；合作区可以根据产业引导目录，建立出口加工企业和相应的第三产业；合作区内的外商投资企业在毗邻国家自行交易货品可自行销售，进口时减半征收关税和工商统一税；合作区进行区内基础设施建设所需进口的机器、设备和其他基建物资以及合理数量的办公用品，免征进口关税和产品税或增值税。

五是不可高估。在地区经济发展研究和管理中，人们都对既定发展对象寄予多方面的期望，希望后者实现又好又快的发展目标，但是，一些评价与判断不切实际。就边境经济合作区的建设来说，作为国家层面的第三类开发区，不少人便有意无意是把边境经济合作区与经济技术开发区和高新技术产业开放区相比较，希望边境经济合作区也能像经济技术开发区和高新技术产业开发区一样，达到新水平、新高度、新境界。但其中一些期待缺乏依据，不大符合客观实际。在前一方面对比中，总是希望边境经济合作区也像经济技术开发区一样快速做大。在后一方面对比中，总是希望边境经济合作区迈上新高度。因而，在边境经济合作区发展中，一些政府部门在规划研究和政策管理中，甚至寄希望于边境经济合作区发展战略性新兴产业甚至高新技术产业。但在规划实施结束后，边境经济合作区并没有在规模上、结构上实现规划建设效果时，人们便有意无意出现多方面的心理落差。其实，这样的高估考虑没有必要。沿边各个省区的创新基础本来就薄弱，而且主要集中在首府城市或者省会城市，边境城镇因为工作生活条件等方面的限制，很难与在省会或者首府城市竞争有限的创新资源，甚至其薄弱的资源往往还会被省会或者首府城市吸走，建设高新技术产业或者战略性新兴产业的技术基础不完备。事实上，边境经济合作区位于沿边地区，兴建最初目的就是为了利用两种资源、两个市场，促进沿边地区发展。在这样拥有"边"的优势而缺乏"技"的优势区域，核心是发展实体经济与内外贸易，做好边的文章，形成自身带动沿边开放开发的独特发展优势，而不是与高新技术产业开发区与经济技术开发区去比技术层次、产业规模和竞争优势。

六是不可止步。推动边境经济合作区的建设，核心是在改革开放方面做文章。从中央政府的层面上，边境经济合作区建设与中央的西部大开发、东北振兴政策、沿边开放政策、促进民族地区发展政策、"一带一路"倡议等大政方针相一致，符合中央政府的政策管理目标。扩大边境经济合作区的建设范围，促进边境经济合作区的发展，应该继续成为"十四五"推动沿边地区经济社会发展的重要内容。从利用好开放平台的角度看，就是把深化改革、扩大开放作为推动边境经济合作区发展的重要动力。

七、推动边境经济合作区建设的政策建议

建设边境经济合作区，以开放促兴边，以开放促发展，是兴边富民的重要途径。要把"一带一路"倡议与积极发展边境经济合作区结合起来，继续加大对边境经济合作区的支持力度，充分发挥边境经济合作区外引内联桥头堡的作用，就能够把边境经济合作区建设成改革创新的先行区，对外开放的先导区，

投资兴业的优势区，和谐宜居的新城区。

第一，扩大边境经济合作区数量，实行中央与省区分层管理、各展其长模式。我国是世界上边境线最长、周边国家最多的国家，目前沿边设立 17 个国家级边境经济合作区，数量过少，不利于对外开放和加快沿边地区发展。建议国家在政策决策上，对边境经济合作区扩容。除此之外，在具体政策管理上，可实行国家级、省区级边境经济合作区并行的管理模式。把省区级边境经济合作区设立的自主权交由各省区政府，中央主管部门进行政策的业务指导。商务部应该确立边境经济合作区建设的技术标准，形成边境经济合作区进入、运行、退出的制度与管理规范。未来国家级边境经济合作区的设立，原则上由省级边境经济合作区升级而来。而不是像 1992 年那样平地起高楼，一步登天地设立国家级边境经济合作区。下放省级边境经济合作区的决策与批准权，有助于发挥地方政府扩大对外开放和加强园区管理的积极性。在分层管理、各尽所能的制度下，发挥中央与地方各自作用，形成政策合力，共同促进边境经济合作区数量增加，规模扩大，能力增强。此外，还必须指出的是，要在国家推动沿边开放中，应该对各类开放平台进行整合，形成规范化的开放管理序列，减少地方自设、不同部门认定的开放平台类型，形成国家集中的统一管理规范。当然，从国家层面上看，应该加强对边境经济合作区的管理，强化优胜劣汰机制，对发展水平低下、管理混乱、资源利用效率差等合作区，也可以实行淘汰制。

第二，把边境经济合作区融入国家的大政方针中，在整体推进中突出边境经济合作区的地位。在中央推进整体经济发展的政策中，"一带一路"倡议、东北振兴、西部大开发、对口支援、促进区域协调发展等相关政策，都展示国家层面的谋篇布局。另外，中央针对新疆、西藏有专门的政策工作指针。把边境经济合作区列入相关政策支持范围，抓手清晰，效果明显，可把国家目标与园区发展目标较好结合起来。

第三，按照市场化原则做大现代产业体系。边境经济合作区沟通国内外，适合于发展从制造业到服务业的现代产业体系。可以积极引进沿海发达地区的企业到边境经济开发区，利用当地低廉的资源与劳动力成本；可以吸引沿海地区的企业在边境经济合作区建设面向周边国家的出口基地；可以发展带动本地特色的优势产业集群，可以与周边国家的企业结合起来，探索把两国的优势资源在边境经济合作区加工转化。应围绕各个边境经济合作区产业引导目录，规划建设产业优势明显、产业配套完善、龙头企业主导、辐射带动力强的产业基地。应围绕重点产业和龙头企业招商引资，构筑前向后向产业联系，促进同类产业的企业向产业基地集中，优化企业之间的协作配套关系，积极有序引导资本、技术、人才和项目向产业基地集聚，形成要素高度汇聚、规模有效集中、配套能力较强、竞争优势明显且合理分工的产业集群。在具体政策管理中，要重视以市场为导向，面向周边国家市场和国内市场，建立和完善生产者驱动的生产网络和消费者驱动的生产网络，积极发展进口矿产资源加工及面向两国甚至多国市场的轻纺、电子、家电、机械、建材等工业。同时，进一步开拓物流、商贸、旅游、信息、会展、文化等服务业。在巩固传统优势工业、促进加工贸易转型升级中提高合作区的政策运用能力、项目承载能力、配套服务能力和集聚带动能力。要在园区主导产业形成和发展中，配套发展相关服务业，促进质量管理、设备租赁、维护维修、会计、培训、法律、人事管理、人员招聘、运输、通信、软件、保险、金融、不动产、保安、清洁、餐饮、广告、分销、运输、维修、客户培训等，建设集投资贸易、出口加工、国际物流于一体的要素密集型产业发展区。

第四，把边境经济合作区建设与沿边开放发展的其他资源加以一体化整合。适度扩展边境经济合作区的功能。鼓励符合条件的边境经济合作区申请设立综合保税区、出口加工区和保税物流中心等，推动边境经济合作区发展成为集边境贸易、加工制造、境外资源合作开发与深度加工、生产服务、区域性国际物流集散等功能于一体的多功能的综合性产业区。尤其是，随着对外经贸合作的进一步发展，应把边境经济合作区建设与口岸建设结合起来进行一体化规划，使边境口岸为边境经济合作区的发展提供重要支撑。可能的话，也相应提升边合区所在属地城市的行政层级，并加强边境经济合作区与属地城市之间的规划衔接，推动一体化的产城融合。

第五，加强边境经济合作区的管理创新。从园区与城镇的关系及园区自身发展的角度看，可考虑把边境经济合作区与边境城镇的建设与管理结合起来，实行一体化管理，减少管理摩擦，增进管理服务。园区管理者应与城市管理者加强政策衔接，在园区发展上稳投资、稳就业、稳外贸，稳定园区经营，积极支持园区的基础设施建设。在边境经济合作区内部，应该形成高效精简的管理体制，减少管理层次，提高办事效率。要充分利用边境经济合作区的制度优势，赋予边境经济合作区更大的管理权限，以便在边合区范围内更好地优化资源配置；充分培育发展边合区开发公司。发挥开发公司在土地开发、基础设施建设、资源整合中的关键作用，提高开发效率。要加强政府政策管理职能，建设好标准化厂房，按照亩均产出的模式考察产业运行效率，提高园区的土地使用效果。

加强园区与属地政府之间的关系衔接，建立利益衔接与利益共享机制，以便动员属地政府更好支持园区建设。

第六，加强沿海、内地经济技术开发区与边境经济合作区之间的经济技术联系，以各地的体制优势、规模优势、产业优势、人才优势支持边境经济合作区的发展。要加强各类园区经济联系，支持跨园区生产要素的自由流动；支持其他地区园区企业更好地利用边境经济合作区的开放平台；支持沿海地区的优秀管理人才在边境经济合作区挂职；支持各地的技术人员对边境经济合作区的企业进行技术转让、技术培训与技术辅导。加大政策引导与扶持力度，促使沿海地区中小企业向边境经济合作区转移，以实现不同地区的优势互补。

第七，高度重视园区生态建设。作为园区的重要形态，边境经济合作区的建设也应该符合国家的环保政策，遵循生态环保的基本规律，按照循环经济的模式建立生态产业园区。应该加强对边境经济合作区的资源环境承载能力评估，实行严格的环保准入政策，在加强环保基础设施建设的同时，强化对重点污染源的监控和治理，推广垃圾无害化和危险废弃物的集中治理。

第八，加强对边境经济合作区的科学服务。边境经济合作区不仅规模小于国家级经济技术开发区和高新技术产业开发区，在科学研究上也重视不够，发表的文章、报告、政策咨询建议相对较少。中央有关部门以及沿边省区都应该加强对边境经济合作区的研究、统计、政策咨询，不断深化对边境经济合作区作用与价值的认识，为中央与地方政府的政策管理提供好的意见建议。各有关行业协会、商会与跨境合作组织等中介机构，也要注重研究边合区问题，为合作区的发展提供专业咨询服务。尤其是，要注意运用智库力量，总结发现边境经济合作区建设的典型经验与良好做法，在提炼精髓的基础上加以推广，鼓励探索小组团一类的新型发展模式，为边境经济合作区做大做强提供有力支撑。

第九，跨境经济合作区建设上应该积极探索经验，不宜盲目进行数量扩张。

参考文献

［1］商务部外国投资管理司.边境经济合作区、跨境经济合作区发展报告［Z］.2018.

［2］梁双陆.边境地区的一体化效应与中国边境贸易升级［A］//兴边富民——兴边富民行动理论研讨会论文集［M］.北京：中国经济出版社，2010.

［3］涂裕春.我国民族地区与毗邻周边国家边境地区经济一体化的实践探析［A］//兴边富民———兴边富民行动理论研讨会论文集［M］.北京：中国

经济出版社，2010.

　　［4］袁牧鸣．新形势下我国西部地区边境贸易发展探析［J］．开发研究，1997（3）：53-55.

　　［5］张卉．西部毗邻中外边境城市地缘经济效应研究［J］．西北民族大学学报，2006（2）：114-117.

　　［6］卢平．论发展中国边境贸易［J］．边疆经济与文化，2006(6)：30-32.

　　［7］胡超．全面开放新格局下中国边境经济合作区转型升级研究［J］．西部论坛，2019（5）.

　　［8］胡伟，于畅．区域协调发展战略背景下中国边境经济合作区发展研究［J］．区域经济评论，2020（2）.

　　［9］曲凤杰．建立和完善沿边开放的政策体系［J］．国际贸易，2011（2）.

　　［10］张文生，崔荣焕，金香兰．"一带一路"框架下边境经济合作区建设面临的金融困境及对策研究［J］．吉林金融研究，2016（10）.

　　［11］陈卫杰，罗翔，赖志勇．国家级边境经济合作区的空间治理与机制创新［J］．城乡规划，2017（4）.

　　［12］汤斌，李玉娥．临沧：依托边境经济合作区促进民族地区发展［J］．今日民族，2015（2）.

　　［13］周民良．以促进中小企业发展推动兴边富民进程［J］．中国发展观察，2010（1）：39-40.

　　［14］周民良．以边境经济合作区建设推动民族地区发展［N］．中国民族报，2012-12-21.

　　［15］周民良，杭正芳．以边境经济合作区建设推动兴边富民进程［J］．开发研究，2011（1）.

调研篇

分报告之五：关于西双版纳州沿边开放的调研报告

西双版纳位于祖国西南端，是全球有名的动植物宝库，与老挝、缅甸国家连接，在"一带一路"建设尤其是中国东盟自由贸易区建设中处于前沿阵地。习近平总书记指出，调查研究是执政之基、兴国之道。鉴于沿边对外开放涉及的领域众多、范围庞大、影响因素较多，涉及问题较多需要通过调研发现问题，提炼规律，完善政策，中国社会科学院工业经济研究所课题组于2019年12月8~14日，在西双版纳州进行了调研。通过调研、走访和课题组讨论研究，深化了对西双版纳对外开放的认识，并在此基础上形成以下调研报告。

一、西双版纳具有推动对外开放的政策优势与区位优势

党的十八大以来，党中央、国务院出台了一系列对外开放的大政方针，推动全方位、多领域、多层次的对外开放。沿边开放成为十八大以后，中央推动对外开放的重要内容。

习近平总书记于2015年和2020年两次考察云南，对云南发挥沿边优势，以开放促进开发给予了极大支持。习近平指出，"要主动服务和融入国家重大发展战略，以大开放促进大发展，加快同周边国家互联互通国际大通道建设"；"云南的优势在区位，出路在开放，希望云南发挥沿边开放区位优势，主动服务和融入国家发展战略，努力建设成为我国面向南亚东南亚辐射中心"；"要利用云南的优势，积极主动面向南亚东南亚地区，面向印度洋周边经济圈，完善各类重点开发开放试验区、边（跨）境经济合作区、综合保税区等开放平台的功能和作用"。

国家发展改革委、外交部、商务部出台的《推动共建丝绸之路经济带和21

世纪海上丝绸之路的愿景和行动》中指出，"发挥云南区位优势，推进与周边国家的国际运输通道建设，打造大湄公河次区域经济合作新高地，建设成为面向南亚、东南亚的辐射中心"。

在中央大政方针确定后，云南省积极利用本地沿边优势，寻求把中央的政策转化为本地的开放政策，细化对沿边开放的政策支持。多年以来，云南省一直积极谋划澜沧江—湄公河流域开放合作，采取了一系列深化跨国合作的重要举措。党的十八大以后，云南省出台了云南省参与"一带一路"建设、孟中印缅经济走廊建设的思路。在深化跨国合作推动沿边开放中，云南省出台了《云南澜沧江开发开放经济带发展规划（2015-2020）》《云南省沿边地区开发开放规划（2016-2025）》《云南省深入实施兴边富民工程改善沿边群众生产生活条件三年行动计划（2018-2020）》等政策文件，明确了通过大开放实现大发展的积极举动，形成了上下同心推动开放的政策氛围。中央和云南省的政策思路，有利于西双版纳州采取积极行动，主动作为，在贯彻落实来自党中央和云南省委、省政府大政方针背景下，因地制宜积极制定并实施对外开放政策，推动西双版纳沿边地区经济社会发展。

从外部环境看，中国与东盟建立自由贸易区，推动了中国与东盟关系的深入发展，同时也为西双版纳提供了良好的发展机遇。中国与东盟1991年开始自由贸易的商讨，1996年中国成为东盟的全面对话伙伴，2010年中国东盟自由贸易区正式启动。中国与东盟国家山水相连，资源要素互补性强，开展区域合作与分工的愿望强烈，建立自由贸易区有助于各个国家比较优势的充分释放。根据相关资料，中国—东盟自由贸易区包括11个国家，涵盖18亿人口，是由发展中国家组成的世界上最大的自由贸易区。

西双版纳处在中国云南与东盟国家地域接壤的最前端，与老挝、缅甸毗邻而居，具有与东盟国家尤其是老挝、缅甸开展跨境经济贸易合作的良好区位优势。西双版纳州国境线长966.3公里，占云南省边境线近1/4；有4个国家一类开放口岸，占云南省近2/5。研究西双版纳的对外开放，有助于了解对外开放对西双版纳经济社会发展的影响，也有助于深化对云南省沿边开放工作的认识。

近年来，西双版纳州委州政府在贯彻党中央大政方针和省委省政府决策部署中，主动融入和服务国家"一带一路"建设，围绕把西双版纳建设成为我国面向东南亚的重要枢纽，促进与澜沧江—湄公河流域国家的政策沟通、设施联通、贸易畅通、资金融通和民心相通，全方位多领域深层次推进对外开放，做出了一系列契合国家政策、符合州情民意的实际努力。一是政府先后出台了一系列开放型政策文件，包括《西双版纳州沿边开发开放规划（2016－2025年）》、《西双版纳州建设我国面向东南亚的重要枢纽实施方案》、《西双版纳州人民政府办公室关于印发贯彻落实建设面向东南亚辐射中心政策措施实施意见》、《西双版纳州人民政府关于贯彻落实省人民政府支持沿边重点地区开发开放若干政策措施的实施意见》、《西双版纳州进一步推广自由贸易试验区可复制改革试点经验工作方案》（2017）、《西双版纳州人民政府关于积极有效利用外资促进外资增长推动经济高质量发展的意见》（2018）、《西双版纳州人民政府关于印发加强口岸工作推进大通关建设实施意见及任务分工方案的通知》等一系列政策性文件，对推动西双版纳州的对外开放提供了政策遵循与路径指引。二是积极打造高水平开放平台。经过多年努力，西双版纳州已经建立起包括重点开放开发试验区、中国老挝磨憨—磨丁跨境经济合作区、国家一级口岸、省级经济技术开发区、边民互市点等不同层次等固定开放平台，有利于促进生产要素的内外流动。三是在更广范围与领域推动对外开放。西双版纳利用对外开放前沿地位，充分利用中央对重点开放开发试验区提供的鼓励支持政策，推动跨境旅游合作区与边境旅游试验区建设，为此做出了一系列努力。除此之外，西双版纳州还在教育、文化、医疗、科技、农业、环保等领域，推动跨境对外合作与交流。四是与周边国家和地区建立起互相开放的合作机制。自2011年起，西双版纳州先后与老挝南塔、丰沙里、乌多姆赛、琅勃拉邦省工业和贸易厅签署商务合作备忘录，建立商务合作机制，原则上每年召开一次商务合作工作会议。五是加强跨境互联互通大通道建设。在加强对外合作中，注重基础设施的互联互通，已建成水陆空立体交叉跨境设施合作网络体系。六是有针对性地推动"走出去"，在帮助周边国家解决经济社会发展重大结构转换，在跨国合作争取西双版纳发展利益。尤其是，通过替代毒品种植，给周边的老挝、缅甸等国家普通百姓带来收益，这些国家部分地区摆脱对毒品的依赖。七是采取"引进来"的做法，把周边国家的商品、资源、要素输入进来，通过本地化加工转化，实现增值。比如，西双版纳正在打造跨境动物疫病区，力图实现进口动物检验、育肥、屠宰加工一体化，形成新的能够带动经济增长和百姓就业的产业。八是建立起由企业与民间参与的合作模式，促进常态化的跨境合作。西双版纳通过多年的努力，建立起两个重要的合作平台：每年4月兴办的边境贸易旅游交易会，每年底举办澜沧江—湄公河国际文化艺术节。九是围绕着沿边开放进行了一些必要的制度创新。以建设云南（磨憨）关检合作试验区来说，决策者整合海关、检验检疫、商务等部门资源，连通检验、监管、技术等部门合作，促进信息互换、监管互认、执法互助，推动货物进出口一体化申报、一体化查验，一体化通关，形成磨憨口岸"一个窗口、一次申报、一次受理"的快速申报通关模式。十是建设有利于对外开放的营商环境。2018 年，按照国务院常务会议和口岸工作部际联席会议的要求，西双版纳州推动了口岸不合理收费项目清理工作，部署落实提效降费各项具体工作任务，完善收费目录公开公示制度。

尤其是，云南省委、省政府高度重视对外开放在引领云南经济社会发展中的重要作用，为西双版纳推进对外开放提供了坚定支持。比如，在中央重视确定磨憨为全国重点开放开发试验区后，云南采取了一系列积极举措，推动磨憨开放开发试验区建设。在具体管理实践中，省委、省政府根据需要，调整和优化了中国老挝磨憨—磨丁经济合作区管理体制，于 2019 年 4 月将合作区管委会设为省委、省政府派出机构，全面负责管辖区域内的政治、经济、文化、社会、生态文明建设和党的建设工作。2019 年 7 月 1 日，省政府办公厅成立以阮成发省长为组长的中国老挝磨憨—磨丁经济合作区建设领导小组，统筹推进合作区重大发展战略、重大政策措施及重点工作。

二、西双版纳推动沿边开放取得突出成效

通过西双版纳州委、州政府多年持续不懈的努力，尤其是在党的十八大以后进一步加大对外开放步伐，西双版纳取得了一系列显而易见的开放成就，以开放促开发、以开放促发展的成效十分明显。尤其是在加入世界贸易组织和建设中国—东盟自由贸易区的推动下，西双版纳州的对外开放出现量与质的飞跃。

根据有关信息，2001 年，西双版纳州的外贸进出口额只有 1.06 亿美元，口岸货运量只有 42.06 万吨。但到 2010 年，西双版纳州对外贸易总额增长到 10.3 亿美元，2015 年增加到 26 亿美元，2019 年进一步增长到 40.6 亿美元。从口岸货运量来看，2010 年，西双版纳州口岸货运量达到 42.06 万吨，2018 年达到 550.37 万吨，2019 年 1~10 月完成货运量突破 662.12 万吨。

（一）一般贸易规模不断扩大

2018 年，西双版纳州口岸进出口贸易总额完成 26.99 亿美元，比上年同期增长 6.6%；其中，进口 13.79 亿美元，同比增长 21.2%；出口 13.2 亿美元，同比下降 5.4%。而在 2019 年，西双版纳州口岸进出口贸易总额完成 40.6 亿美元，同比增长 50.4%。其中，进口 19.64 亿美元，同比增长 42.4%，出口 20.96

亿美元，同比增长 58.8%。一般贸易进出口增长的一个重要特点是，对主要贸易伙伴的进出口贸易出现快速增长。以 2019 年为例，西双版纳与老挝、缅甸、泰国的进出口贸易都出现了 2 到 3 位数的增长，显示出内需、外需都十分强劲，贸易拉动经济增长的独特优势开始显现（见表 6-1）。

表 6-1   2019 年西双版纳与主要贸易对象的进出口贸易状况

国家	老挝	缅甸	泰国
进出口总额（亿美元）	19.76	7.62	13.22
增长比例（%）	26.5	108.2	71.5
出口总额（亿美元）	11.04	3.71	6.21
增长比例（%）	46.6	141.7	50.4
进口总额（亿美元）	8.71	3.91	7.01
增长比例（%）	7.8	84	95.9

资料来源：西双版纳州商务局。

（二）边境贸易规模有所扩大、优势得到充分发挥

近年来，边境贸易在西双版纳出口中的比重逐步下降，尤其是边境一般贸易较大幅度减少。这种形势的出现，主要由于自 2010 年边境贸易优惠政策"双减半"（关税、增值税减半征收）的取消，削弱边境小额贸易的低成本优势。因此，越来越多的贸易商选择一般贸易代替边境小额贸易。

一方面，边境小额贸易的增长表现出较强的波动性，受政策等因素影响，增长极不稳定。2014 年，边境小额贸易总额突破 30000 万美元，同比增长率高达 47.5%，2015 年出现负增长，2016 年与 2015 年贸易额基本持平，2016 年又有所上升，同比增长率高达 33.7%，2018 年全州边境小额贸易进出口总额为 2.15 亿美元（见表 6-2），同比下降 11.9%，2019 年 1~11 月全州边境小额贸易进出口总额为 1.53 亿美元，同比下降 18.1%。由此可见，边境小额贸易近年保持负增长态势，且降幅有放大的趋势（见表 6-3）。另一方面，近年来企业参与边境贸易的热情也明显下降。截至 2019 年，全州备案外贸企业共 1506 户，实际开展边境贸易的企业 153 户。

表6-2　2018~2019年西双版纳州边境贸易情况

贸易类型	2019年（进出口总额）		2018年（进出口总额）	
	累计金额（亿美元）	同比增速（%）	累计金额（亿美元）	同比增速（%）
边境贸易	8.18	2.2	8.01	-1.80
其中：边境小额贸易	1.62	-24.8	2.15	-11.90
其中：边民互市贸易	6.56	12.1	5.86	2.50

资料来源：西双版纳州商务局。

表6-3　2014~2018年西双版纳州边境小额贸易情况　　单位：万美元

年份	总额	出口额	进口额
2014	39482	5401	34081
2015	18301	6428	11873
2016	18283	4446	13837
2017	24451	4594	19857
2018	21540	3863	17677
2019	16200	5300	10900

资料来源：西双版纳州商务局。

边境小额贸易较快增长，通常受国家与云南省鼓励政策支持影响；边境小额贸易较快下降，则显示出西双版纳州边境小额贸易应对风险能力弱、周边国家进出口政策调整等因素。近两年来，受世界经贸增长放缓、中美贸易摩擦加剧、外部需求持续低迷、贸易保护主义盛行等因素的影响，市场拓展难度增加及风险提高，边境贸易保持负增长态势。西双版纳州边境小额贸易一直处于贸易逆差状态，而且贸易进出口差额变动比较大（见表6-4）。老挝、缅甸对中国出口产品以农产品、矿产品为主，近来都限制或禁止部分资源型产品出口，且周边国家农产品受海关准入制度影响较大，都限制了边境小额贸易的增长。根据有关方面提供的信息，近年来老挝、缅甸获得准入的产品品种非常少，导致边境小额贸易进口额处于下降的趋势。

表6-4　西双版纳州边境小额贸易进出口差额　　单位：万美元

年份	边贸进出口差额
2014	28680

年份	边贸进出口差额
2015	5445
2016	9391
2017	15263
2018	13814

资料来源：西双版纳州商务局。

与边境小额贸易出现较大波动甚至一定程度下降形成对比的是，边民互市贸易出现逐步增长和结构改善趋势。边民互市贸易是指边境地区边民在我国陆路边境 20 公里以内，经政府批准的开放点或指定的集市上，在不超过规定的金额或数量范围内进行的商品交换活动。随着边民互市点的建设和设施改善，边民互市贸易近几年逐年增长。从贸易规模看，2015 年全州边民互市贸易进出口总额为 37711 万美元；其中出口 11086 万美元，进口 26625 万美元；2018 年全州边民互市贸易进出口总额为 58569 万美元，同比增长 2.5%，是 2015 年的 1.553 倍（见表 6-5）；2015~2018 年年均增幅达 16.7%。2019 年边民互市贸易进出口总额为 6.56 亿美元，同比增长 12.1%；其中出口 1.76 亿美元，同比增长 52.6%，进口 4.8 亿美元，同比增长 2.1%。

表 6-5　2015~2018　西双版纳州年边民互市贸易进出口情况　单位：万美元

年份	边民互市总额	边民互市出口额	边民互市进口额
2015	37711	11086	26625
2016	45264	14941	30323
2017	57135	10993	46142
2018	58569	11548	47021

资料来源：西双版纳州商务局。

边民互市贸易的开展，还有鲜明的区域特色。边民互市贸易发展与边境线长短、边民互市点多少等因素有关。在西双版纳州一市二县边民互市活动开展中，勐腊县因为边境线长、互市点多等因素，边民互市贸易发展成效突出，较好地发挥了带动边民参与的积极作用。在 2018 年西双版纳州边民互市实现的 5.86 亿美元中，勐腊县实现的边民互市贸易额占比达到 2/3 以上（见表 6-6）。

景洪市、勐海县也较好地利用了当地边境资源，建设互市贸易区，推动边民参与互市贸易。

表 6-6　2016~2019 年西双版纳州边民互市状况　　　　单位：万美元

年份	西双版纳州	景洪市	勐海县	勐腊县
2016	45264	5988	6881	32395
2017	57135	8240	5539	43356
2018	58569	7301	6748	44520
2019	65600	—	—	—

资料来源：西双版纳州政府办公室、统计局、调查队；《西双版纳傣族自治州经济工作手册》（2017~2019）。

在边民互市贸易整体增长与结构优化中，边民互市贸易更突出的功能体现在边民参与上。根据有关方面的资料，西双版纳参与边民互市贸易的边民共有10617人，不少边民因为参与互市贸易而获得收入增加。

（三）口岸基础设施建设不断加快

在"一带一路"建设中，西双版纳州立足于区位优势，重视与周边国家的互联互通，抓紧修建和改善边境口岸基础设施，努力建设东、中、西三线立体交通网络，进一步推动与周边国家的人流、物流、信息流方面的交往。目前，经西双版纳出境的昆曼国际大通道国内段已全面实现高速化，可经老挝至泰国，并连接到新加坡和马来西亚；正在修建的泛亚铁路中线从西双版纳出境，连接着东南亚各国；中老铁路作为标志性项目已全线动工，预计2021年底通车；西双版纳机场是云南重要的干线机场，现已开通至老挝琅勃拉邦，泰国清迈、清莱，柬埔寨暹粒、西哈努克港等国际航线，西双版纳州与周边国家互联互通状况得到较大提升。

口岸建设是对外开放的重要平台，是基础设施建设的重中之重。近年来，西双版纳州注重加强各个口岸的联检、查验及配套设施建设和运行维护。磨憨口岸作为云南省最重要的对老口岸，肩负着云南省对老挝贸易额的80%，口岸基础设施建设十分重要。磨憨口岸注重改善基础设施，口岸通道由原来的"一进一出"改造成"三进三出"，缓解了通关压力。值得注意的是，近年来，磨憨口岸联检办公楼、保税仓库、查验货场、边民互市场、"一站式"通关服务大厅、车辆出入境快速通关系统、海关H986查验设施、边防旅客行李X光机安检查验系统、磨憨金孔雀集团物流监管场所和云维集团物流保税仓库等一批口岸基础设施建成并投入使用；磨憨国际客运物流中心、磨憨云维保税仓储物流及配套设施等一批物流保税项目建成；磨憨—磨丁口岸货运专用通道、磨憨国际商贸物流园等项目正在加快推进。此外，打洛、勐满、关累边民互市场建设步伐加快，管理效能升级。

西双版纳口岸建设取得成就的最新标志，是打洛口岸通过国家验收。2019年12月，由国家口岸办、海关总署、国家移民局、外交部、云南省商务厅、口岸办、外办等相关部门领导和专家组成的国家验收组，对勐海县打洛口岸进行检查验收。验收组查看了打洛口岸边民互市场、查验货场、口岸联检楼、口岸限定区域、界碑等地，听取市场生产经营、基础设施建设及联检部门办公区域配套设施等情况汇报。验收组专家根据国家口岸验收有关要求，一致认为打洛口岸基础设施、配套设施满足对外开放需要，查验人员能够适应对外开放的查验需求，符合国家对一类开放口岸的建设要求，同意打洛口岸通过国家级验收。

（四）贸易结构趋于合理化

推进沿边地区贸易结构合理化的重要标志，就是贸易转型升级和在进出口贸易中比较优势得到充分发挥。一方面，促进贸易转型升级。在保持和发展货物贸易的同时，积极发展服务贸易。西双版纳州继续发挥旅游、运输、建筑等重点服务贸易领域优势，做大做强文化、教育、传媒、中医药等传统服务贸易，积极培育通信、金融、信息等高附加值服务贸易。2019年上半年，西双版纳州共接待国内外旅游者2083.03万人次，同比增长29.64%。预计旅游业总收入341.56亿元，同比增长23.78%。与此同时，41个旅游重大（点）项目完成投资43.33亿元，完成年计划66亿元的65.65%。另一方面，就是在贸易往来中发挥比较优势，促进进出口产品反映各自分工中的资源禀赋和动态比较优势。顺此规律，中国在与发展中国家的贸易中，应该更多地进口原料和资源类产品，出口加工制成品。这有利于解决中国自身人多地少的资源约束，通过进口缓解资源与初级产品供给不足的矛盾，同时通过出口具有比较优势的加工产品，提高工业企业产能利用率。从西双版纳州对外贸易看，东盟国家老挝、缅甸、泰国是西双版纳州主要贸易伙伴，输往西双版纳口岸的大宗商品主要有植物产品、木材及制品、橡胶制品、矿产品、金属及制品、食品等。通过西双版纳口岸出口的大宗商品主要有水果蔬菜、花卉、机电及音像设备、金属及其制品、交通运输设备、纺织制品、食品、化学工业品、塑料橡胶制品等。另外，在西双版纳边境贸易旅游交易会上，展示各国的珠宝玉石、工艺品、木制品、红木家具、化妆品、日用品、家用电器、民族服饰、纺织品等多样化产品，显示各参会国家的产品生产能力与市场竞争力。这样的商品进出口结构，基本反映了西双版纳州与周边国家的资源禀赋与产业比较优势，符合国家分工交换基本规则和各国国情，是一种通过贸易双边获益、结构合理的市场形态。

还应提到的是，西双版纳的地理区位虽然有利于开拓南向丝绸之路，但是，本地一些农副产品在西向丝绸之路经济带也有市场。比如，哈萨克斯坦以往香蕉进口主要来源地是南美国家。近年来，哈萨克斯坦的商人已经注意到距离更近的西双版纳香蕉。相对于南美来说，西双版纳输向哈萨克斯坦的香蕉在运距与运输时间上都有竞争力。近年来，西双版纳香蕉成功打入哈萨克斯坦市场，受到客户的欢迎。

（五）口岸管理效率不断提升

为提升口岸通关便利化水平，西双版纳全面推广运用中国（云南）国际贸易"单一窗口"，实现在平台进行"货物申报、运输工具申报、贸易许可和原产地证书申领、企业资质办理"等功能办理，平台使用已覆盖全州所有口岸，申报业务量呈直线上升趋势。磨憨口岸启动了备案的中国籍车辆出入境时免填"机动车辆出入境查验卡"的便民利民新举措，驾驶员将不用每次出入境都填写车辆查验卡。磨憨口岸还进一步加强"智慧通关"系统建设，未来将启动"叫号通关"新模式。磨憨、打洛、勐龙边民互市系统也与"单一窗口"实现成功对接。这些举措都在不断改善和优化口岸营商环境。2018年，磨憨口岸进口整体通关时间为26.87小时，全省为28.41小时；出口通关时间为0.34小时，全省为1.17小时。磨憨口岸进出口整体通关时间均快于全省平均水平，超额完成国务院要求整体通关时间压缩1/3的目标任务。2019年通关效率又有新的提升。根据商务局提供的数据，2019年1～6月，磨憨口岸进口整体通关时间为16.23小时，昆明海关平均通关时间为23.26小时、全国海关平均通关时间为44.43小时；磨憨口岸进出口整体通关时间为0.31小时，昆明海关平均通关时间为0.75小时，全国海关平均通关时间为4.66小时，磨憨口岸进出口整体通关时间均快于昆明海关和全国平均水平。2019年1～10月，磨憨口岸出入境人员总数170.05万人次，同比上升18%；出入境车辆总数49.15万辆次，同比上升14.09%，通关效率得到不断提升。通关效率的提升，还延伸到个人和团体出境的快速通关中。比如，由于全面推行旅游团队网上报检制度，旅游团队人均通关时间由原来的 45 秒缩短为 12 秒。

与此同时，西双版纳州还扎实推进口岸提效降费涉及的各项工作，持续完善口岸收费公开公示、进出口环节合规成本专项治理工作，落实压缩整体通关时间措施，降低了通关环节和通关成本。根据 2018 年底商务局网站提供的信息，检验检疫技术中心收费项目按照国家有关规定在原收费标准基础上降低10%。此外，还暂停和取消了一批收费项目，极大地降低了企业进出口通关成本，优化了口岸营商环境。

（六）积极推进境外替代种植

为了从源头上根除"金三角"地区的鸦片、海洛因等传统毒品危害，云南省从 20 世纪 90 年代初开始在境外老挝、缅甸等国实施罂粟替代种植项目，经过 10 多年的努力，境外替代种植工作取得突出成绩。在这一政策推进中，西双版纳州替代种植企业在周边国家开展替代种植，得到了当地政府和人民的大力支持，替代种植面积稳步上升，企业的经济效益也得到了保证，当地逐渐形成新兴产业链，从而导致罂粟种植减少，禁毒斗争取得一定成效。截至 2016 年，云南省共有替代企业 159 家，涉及橡胶、香蕉、玉米、水稻等 40 多种粮经作物，种植面积达到 365 万亩。其中，西双版纳州参与企业数达 38 户，种植面积达到 97.6 万亩。在开展替代种植过程中，西双版纳州相关企业还通过修桥修路、架设饮水工程、修建简易卫生间、修建寺庙、修缮校舍、赠送中小学生学习用品等，获得了老挝、缅甸沿边地区各方的好评，很好地诠释了中国企业在"走出去"过程中对社会责任的履行。

尤其需要提到的是，2005 年国内天然橡胶市场持续升温，抬高了州内劳动力、地租等种植成本，境外劳动力和土地价格相对低廉，加之商务部门每年都给予境外替代种植项目一定进口返销配额（配额内的返销产品减免 10% 的关税和 17% 的增值税）和补贴激励，导致 2005~2006 年大量投资者到老挝、缅甸开展橡胶替代种植。目前，西双版纳州在境外橡胶替代种植面积占境外种植总面积比重已高达 80% 左右。

（七）推动跨境农畜产品再加工

沿边开放在许多地区的重要短板是，输入产品直接过境，加工较少或即便有加工层次也不高，有带动力的项目较少。为更好地发挥进口在优化国内产品市场结构、节约资源保护环境方面的功能，西双版纳州在景洪市与缅甸、勐腊县与老挝之间开展了跨境动物疫病区域化管理试点项目，推动缅甸、老挝屠宰用肉牛输华项目建设，产业发展前景看好。比如，勐腊县项目采用国际一流的屠宰分割生产线，生产流程自动化水平高，每小时屠宰量可达到 100~120 头，项目投产运营达到产能设计后，每年可实现牛肉及副产品产值 100 亿元以上，产生直接利税超过 5 亿元，间接利税超过 2.5 亿元，提供就业岗位 1000 余个，并带动当地及周边国家种植业、养殖业、服务业等产业发展。通过规范化的入境管理，可有效遏制边境地区偶蹄类动物非法入境。

（八）创新开放合作新机构新模式新业态

对外开放需要深化体制机制改革。通过改革，可以不断发育新机构、新模式、新业态，促进商品、资本与要素的跨国流动。新金融是对外贸易的重要工具，也是推进贸易发展的必要手段。适应对外开放的需要，西双版纳积极推动沿边金融改革，中国工商银行、中国农业银行、中国银行、富滇银行等多家银行机构已经在缅甸、老挝设立了分支机构，实现了中老缅间人民币现钞跨境调运。有 4 家金融机构开展跨境人民币业务创新，中国农业银行还成立了泛亚业务中心磨憨分中心，开展边民互市贸易结算业务。富滇银行与老挝外贸大众银行共同合资组建老中银行，在老挝磨丁经济专区设立"金融支付服务点"，2018 年 5 月 18 日，实现了中老磨憨—磨丁间的人民币现钞跨境调运，截至2019 年 6 月，已完成调出人民币 18600 万元，调入基普 5 亿元。又如，通过建设国际快件监管中心，实现跨境快件产品的分拣、清关等工作，加快快递产业国际化，推动中国快递业务向周边国家延伸，也使得周边国家的快递邮件及时准确到达国内用户手中。

三、西双版纳沿边开放中存在的主要问题

尽管西双版纳州在推动沿边开放方面取得巨大成就，积累了丰富经验，沿边开放也给西双版纳经济社会发展带来实实在在的好处。但是，西双版纳的对外开放还存在着一些问题与障碍。

第一，基础设施建设满足不了需求。

磨憨口岸是西双版纳级别高、影响大的口岸，政府在建设上不遗余力，但基础设施薄弱问题依然突出。磨憨口岸最初设计通关货运能力为 60 万吨，2018年进出口货运量已经达 403 万吨，2019 年 1~10 月，磨憨口岸进出口货运量达

到 389 万吨，比前一年同期增加了 23%。计划赶不上变化的最终结果，是口岸严重拥堵。磨憨基础设施的落后，不仅表现在道路建设上，还包括供排水等城市公共设施建设难以满足政策管理要求。作为建立时间不长、位置偏远、企业投资规模较小的产业区，难以承担大型基础设施投资的沉淀成本。因未在规定时间完成污水集中处理设施整改任务，磨憨口岸的工业园区被取消省级工业园区资格。

不仅磨憨，其他口岸和互市贸易点都或多或少存在基础设施薄弱问题。比如，有些口岸联检部门查验和配套设施滞后，缺乏现代化的待检场所和设备，信息化水平与沿海差距明显，对进出口货物还不能做到科学、快捷地全面检查，口岸功能的提升以及通关便利化的建设在科技方面就受到了明显的制约；有些口岸物流通道建设仍显滞后，没有专用货运通道，人货分流尚未实现；有些边民互市点的水、电、路等基础设施落后，互市点配套设施不完善，有些边民互市点基础设施还远远没有达到设施的规范要求，有些甚至没有正规的、固定的市场和仓储场所，离海关监管标准化要求相去甚远。

第二，开放区位优势和政策优势没有转化为产业竞争优势。

优势的地理区位、积极的开放政策，没有转化成带动本地经济发展和产业升级的能力。根据有关数据，边境贸易多限于"过路经济"，本地产品中低附加值占比超过 70%。目前，西双版纳各市县都注重建设吸纳资金、技术、人才的平台，但是没有有效地形成资本集聚格局，投资驱动经济发展的力度明显不足。从工业增加值看，西双版纳产业规模较小、发展走势较弱。2017 年工业增加值在全省 16 个地市州中排名第 12 位，2018 年工业增加值排名下降一位，到第 13 位，由高于丽江变成了低于丽江。产业发展与投资有关，但西双版纳本地投资和吸引外来投资都严重不足。

从招商引资方面看，西双版纳投资规模较小，产业未来发展后劲明显不足。根据《西双版纳傣族自治州经济工作手册》（2019）提供的数据，从 2017 年、2018 年云南省各地州吸引的省外到位资金规模排序看，西双版纳州这两年连续在云南省 16 个地市州中排名第 14，仅仅高于迪庆和怒江，在全省位列倒数第 3；在 2017 年、2018 年云南省八个沿边州市（红河、文山、普洱、西双版纳、保山、德宏、怒江、临沧）吸引省外资金的排名中，西双版纳州排名倒数第 2。2019 年，西双版纳招商引资的绩效没有提升，反而下降，各类产业开发平台招商引资相对于 2018 年有大幅度下降（见表 6-7），在省内或者沿边地州排名不会靠前。与此相关的另外一个统计数据是，2018 年西双版纳州固定资产投资增速只有 0.4%。

表6-7　2018年、2019年西双版纳招商引资统计表

类型	2019 年	2018 年	2019 年比 2018 年增减（%）
项目数（个）	201	196	2.6
实际到位资金（万元）	2227233	2421551	-8.0
其中：景洪市（万元）	1221362	1074592	13.7
勐海县（万元）	208159	339217	-38.6
勐腊县（万元）	244170	232761	4.9
西双版纳旅游度假区（万元）	164173	227588	-27.9
景洪工业园区（万元）	382690	479927	-20.3
磨憨经济开发区（万元）	6679	67466	-90.1
实际到位资金：来自省外（万元）	1504682	1596109	-5.7
来自其他州市（万元）	721701	824743	-12.5

资料来源：西双版纳州统计局：《2019年西双版纳州国民经济主要统计指标（快报）》，2020-02-03。

　　第三，跨境合作的外方设施建设和制度化管理还相对落后。

　　在口岸管理中，各方反映外方在货物过境过程中存在程度不同的检验慢、收费高问题。比如，老挝 L·S 公司在磨扁货场对所有过境老挝的国际运输车辆强行开封驳货检查和收费，引发货运企业严重不满；中方与周边互联互通仍不顺畅，老挝、缅甸口岸基础设施建设还跟不上开放的需要，连接口岸与城镇的交通基础设施、物流仓储设施普遍落后，极大阻碍货物流通的正常运转。在口岸建设上，老挝投入不足，磨憨—磨丁经济合作区老方一侧的基础设施没有得到改善。除此之外，目前中泰车辆还未实现直接互通，中老泰三国在一站式检查、提前交换信息、减少跨境运输程序和手续、统一单证等方面仍存在实施难度大的问题，不利于车辆及货物的便捷、高效通关。

　　第四，外方反映中方的某些管理政策需要改进。

　　尽管中国在诸多涉及对外开放方面的政策走在前面，赢得周边国家赞许，但是，在双方或者多方合作中，也有外方反映一些政策需要改进。比如，缅甸有地方政府反映，缅甸愿意推动农产品输入，但是中方从产品出口申请经风险评估到通过风险评估耗时过长，有时长达一年。又如，中方十分重视推动金融跨境合作，也出台了相关文件。但也有外方机构反映，境外机构在国内开设

NRA 账户，需提供外籍经营者护照、营业执照、合同等原件，手续繁杂，正常贸易款项往来银行核销受 20 万元人民币额度的限制需要提前预约，并且不接受第三方付款，制约出口贸易做大做强。在金融结算不完全顺畅背景下，"地下银行"非正规金融机构就难免存在，不仅增加了资金过境成本，而且对当地财政收入和管理有一定的影响。

第五，口岸管理还存在诸多不足。

口岸管理模式不完善，分工不尽合理。目前，边境贸易主要实行"串联式"通关模式，只有完成上一个步骤才能进行下一个步骤，履行通关手续时需要在海关、货场、检验检疫等多个部门间来回奔波，货车在境内滞留一晚将增加 800~1000 元人民币的成本，增加了企业成本。进出口货物要求必须在口岸查验现场进行申报、办结清关手续，税费缴纳完毕货物才能放行，常常出现货物车辆积压口岸造成拥堵，效率不高；又如，中检公司收取的技术咨询服务费高达 960~2000 元/辆，企业反映强烈。还有，口岸专业人员不足也影响口岸业务功能发挥。比如，尽管磨憨口岸国际快件监管中心投入运营，但因海关没有配备专职人员进行监管，导致清关时间长、效率低。

第六，边民互市激励作用不够突出。

在具体管理实践上，边民参与边民互市交易，需要利用身份证在指定市场指定口岸交易指定商品，同时由于沿边地区交通设施不便利，互市点与市场距离较远，给边民带来了很多的不便利，降低了边民参与边境贸易的积极性。有些大型企业利用边民身份证以边民互市名义进行大宗商品免税进口，支付边民极少的费用。用边民身份在边境进口的货物缺乏交易的平台，没有建立二级市场，边民参与互市贸易的目的仍以自给自足为主，没有真正融入市场。边民参与边境贸易渠道的缺乏制约边民通过参与边境贸易获益的途径，严重影响边境贸易的开展。

第七，重点产业化平台建设还处在初期阶段。

中老磨憨—磨丁经济合作区是中国和老挝共同推进"中老命运共同体"建设的"样板工程"。但磨憨是一个边境小镇，常住人口一半以上是农村人口，虽然教育、文化、医疗、旅游等公共服务已落户城镇，但公共服务配套水平低，城镇功能还未完善。合作区地带狭长、地块分散，且山地多平原少，可开发建设用地有限，土地开发成本较高，一定程度上制约了合作区发展；合作区产业基础薄弱，企业规模较小，财政收入不足；基础配套设施薄弱，区内水网与电网建设相对滞后，难以保障驻区企业与居民日益增长的需求，急需改造提升。

目前的问题是，合作区按照"1+2"围网方案建设，资金缺口较大，西双版纳地方政府财力有限，制约了合作区建设的推进。

第八，部分开放合作项目建设管理效率不高。

在对外开放中，项目早一天投产早一天取得收益。但在西双版纳，一些政府力推的重点项目建设缓慢，严重拖期，影响到项目建设效果。比如，跨境动物疫病区域化管理试点项目未能按期投入运营，关累肉类产品进口未能达到预期效果，磨憨快件监管中心没有步入正轨。

四、政策建议

从整体上看，近年来西双版纳在对外开放上迈出了坚实步伐，西双版纳州政府一直对加快对外开放引领本地经济增长抱有较大信心与决心，也在不断推进体制机制创新，促进对外开放迈上新台阶。在西双版纳深化对外开放时，西双版纳州委、州政府提出，要把西双版纳建设成中国参与大湄公河次区域经济合作的示范区、中国面向南亚东南亚辐射中心建设的先行区。在西双版纳州"十三五"对外贸易规划中，也还雄心勃勃地提出了西双版纳州的战略定位：云南省面向东南亚外贸发展的重要辐射带动区、中国与东南亚国家间区域性国际贸易次枢纽、面向东南亚的外向型产业基地、大湄公河次区域服务贸易发展引领中心。

为更好推动西双版纳州对外开放取得新成效，推动对外开放服务于西双版纳的高质量发展，特提出以下政策建议：

（一）坚定不移地利用两种优势推动对外开放

立足于西双版纳沿边地区、边境线长、口岸资源丰富的特点，不断推动对外开放，不仅有利于西双版纳的发展，也有利于云南省乃至全国其他省市的发展。要积极贯彻党的十九大、十九届四中全会精神，抓住国家"一带一路"倡议、孟中印缅经济走廊建设、大湄公河次区域经济合作、中国—东盟自由贸易区建设等机遇，利用好沿边开放的优势区位和优势政策，发挥开放活边、开放稳边、开放兴边、开放富边的作用，在推动"走出去"和"请进来"过程中，奉行互利共赢的开放战略，积极探索对外开放先行先试新模式，不断培育国际合作与竞争新优势，加快形成高质量对外开放新格局，使对外开放成为驱动西双版纳经济社会跨越式发展的不竭动力。

（二）统筹双向开放，注重补对内开放短板

西双版纳地处边远，企业自有资金不足，本地企业对对外开放平台的利用严重不足，企业家对产业竞争前沿、创新前沿、产品转型等理解严重不足，适应市场竞争能力不强，而周边的老挝、缅甸经济发展落后，企业家能力严重不足。因而，推动园区建设的资金应该"回头望"，加快补对内开放不足这一课。要主动融入长江经济带、西部大开发、粤港澳大湾区建设等重大国家战略，推动南引北拓、东联西进等模式，加强与国内重点地区、重点城市、重大政策的衔接，积极引进国内资金、国内企业、国内人才。要加强培育营商环境，强化政府筑巢引凤能力，提高西双版纳对国内其他地区的投资吸引力。加强招商引资力度，推进产业招商、平台招商、专业招商、以商招商、微信招商等多种招商模式，积极推进投资项目储备库建设，构筑"谋划一批、上报一批、实施一批、投产一批、储备一批"新格局，全力做好招商引资项目的储备、签约、落地等工作，发挥外来投资在推动经济发展中的主推力作用。

（三）积极加强基础设施建设

要统筹铁路、公路、水运和机场建设，扩大交通网络规模，推进"三内联、四出境"干线公路建设进程，构建通往东南亚陆上战略通道，形成面向东南亚的立体化综合交通网络。加快中老铁路、中老高速公路建设，努力促进勐满至南塔、240 至梭累港、打洛至景栋等公路提高等级；加快构建现代物流枢纽，鼓励支持邮政业和快递业发展，支持国际陆路监管中心建设，推进跨境物流信息公共服务平台建设；重视磨憨口岸围网、产业、口岸设施、市政设施、公共设施等项目建设，完善磨憨重点开放开发试验区和磨憨—磨丁跨境经济合作区基础设施和公共服务设施；继续加强和提升西双版纳机场、景洪港、打洛等国家级口岸建设，积极推动关累、勐满等口岸升格为国家级口岸。

与此同时，要按照边境小额贸易和边民互市贸易进出口货物的监管要求，完善各边民互市点监管设施建设，使各边民互市贸易点设施完备、功能齐全，为进出口货物的交易和监管提供便利。

调研中，地方政府还提出，希望从国家层面加大对西双版纳口岸建设资金支持力度。尤其是，希望加强对勐满拟新开口岸及景洪港扩大开放建设的资金支持力度，帮助地方改善口岸设施和通行条件。为促进经济发展，中央政府目前将继续采用扩大内需的方式，加大政府对基础设施的投入。西双版纳地方政

府的要求，与国家的整体发展思路相一致。这一要求，可不同程度通过中央和云南省相关部门加大政策协调加以解决。

（四）推动对外贸易高质量发展

应推动对外贸易扩大规模和提升质量，继续优化对外贸易结构。鼓励进口矿产品和成品油等国内短缺资源性产品进口。在巩固和做大特色农产品、建筑材料、轻工产品和通信设备等传统优势产品出口的同时，积极扩大工程机械、成套设备和汽车汽配等技术含量高、附加值高的产品出口。在发展传统贸易的同时，促进服务贸易加快发展。积极促进物流运输、技术转让、跨境旅游、研发设计、集散分销和电力输出等服务出口，做大做强文化、传媒、中医药等传统服务贸易，着力培育金融、通信、咨询等现代服务贸易。

与此同时，要增创边民互市政策新优势。要通过政策管理，禁止不具有边民身份的个人团体利用边民身份证开展贸易，对于参与到边民互市贸易的边民可根据贸易额进行相应的补贴奖励；组建边民合作社，允许符合条件的边民互助合作组织开展互市贸易，以边民互助合作组织进行批次申报监管；鼓励符合边民身份劳动者积极参与边民互市贸易，壮大边民互市贸易大军。尤其是，要推动中老泰边民"国际赶摆"活动扩大规模和提升水平；积极建设与边民互市相配套的二级市场。根据相关规定，二级市场交易视同"自产自销"，即边民在互市贸易区购买的商品，视同自产自销商品，在二级市场缴纳一定的税收以后，可以落地加工或在国内市场流通，不再受边民自用的限制；借鉴其他地区的经验，用好"互市+加工"的运营模式，将互市贸易与沿边扶贫产业相结合，积极引进农产品加工龙头企业，开展边民互市贸易商品落地精深加工工作，提高产品附加值，从而带动沿边多类产业发展。

（五）充分利用好各类园区建设平台，精心谋划加工转化

西双版纳拥有景洪、勐海、磨憨等产业园区，应把沿边优势、口岸优势与产业平台优势很好结合起来，促进有竞争力的产业加快成长，以产业发展引领兴边富民进程。一是继续用好本地优势，扶持生物医药、傣药南药制造、生物保健品研发、种业、能源、橡胶制品制造、普洱茶精深加工、绿色食品加工等具有本地资源优势的产业进一步发展，按照质量、标准、品牌等模式做大做强特色产业；充分发掘西双版纳州独特的民族文化、雨林文化、佛教文化、普洱茶文化等文化资源，加强旅游和文化产业深度融合。可考虑吸引国内的文化创

意企业如影视企业，到西双版纳兴办产业化基地，利用西双版纳丰富的自然资源与文化题材，创作优秀文化作品。二是积极利用老挝、缅甸等国的进口特色资源，发展精深加工产业。比如，积极扶持食用牛、珠宝玉石原料，发展下游精深加工产业，积极开拓国内市场。三是积极引进国内优势企业在西双版纳园区建设分支机构，可以把企业优势与西双版纳区域资源优势结合起来。要鼓励境内外企业到西双版纳州各类开放合作功能区建设"园中园""姊妹园"或异地产业园。与沿海发达地区高水平的产业园区深化合作，积极实行税收分成等新模式，打造政策飞地。鼓励园区与园区、企业与企业结对合作，通过协议方式开拓第三方市场。尤其是，支持内地有实力的城市和产业园区利用西双版纳的沿边优势、水资源、土地资源优势，建设面向东盟国家的出口基地。此外，还可以吸引大型化工企业在西双版纳发展橡胶精深加工产业，把大型企业的技术优势、创新优势与本地的资源优势结合起来，促进橡胶加工业高质量发展。

（六）继续提高口岸通关智能化、便利化水平

应进一步优化口岸布局，加强口岸之间的分工与协作，打造整体效益高、分工优势强的口岸集群与枢纽口岸。积极推进关累、勐满升格为国家级口岸，积极支持符合条件的口岸申报粮食、肉类产品、中药材等整车进口准入指定口岸；加快电子口岸建设。运用物联网、传感器、智能监控、智能运输等技术手段，应用于口岸的物流作业、运输服务、通关实务中，建立和应用电子口岸大通关服务平台，推进自助通关，全面实现无纸化通关。重点推广网上报关、报检、结汇、税费缴纳等应用项目，全面实施关检合作一次申报、一次查验、一次放行制度；打造"关检"合作深度融合、高效便捷的通关模式。加快跨境电子商务通关服务平台建设，对进出口电子商务商品实行集中申报、集中办理；清理整顿报关、报检、货代、口岸服务等环节收费，依法合规设立进出口行政事业性收费，切实减轻企业负担；推动互市贸易商品质量可追溯信息服务，实现海关、检验检疫等部门间业务互联、信息互通、资源共享。

（七）积极支持磨憨重点开放开发试验区建设

对照国家商务部关于跨境经济合作区的工作要求，及时完成所需配套政策的研究和制定；加强对国家转移支付等相关政策运用，积极争取试验区建设一些项目列入国家和省重点；可以深化与对口支援省市的合作，实行共建共享制度，争取多方支持；理顺管理体制，积极加强与省、州政府有关部门沟通协调，参照自贸区行政审批职能下放，明确下放事项；结合行政许可标准化建设，创新审批服务体制机制，进一步优化审批流程，精简办事环节，提高办事效率；探索试行"一线前伸，二线管住，封闭运行，联合查验"的监管模式，实现区域内人员、货物、交通工具的流通便利；继续重视基础设施建设，对基础设施短缺、涉及一票否决类的建设项目尽可能优先填平补齐。在诸如供水排水污水处理设置建设上，可以与老挝方面共建共享，并且共摊成本，减少单方面建设的资金压力和建设后利用不足；加快推进磨憨口岸进出境海关快件监管中心建设；积极打造跨境旅游合作区和边境旅游试验区。

西双版纳地方政府希望从国家层面推进磨憨—磨丁铁路口岸"一地两检"或"两地两检"的通关监管模式，实现中老两国联检部门同一时间、同一地点进行查验监管，提高口岸通关效率，将中老铁路建成"一带一路"中老友谊标志性工程。笔者认为，这一要求合情合理。我国的海关实行垂直管理，地方政府干预有限，但是，海关口岸管理效率，会影响到地方对外开放成效。海关在具体业务管理中，应切实了解自下而上的管理需求，加强与周边国家的合作与联动，加强海关通关流程改进、设施改进、效率改进。与此同时，应实行负面清单管理制度，制止不合理收费现象。

（八）支持有条件的企业"走出去"发展

鼓励有实力的企业到境外投资办厂、并购境外企业、参与境外基础设施建设。推动西双版纳州与缅甸、老挝、泰国等国合作建设一批农业科技示范项目，加强中老、中缅罂粟替代种植合作，推动替代种植项下物资及其返销产品通关便利化。尤其是，要大力推动天然橡胶境外替代种植，鼓励边境农场在老挝、缅甸发展，为西双版纳橡胶精深加工产业提供原料保障。

（九）多措并举解决人力资源缺口

地方政府希望，中央相关部委可将拟提拔优秀年轻干部外放到西双版纳对外部门挂职锻炼，帮助制定和实施好开放政策，并协助引进外地开放新经验、新做法。也希望口岸专业监管部门垂直管理运转时，按照实际需求进一步增加口岸查验部门人员编制。要解决口岸持续快速发展与口岸管理人力资源不足的突出矛盾，使专业管理人员供给与口岸通关需求相一致。必须改革口岸管理部门的薪酬制度，将薪酬总额与发展管理绩效挂钩，以待遇留住人才，调动专业管理人员积极性。对于地方政府来说，要深化人事管理制度改革，积极引进内地优秀的管理人才，参与对外开放中各类管理事务。与此同时，要探索建立老挝及缅甸劳动力跨境劳务合作的管理新模式，解决西双版纳企业发展中的劳务需求。

（十）深化与周边国家区域合作

建立健全西双版纳州各级政府与周边常态化互访和交流合作机制。加强边境地区与毗邻国家地方政府间联系，在跨境通道建设、农业开发、边境贸易、跨境民事纠纷化解等方面深化合作。与周边国家研究实施"一地两检""绿色通道""联合监管"等措施。依托中国老挝磨憨—磨丁经济合作区、勐腊（磨憨）重点开发开放试验区建设，开展查验监管模式创新国际合作。推动建立多层次口岸双边多边合作机制，着力开展与有关国家海关、检验检疫、认证认可、标准计量等方面的合作，共同推进周边国家通关能力建设，积极探索实施多种监管和放行模式。加强中老缅口岸联检部门合作，共同为跨境旅游、商务、贸易、物流等行业发展创造有利条件，在海关工作、通关、货物进出口手续办理方面达成一致；加强与周边国家的监管合作和信息共享，探索与周边国家开展电子证书合作，实现检验检疫标准与结果互认；加强政策协调，尽可能实行24小时通关制度，提高人员、货物通关速度；推进跨境运输车辆牌证互认，为从事跨境运输的车辆办理出入境手续和通行提供便利和保障。

尤其是，应加强对地方政府管理不了解决不了的跨国政策协调。对企业乱收费乱设卡、跨境非现金支付和跨境结算国际合作等问题，地方政府协调解决不了，可以通过下情上传的模式，提交到国家层面，通过高层沟通进行专项处置。

除此之外，调研中有关方面还反映，沿边州出国办理相关手续比较烦琐，希望下放管理权限，便于有出境需求的干部、商人、学者等各层次的人士方便出国。

分报告之六：关于西双版纳州脱贫攻坚的调研报告

2020 年是全面建成小康社会和"十三五"规划收官之年，也是脱贫攻坚决战决胜之年。截至 2019 年底，西双版纳州实现剩余的 1005 户 3270 人贫困人口全部脱贫、7 个贫困村全部出列、5 个"直过民族"整族脱贫，在全州范围内消除了绝对贫困，成为云南省第一批全面脱贫的州市。[①] 但是，扶贫工作是一项长期复杂的系统工程，如何加强对不稳定脱贫户、边缘户的动态监测，及时将返贫人口和新发生贫困人口纳入帮扶，真正落实好"输血变造血"，对做好脱贫成果的巩固工作具有重要意义。

一、脱贫攻坚的文献综述

以习近平总书记 2013 年首次提出精准扶贫为起点，以党的十八届五中全会和中央扶贫开发工作会议决策部署为标志，中国农村扶贫开发进入到了脱贫攻坚阶段。在此背景下，国内学者开始从教育、产业、旅游等方面来研究实现脱贫攻坚的路径。

（一）脱贫攻坚的实践路径

刘永富（2015）指出理清思路、找准路子是做好扶贫开发工作的基础和前提。理清思路、找准路子，必须坚持从实际出发，因地制宜，找准突破口。[②] 邢

---

① 资料来源：中共西双版纳州委党史研究室编：《2019 年西双版纳年鉴》。
② 刘永富. 确保在既定时间节点打赢脱贫攻坚战——学习贯彻习近平总书记关于扶贫开发的重要论述［J］. 社会治理，2016（1）：18-22.

成举、赵晓峰（2016）指出，农村贫困转型中出现了贫困人口识别、贫困人口参与贫困项目积极性不高和贫困治理能力不足等。为了应对这些问题，必须切实推进扶贫工作，同步实施"造血"与"输血"扶贫，做好贫困人口的社会保障并引导其消费，优化贫困治理结构。① 余应鸿（2018）提出，通过转变教育扶贫理念，建立教育扶贫对象识别机制，提升扶贫对象自我发展能力，实施扶贫项目，构建多元主体共同参与扶贫的治理体系等，帮助农村贫困人口实现脱贫与发展。② 刘建生等（2017）提出，产业扶贫是实现贫困人口增收发展的有效路径。③ 莫光辉（2016）提出，从大数据扶贫理念转变和大数据扶贫定位两个方面深入推进大数据技术在扶贫开发领域的全面应用，实现大数据扶贫的减贫绩效。④ 王洋、张超（2019）提出，发展农村旅游，可以激活农村特色资源，促进农业增效及经济结构优化，引导更多消费和社会资源流向农村，促进农民增收。⑤ 谢日红、占紫娟（2018）提出，发展"互联网+"，促进电子商务转向农村，成为实施扶贫的重要载体。⑥

（二）沿边地区脱贫攻坚的实践路径

李玉虹、马勇（2002）提出以发展边境旅游业带动沿边地区脱贫致富，分析了边境旅游的经济扶贫作用、社会扶贫作用和文化扶贫作用。⑦ 揭子平、丁士军（2018）鉴于滇桂边境民族地区的贫困特殊性，从政府治理与社会力量参与、产业发展、教育与培训、社会保障等方面提出了相应的反贫困对策。⑧ 王飞（2018）指出通过整合扶贫政策，创新扶贫机制，发挥国企的引领作用，合

---

① 邢成举，赵晓峰．论中国农村贫困的转型及其对精准扶贫的挑战［J］．学习与实践，2016（7）：116-123.

② 余应鸿．乡村振兴背景下教育精准扶贫面临的问题及其治理［J］．探索，2018（3）：170-177.

③ 刘建生，陈鑫，曹佳慧．产业精准扶贫作用机制研究［J］．中国人口·资源与环境，2017，27（6）：127-135.

④ 莫光辉．大数据在精准扶贫过程中的应用及实践创新［J］．求实，2016（10）：87-96.

⑤ 王洋，张超．精准扶贫背景下农村旅游扶贫的优势、困境及路径［J］．农业经济，2019（7）：68-69.

⑥ 谢日红，占紫娟．农村电商精准扶贫发展现状及其策略研究［J］．电子商务，2018（3）：8-9.

⑦ 李玉虹，马勇．边境旅游业在沿边地区扶贫中的作用［J］．黑龙江民族丛刊，2002（2）：67-73.

⑧ 揭子平，丁士军．滇桂边境民族地区贫困的特殊性及反贫困对策——以云南梁河县和广西防城区为例［J］．中南民族大学学报（人文社会科学版），2018，38（1）：90-94.

理规划边疆乡镇布局等措施，加快推进边疆民族地区脱贫工作。[①] 李娅、赵鑫铖（2016）结合我国东西部对口支援和帮扶，提出西部受援省区要在外力援助下，结合自身发展需求，内外联动，实现构建区域自我发展能力。[②] 雷飞（2019）提出西南沿边贫困山区可以选择边贸扶贫、旅游扶贫、特色农业资源开发扶贫、电商扶贫等扶贫模式。[③] 杨颖等（2012）从云南省的实际出发，提出走扶贫开发与产业扶贫、环境保护相结合道路，完善扶贫开发资金投入体系、加强农村社会保障体系建设，是云南缓解和消除贫困现象的重要途径。[④] 潘秀珍、周济南（2019）提出广西沿边地区应从注重扶贫与扶智的结合、建立整体推进的脱贫效果长效机制、吸纳多元主体参与的扶贫模式、厚植特色产业发展土壤等方面着手，消弭脱贫效果持续性阻碍。[⑤]

二、脱贫攻坚的政策管理

党的十八届五中全会确定了到 2020 年脱贫攻坚的总体目标。这是一个多元化的目标体系，体现了贫困成因和脱贫的综合性。总的目标是农村贫困人口全部脱贫，贫困村全部出列，贫困县全部摘帽，解决区域性整体贫困。[⑥]

（一）贫困人口的识别标准

非建档立卡农业户籍农村常住人口中，以家庭未解决"两不愁、三保障"作为识别的重要依据，重点关注仍居住危房、家庭因病致贫、家庭适龄成员因贫辍学或因学致贫、享受低保政策但符合国家扶贫标准等人群，以及符合条件的"农转城"人员（指农村户籍转为城镇户籍，但仍然生活在农村，掌握农业生产资料，主要从事农业生产，并未享受城镇居民应有的社保、住房、教育等公共服务的人员），凡符合国家扶贫标准的，做到"应纳尽纳、应扶尽扶"。

---

① 王飞．边疆民族地区精准脱贫中的主要问题及建议［J］．中央民族大学学报（哲学社会科学版），2018，45（4）：45-53.

② 李娅，赵鑫铖．东西部对口支援中的能力缺口、援助需求与自我发展能力——以西部边疆五省区为例［J］．学术探索，2016（9）：93-99.

③ 雷飞．西南沿边贫困山区精准扶贫模式选择［J］．党政干部学刊，2019（3）：76-80.

④ 杨颖，田东林，路遥．云南边疆民族地区扶贫开发研究［J］．当代经济，2012（6）：100-103.

⑤ 潘秀珍，周济南．广西沿边地区精准脱贫效果持续性的阻碍及策略分析［J］．广西民族研究，2019（1）：148-156.

⑥ 黄承伟．党的十八大以来脱贫攻坚理论创新和实践创新总结［J］．中国农业大学学报（社会科学版），2017，34（5）：5-16.

（二）贫困人口脱贫退出标准

《中共云南省委办公厅 云南省人民政府办公厅关于进一步完善贫困退出机制的通知》（云厅字〔2019〕31号）规定了贫困人口退出标准（5条标准）：①人均纯收入：贫困户人均纯收入稳定超过国家标准（按当年确定的标准），达到不愁吃不愁穿；②住房安全：住房遮风避雨，保证正常使用安全和基本使用功能；③义务教育：义务教育阶段适龄儿童少年无因贫失学辍学；④基本医疗：建档立卡贫困人口参加基本医疗保险、大病保险，符合条件的享受医疗救助；⑤饮水安全：水量、水质、取水方便程度和供水保证率达到规定标准。

（三）脱贫攻坚的精准性和有效性

脱贫攻坚的成效取决于识别精确性与施策有效性。首先是帮扶对象的识别，根据致贫异质性明确贫困人口。通过申请评议、公示公告、抽检核查、信息录入等步骤，将贫困户和贫困村有效识别出来，并建档立卡，即识真贫、扶真贫，保证真实贫困的人口进入评定帮扶名单，减少漏评与错评。识别精准性通常用漏评率与错评率来反映。

$$识别准确率 = \left(1 - \frac{错评户数 + 漏评户数}{调查贫困户 + 调查非贫困户}\right) \times 100\%$$

错评是指将不符合贫困标准的农户评定为建档立卡贫困户的情况；漏评是指将符合贫困标准的农户未评定为建档立卡贫困户的情况。

其次是帮扶措施的匹配，根据致贫原因匹配帮扶措施，对识别出来的贫困户和贫困村，深入分析致贫原因，落实帮扶责任人，逐村逐户制订帮扶计划，集中力量予以扶持。即在贫困认定的基础上结合致贫原因，提高贫困人口的货币收入、生计指标值等。

最后是帮扶成果的"有效"，帮助贫困人口切实走出"贫困陷阱"，实现可持续脱贫。即通过技术创新、制度安排等方式形成可持续生产的内生发展动力，打破贫困的代际传递，成功进入小康社会。

所以，为有效推进脱贫攻坚工作，首先要做好的就是贫困人口的识别工作，只有先做好精准识别，才能实施精准帮扶、精准管理和精准考核。

三、西双版纳州的脱贫攻坚及经济效率

2015年1月29日，习近平总书记在国家民委一份简报上批示"全面实现

小康，少数民族一个都不能少，一个都不能掉队，要以时不我待的担当精神，创新工作思路，加大扶持力度，因地制宜，有效发力，确保如期啃下少数民族脱贫这块'硬骨头'，确保各族群众如期实现全面小康"。西双版纳州位于西南边陲，是一个边疆少数民族自治州，下辖景洪市、勐海县、勐腊县、西双版纳旅游度假区、中国老挝磨憨—磨丁经济合作区、景洪工业园区，辖区内的勐腊县为国家级重点贫困县和片区县，勐海县为片区县。作为国家实施滇西片区扶贫开发的主战场之一，做好西双版纳州的脱贫工作对云南省、滇西片区脱贫攻坚工作的推进具有深远意义。

自 2013 年以来，西双版纳州紧紧围绕"一个中心、两个基本点、三个方面"开展工作，根据致贫原因、地域条件、资源优势、产业基础等实施差异化帮扶，创新做法，积累经验，脱贫攻坚取得显著成效。

（一）西双版纳州脱贫攻坚的基本情况

1. 贫困人口以少数民族居多

西双版纳州世居着傣、汉、哈尼、彝、拉祜、布朗、基诺、瑶、苗、回、佤、壮、景颇 13 个民族，其中"直过民族"占了 5 个，超过 1/3。西双版纳州位于我国西南边陲，集边境地区和民族地区于一体，属于云南省 4 个集中连片特困地区中的滇西边境山区，是全省脱贫攻坚的重点州市之一。由于其自然、地理条件复杂，加之各民族社会发展程度差异性明显，导致全州贫困面广、程度深，为全面打赢脱贫攻坚战提出了挑战。

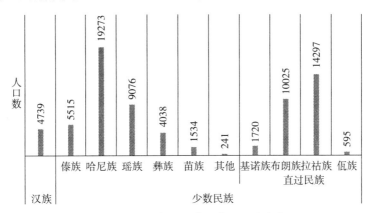

图 7-1　西双版纳州贫困人口民族分布

资料来源：西双版纳州人民政府扶贫开发办公室。

从图 7-1 可以看出，西双版纳州贫困人口主要集中于少数民族尤其是采取"直接过渡"到社会主义的方式实现社会形态的直过民族中。民族多样、地处偏远加之基础设施建设滞后、信息流通缓慢、发展基础薄弱等多方面因素的影响，造成了西双版纳州脱贫攻坚形势复杂、任务艰巨的局面。

2. 精神帮扶与物质帮扶并重

2013 年西双版纳州以农民人均纯收入低于 2736 元的标准来划分贫困人口，贫困发生率为 9.3%。由于地势原因，一些贫困村被大山环绕，基础建设落后，交通突发状况比较多，制约着群众的发展，所以做好贫困地区教育、医疗、交通等基础设施建设是引导贫困群众走出贫困的关键。部分贫困人口存在着住房、出行、饮水、就医、上学困难等问题，因缺技术、交通落后等原因致贫占比较大。直过民族从原始社会末期、奴隶社会初期直接过渡到社会主义社会，基本没有脱贫的欲望，自身发展动力严重不足。

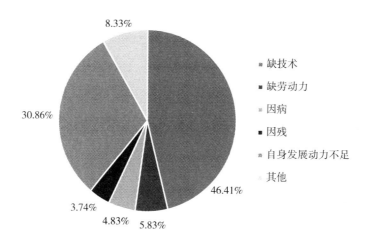

图 7-2　西双版纳州贫困异质性占比

资料来源：西双版纳州人民政府扶贫开发办公室。

从图 7-2 西双版纳州贫困人口异质性占比来看，因科技文化设施建设滞后，专业技术人员严重缺乏，农技推广服务不足导致 32974 人因缺技术而贫困，占总贫困人口的 46.41%；因文化水平低、民族封闭性、生产生活条件差导致 21930 人因缺乏自身发展动力而贫困，占总贫困人口的 30.86%；另外，因病、因残、因劳动力等因素造成 16151 人贫困，占总贫困人口的 22.73%。

（二）西双版纳州脱贫攻坚的经济效率

1. 贫困人口数量逐步减少

自 2014 年初开展建档立卡工作以来，西双版纳州建档立卡贫困人口共有 17789 户 71055 人；有 92 个贫困村，6 个贫困乡，2 个贫困县。[①]为确保按期完成脱贫攻坚任务，州委、州政府结合西双版纳州的实际出台了一系列脱贫攻坚文件，包括基础设施建设、易地搬迁、教育培训、产业扶贫、消费扶贫、东西部协作等各个方面，为脱贫攻坚提供了坚实的制度保障。

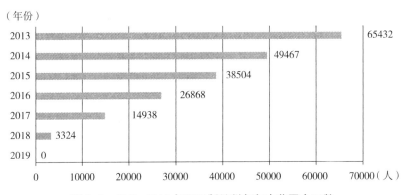

图 7-3　2013~2019 年西双版纳州每年末贫困人口数

资料来源：西双版纳州人民政府扶贫开发办公室。

经过多年的努力，西双版纳州贫困人口不断减少，全州 2014 年脱贫 15965 人，2015 年脱贫 10963 人，2016 年脱贫 13674 人，2017 年脱贫 15652 人，2018 年脱贫 12237 人，2019 年脱贫 3270 人，贫困发生率也由 2013 年的 10.77%下降至 2018 年底的 0.54%，综合贫困发生率也在逐步下降。[②]截至 2019 年末，全州贫困人口全部脱贫，贫困村、贫困乡全部出列，贫困县全部摘帽（见图 7-3），5 个"直过民族"贫困人口实现整族脱贫，在全州范围内消除了绝对贫困，为脱贫攻坚战取得全面胜利奠定了坚实基础。

2. 贫困人口人均纯收入显著提高

随着脱贫工作的稳步推进，根据国家、云南省贫困人口脱贫收入标准的目标要求，结合西双版纳州地区农民人均可支配收入增长的实际，西双版纳州贫困人口脱贫人均纯收入标准由 2013 年的 2736 元调整至 2019 年的 3500 元，进

①② 资料来源：西双版纳州人民政府扶贫开发办公室。

一步提高了贫困人口的生活质量。

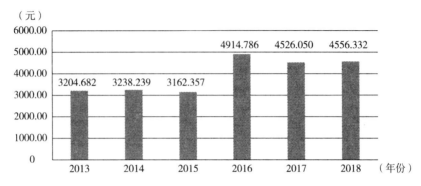

图 7-4 2013～2018 年西双版纳州贫困人口人均纯收入

资料来源：西双版纳州人民政府扶贫开发办公室。

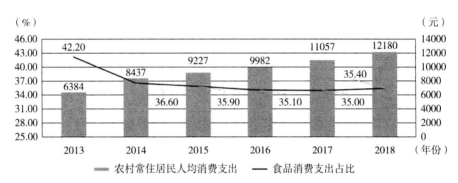

图 7-5 2013～2018 年西双版纳州农村常住居民人均消费支出及食品消费占比

资料来源：西双版纳州。

从图 7-4 中可以看出，西双版纳州贫困人口经济基础得到改善，贫困人口人均纯收入从 2013 年的 3204.7 元提高到 2018 年的 4556.3 元，人均纯收入明显提升，如期实现了基本解决全州贫困人口温饱问题的目标。从图 7-5 中可以看出，西双版纳州农村常住居民人均消费支出不断提高，生活水平进一步得到改善。消费支出从 2013 年的 6384 元提高到 2018 年的 12180 元，几乎翻了一番。恩格尔系数也稳步降低，由 2013 年的 42.20% 下降到 2018 年的 35.40%，农村居民消费逐步进入了讲究生活品位的阶段。

3. "两不愁三保障" 问题有效解决

西双版纳州作为沿边地区，基础设施较差的问题由来已久。在扶贫工作推进以来，西双版纳州根据国务院扶贫开发领导小组印发的《关于解决"两不愁三保障"突出问题的指导意见》中，"到 2020 年稳定实现农村贫困人口不愁吃、不愁穿，义务教育、基本医疗、住房安全有保障，是贫困人口脱贫的基本要求和核心指标"，扎实推进教育、医疗、住房、饮水方面的帮扶。教育保障突出依法"控辍保学"，采取政府牵头引导，向社会广泛筹集并安排专项资金，调动社会各方资源助力教育。2019 年累计劝返复学建档立卡户学生 24 人次，义务教育学校"20 条底线"达标率提高到 100%，17370 人次建档立卡贫困户学生享受资助，确保统计有效、不落一人。医疗保障全面落实"四重保障"，建档立卡贫困人口全部参加城乡居民基本医保。截至 2019 年末，贫困人口大病救治进展率为 99.8%，建档立卡贫困人口高血压、糖尿病、严重精神障碍、肺结核四种慢性病规范管理率分别为 86.26%、82.77%、84.91%、100%。住房安全保障方面，截至 2019 年末，全州 6 个易地扶贫搬迁安置点建设已全部完工，搬迁户已全部搬迁入住，迁出点旧房已全部拆除，土地完成了复垦复绿。实施 4 类重点对象农村危房改造 553 户任务，竣工率 100%，非 4 类对象无力建房户 4251 户，竣工率 100%。安全饮水保障方面，2018 年提前完成省级核定西双版纳州"十三五"农村饮水安全巩固提升规划目标任务，巩固提升了 49 万人的饮水安全，其中：巩固提升了建档立卡贫困人口 4.6 万人的饮水安全，提前完成省级核定西双版纳州"十三五"农村饮水安全巩固提升规划目标任务。截至目前，西双版纳州农村集中供水率、自来水普及率、水质合格率分别达 98.59%、96.56% 和 71.51%，各项指标均超过全省标准，为更好地进行落实脱贫攻坚工作提供了保障。①

4. 社会福利分享水平稳步提升

为了让贫困群众能更好地享受到经济发展带来的福利，西双版纳州对低保贫困户和特殊贫困户在达到"两不愁三保障"标准和享受低保政策基础上，通过社会扶持、互助互帮、资产性收益等帮扶举措进行加强保障，2019 年全年城乡临时救助 14005 人次，其中建档立卡户 2731 人次，确保基本生活来源渠道稳定。全州 92 个贫困村 100% 实现通硬化路、生活用电、动力电、光纤、宽带和有"云岭先锋"为民服务站、活动场所、达标村卫生室。建制村通客车提高到 91.8%，通光纤宽带网络提高到 100%，农村供电可靠率提升至 99.69%，不断提升全州民生质量水平。

---

① 资料来源：西双版纳州人民政府扶贫开发办公室。

四、西双版纳州脱贫攻坚带动机制

(一) 补齐短板，着力解决"两不愁三保障"

"两不愁三保障"是贫困人口脱贫的基本要求和核心指标，直接关系到脱贫攻坚质量。西双版纳州坚持现行扶贫标准，通过发展产业、引导就业等举措，促进贫困群众持续稳定增收，真正确保不愁吃、不愁穿。

一是教育扶贫。治贫先治愚，扶贫先扶智。教育是最有效、最直接的扶贫措施，是拔除穷根、阻断贫困代际传递最重要的途径。2015 年，习近平总书记在给"国培计划（2014）"北师大贵州研修班参训教师的回信中指出："扶贫必扶智。让贫困地区的孩子们接受良好教育，是扶贫开发的重要任务，也是阻断贫困代际传递的重要途径。"针对学前教育，西双版纳州坚持"保基本、广覆盖"的原则，充分依托现有村完小（校点）、利用闲置校舍、支持社会力量、以奖代补等方式，把幼儿园或学前班办到村民小组，方便适龄幼儿就近入学，减轻群众负担。推进实行"双语"教学模式。根据西双版纳州内部分少数民族儿童不通汉语的实际，招聘"民汉双语"教师进行教学，破除语言障碍，让少数民族学前幼儿形成正确的语言和文化价值观，增强民族自尊心和自信心，有效解决学龄前儿童就学、语言交流不畅、义务教育阶段学生学习兴趣不浓和控辍保学等问题。比如，勐混镇勐冈幼儿园开设一个大班、一个混合班、两个幼儿班，两位少数民族教师用双语进行教学，让 30 多名少数民族学前儿童在学前教育阶段就能熟练掌握汉语，破除语言障碍。针对义务教育，州政府按照均衡发展的要求，坚持"城乡统筹，科学规划，分步实施，整体推进"的工作原则，积极推进"全面改薄"工程，着力推进教育资源均衡配置，改善学校、校舍、图书馆及运动场地的建设，确保义务教育教学需求得到基本的满足，大大缩小了城乡、校际差距，有力夯实了义务教育均衡发展的根基，保证义务教育入学率在 99% 以上。在基础设施完善的基础上，创新办学模式，勐海县以民族文化为抓手，在义务教育阶段开展优秀传统文化和社会主义核心价值观进学校、进课堂活动，把傣族的"章哈、象脚鼓、傣笛、傣武术"、布朗族的"布朗弹唱"、拉祜族的"三跺脚"、哈尼族的"竹筒舞"等各民族具有代表性的优秀传统文化，融入教学内容和校园文化建设，促进文化传承；景洪市在做好产业扶贫、安居扶贫的同时，把教育扶贫作为深度贫困区域脱贫的"治本之策"来抓，创造性地提出"异地集中办学"的教育扶贫举措，制定了《瑶族学生集中办学工作实施方案》，对勐旺乡的 384 名瑶族中小学生实行"异地集中办学"，将其集中到景洪城区学校，全面改善其生活、学习和成长环境，确保瑶族学生零辍学，帮助瑶族贫困家庭脱贫致富。针对职业教育培训，丰富职业教育培养模式，结合滇西招生兜底行动，选派符合条件的学生赴上海市、深圳市、东莞市学习。创新职业教育发展模式，结合西双版纳州茶业产业发展特色，职业教育与茶企业、茶叶科研机构建立合作关系，促进校企合作办学，发挥企业参与职业教育办学的作用。

二是医疗保障。以政府脱贫攻坚为契机，重点保障基本民生，编织一张覆盖全民、保障基本民生的"安全网"。以县扶贫办扶贫数据平台数据为基础，比对城乡居民基本养老保险管理系统，逐一排查，确定贫困人员是否符合参加城乡居民基本养老保险的条件，对贫困家庭中 60 岁以上但未享受养老保险待遇的人员、重度残疾和"五保"户人员进行摸排，建立参保动态台账，按规定即时享受城乡居民基本养老待遇，解决老有所养问题。锁定"应保尽保"的工作目标，通过实施多项惠民政策，以村为单位建立了贫困人口参加城乡居民基本养老保险工作台账，形成县乡有统计数据，有人员名册，真正让贫困家庭实现老有所养。确保符合条件的建档立卡贫困人员 100% 参加城乡居民基本养老保险。做到三个"百分之百"即政策宣传百分之百、兜底参保百分之百，领取待遇百分之百。实现参保全覆盖，增加家庭收入，切实解决困难群众后顾之忧，达到有效扶贫。

三是住房保障。安全住房是脱贫攻坚工作"两不愁三保障"中的重要组成部分，也是一项重点民生工程。首先，西双版纳州通过联合住建、扶贫、民政、残联等部门，建立四部门联合会商机制，县市建立 4 联合办公机制，组织设计、结构、质量安全、造价等方面的专家，组成农村危房改造认定专家组，对全州疑似危房进行认定，制定了《西双版纳州住房和城乡建设局脱贫攻坚类重点对象 C、D 级危房改造工作方案》《西双版纳州脱贫攻坚 4 类重点对象农村危房改造会商机制工作方案》《关于推进非 4 类重点对象农村危房改造的实施意见》等文件。其次，在解决"硬件"的同时，本着"先规划、后建设、有特色"的原则，科学规划，突出地方特色，从改善人居环境、改变农村面貌实际出发，将农村危房改造与保护和传承民族传统建筑、村庄风貌相结合，塑造西双版纳州农村新风貌、新气象，走出了一条农村危房改造与传统村落保护与利用的"双赢"道路。再次，按照"一户一方案"的要求，聘请州、县市农村危房改造专家，以及经验丰富的民间工匠和有资质的当地施工企业和设计、造价等部门技术人员，深入实地开展调查研究，科学编制危房修缮加固设计方案，征得群众同意后，开展房屋修缮加固工作。最后，广泛宣传保护和弘扬民族传统建筑的重要意义，通过向各乡镇、村委会、村小组发放《西双版纳傣族民居施工图集》《西双版纳州哈尼族、布朗族、拉祜族、基诺族民居建筑设计方案图集》等，让村民自愿、自觉采用图集方案，确保改造后的农房既满足"安全稳固、遮风避雨"的住房要求，又能保留少数民族传统建筑风貌特征，涌现出景洪市勐龙镇曼飞龙村、勐海县西定乡章朗村、勐腊县勐腊镇曼龙勒村等一批宜居、宜业、宜游的美丽乡村，既保护和传承了民族文化，又增加了当地村民的经济收入。

四是饮水安全。一方面，优先保障"直过民族"农村饮水安全。西双版纳州部分"直过民族"经济社会发展水平落后，贫困发生率较高，是脱贫攻坚的重点对象。全州水利工程以建档立卡贫困人口为重点，通过新建、改造、配套等措施，优先保障农村"直过民族"饮水安全。另一方面，积极探索水处理新技术、新工艺，积极引进纯物理、群众易接受的超滤膜及一体机等水处理设备。在具体政策实施中，注重改善农村生活条件，提升农村饮用水水质，保证农村居民喝上健康安全的水。当前正积极探索设备远程在线监管，通过网络就可监测设备运转情况，逐步实现农村饮水安全巩固提升工程科技化、信息化。

（二）统筹整合，着力强化落实帮扶措施

西双版纳州 46.41% 的贫困人口因缺技术而贫困，30.86% 的贫困人口因缺乏自身发展动力而贫困，22.73% 的贫困人口因病、因残、因劳动力等因素而贫困，所以根据贫困的异质性采取不同的帮扶措施是解决贫困问题的有效途径。

一是沪滇帮扶协作。一方面，组织支持。上海松江区向西双版纳州选派挂职干部、专业人才，建设扶贫工作团队。西双版纳州选派挂职干部、专业技术人才赴松江区学习，并开展各类培训班 30 期，为更好推动傣乡发展蓄力充电、提升能力。另一方面，企业帮扶。上海松江区 47 家企业与勐腊县 19 个贫困村、勐海县 21 个贫困村、景洪市 6 个贫困村结对全覆盖，并签订村企结对帮扶协议。在松江区委区政府大力引导下，上海市及松江企业纷纷到西双版纳州投资建厂，实施产业帮扶，开展种植松江大米、普洱茶追溯系统等 31 个产业帮扶项目，引导 8 家企业到西双版纳州投资。同时，西双版纳州积极引导本地企业走出西双版纳、走进松江，探索设立西双版纳文化旅游宣传、招商引资宣传洽谈窗口、农特产品线上线下展示展销中心、普洱茶文化体验店等，为宣传推介西双版纳不遗余力。为进一步推动产品销售，拓展特产市场，2019年云南省94个县97种农产品入选上海市对口帮扶地区"百县百品"，入选的产品将被上海市优先列入政府采购、扶贫礼包及各类消费扶贫活动推介对象，同时将入驻上海市100个社区商超、便利店、标准化菜市场等。

二是万企帮万村。创新脱贫工作思路，广泛动员社会力量合力攻坚，各县市形成了统战部指导，工商联协调，同级政府相关部门支持、配合，广大民营企业、商（协）会踊跃参与的机制，采取"一企帮一村""多企帮一村""一企帮多村"等形式，以项目投资、产业带动、捐资助学、结对帮扶、增创岗位等方式，实现脱贫致富。同时，引导各级各类民间商会、行业协会等非公有制经济组织、具有统战性质的社会组织积极参与。自2016年以来，西双版纳全州共有160多个民营企业/商会参与"万企帮万村"扶贫行动，受帮扶村委会100多个。① 勐海茶业有限公司针对对口帮扶的布朗山乡曼囡村曼班三队和西定乡旧过村茶叶种植面积较多但茶叶品质不高的实际，从培训农户茶叶种植、茶园管理、茶叶加工等入手，探索扶思想、扶技术、扶销路、促增收的"三扶一促"扶贫机制，增设毛茶收购商，以市场价优先收购建档立卡贫困户茶叶，稳定了贫困户增收渠道。

三是消费扶贫。一方面，结合"10·17"扶贫日活动，组织开展消费扶贫特色商品认购会，鼓励动员各级预算单位，各类市场主体和社会各界在同等条件下优先采购贫困地区、贫困村、贫困户自产的农特产品。另一方面，支持引导各类民营企业积极申请产品认定，通过搭建电商销售平台，创新消费方式，加大扶贫产品宣传推广。景洪市勐龙镇每周六定期举办"赶集日"活动，勐海县举办勐海香米暨农特产品展和献礼建国70周年成果展等活动，勐腊县举办第二届勐腊（磨憨）重点开发开放试验区南亚东南亚国家商品交易会暨2019年"扶贫日"活动，三县市结合实际，通过推进扶贫产品认定、网络直播带货等多元化的销售方式，进一步破解本地特色产品滞销、难销、产值低等问题，帮助本地企业开拓市场、找到新的发展机会。

（三）巩固成果，着力激发培育内生动力

一是产业帮扶。以"绿色食品牌"为引领，打造重点产业，形成"一村一

---

① 资料来源：西双版纳州人民政府扶贫开发办公室。

品"、"一县一业"产业扶贫新格局。为拓宽群众增收渠道，把产业培育和发展作为重中之重的工作来抓，充分挖掘土地资源潜力，采取自主经营、租赁、承包等方式进行流转，做活土地文章。立足贫困村、贫困户资源优势，引进企业，既扶产业，又扶智力，采取"公司+基地+农户"、"龙头企业+家庭农场"、"公司+合作社+农户"、"公司+供应商+茶农"等多种模式，通过公司技术和资金支持，把农户培养成新型职业农民，发展新农村产业，推进扶贫工作。推行"党支部+合作社+贫困户"的发展模式，积极鼓励和引导村党组织和党员领办创办合作社，着力锻造一支能带领群众增收致富的干部队伍，坚持把村党员干部培养成致富带头人，多渠道争取扶持政策和项目资金，创造外出学习机会，增强关键少数的致富本领，将党的组织建设深度嵌入产业扶贫中，贫困村"造血"能力得到加强。比如，针对致贫原因，勐龙镇按照"一区三特色"和"四个一"工程部署规划，结合行业帮扶政策，因村制宜，科学制订脱贫规划，形成了邦飘村查乐雅康村小组"党建+扶贫"、南嗨村委会曼先坦高寨和南盆村委会路南新寨"旅游+扶贫"、勐宋村"企业+扶贫"、陆拉村委会"合作社+扶贫"四大扶贫模式，打造了一批具有地域特色的优势产业。

二是技能（智力）帮扶。各县市相关部门负责，协同社会各界、各行业"能手、能人"，加强技能扶贫，开展贫困劳动力就业培训，并为合格学员提供部分就业机会。使农村贫困家庭不分男女老少，只要有意愿，都可以学到一技之长，拓宽就业渠道，从而实现技能收入两提高。加强公共服务类就业岗位的开发和使用，不断加强信息互通，举办专场招聘会，岗位推荐、搭建供需平台，在做好异地转移就业的同时，促进实现就地就近就业。建成扶贫车间，吸纳贫困劳动力就业。乡村公共性服务岗位累计聘用建档立卡贫困人口2700多人。坚持以强化创业服务为支撑，落实创业扶持政策为保障，以创业带动就业为导向，切实采取有效措施，不断畅通创业渠道、优化创业环境，积极为创业人员创造条件，鼓励支持有创业意向和经营能力的贫困户、高校毕业生、农民工等人员创业。

三是思想帮扶。依托"微课堂"活思想，通过把"报告语"变成"家常话"、"民族话"大力宣传健康文明的生活方式，推动现代文明健康生活方式进村入户，广泛开展"自强、诚信、感恩"主题实践活动。培养群众特别是"直过民族"群众养成看新闻、听广播的习惯，组织贫困群众参加傣族泼水节、哈尼族嘎汤帕节、布朗族桑康节、拉祜族拉祜扩节等节庆活动的节目表演，让贫困群众走上舞台，展现自己，增强自信。建立正向激励机制，采取以奖代补的形式，鼓励、支持群众参与评卫生家庭、评致富能手、评光荣脱贫户，创"文明家庭""好家风好家训"等活动形成争当先进、鼓励上进的良好氛围。通过"爱心超市""小蜜蜂超市"等提升村民努力建设美丽家园和贫困群众主动脱贫的精气神。村民通过参加集体劳动，或是争当文明户、脱贫光荣户、孝亲敬老模范，以及参加扶贫政策与扫黑除恶专项斗争知识问答等评比活动来获取积分，然后再用积分兑换物品。勐海县勐宋乡建立"一帮一、二帮一、多帮一"的农户相帮机制，全乡 9 个行政村共签订农户相互帮自愿承诺书 340 余份，让广大群众在家庭生活相互帮、发展生产相互帮、产品销售相互帮、大事难事相互帮、政策落实相互帮"五个相互帮"中发挥主体作用，确保农村独居老人、分散供养特困人员、重残重病户、低保户、无劳动力户"五类人员"得到进一步帮扶，不断提升帮扶质量和水平，实现共同富裕。

五、制约西双版纳州脱贫攻坚效果的因素

西双版纳州是少数民族自治州，少数民族人口占 77.86%。由于历史、地理等方面的原因，西双版纳州的贫困区域与少数民族聚居区重合度较高，少数民族占贫困人口达 93.3%，民族贫困的群体性特征突出，许多传统的民族村落相对闭塞，社会发育程度滞后。虽然从西双版纳州脱贫效果数据的分析可以看出其扶贫工作取得的成效，但确保当前沿边地区脱贫效果的持续性仍有一些阻碍。

（一）不可抗力因素

2020 年新冠肺炎疫情给部分贫困地区农产品销售市场带来冲击，虽然应对疫情和脱贫攻坚做了大量工作，但也还存在不少问题。一是脱贫稳定性和连续性较脆弱。疫情期间，农业技术指导员无法进村入户开展指导，少数贫困户农产品滞销，产业扶贫效益大打折扣，影响脱贫成效。受疫情影响和春耕生产等因素，有意愿外出务工人数减少，贫困劳动力务工比例仍然比较低，贫困群众观念还需要转变。产业发展及带动贫困户持续增收受阻，贫困户没有稳定经济来源以支持其抗贫。二是项目工程进度推进缓慢。工作人员及施工工人未能按时复工复产，部分项目未能按前期计划立项、开工等，导致项目工程进度推进缓慢，影响项目工程完成进度。三是部分贫困户返岗困难。由于贫困户务工多数在小型私有企业，而这些企业受疫情影响尚未复工，导致以往外出务工人员大多数在家等盼务工通知和手续，不利于贫困户持续增收。四是疫情应对机制

不够健全。防控物资缺乏，导致贫困群众外出采购缺乏安全防护措施，给疫情防控带来较大压力。

（二）基础设施建设不足

基础设施建设薄弱，是制约西双版纳州脱贫的重要因素之一，部分山区地方属自然灾害多发区，安全隐患大。一是西双版纳州的沿边贫困地区多为"直过民族"原生态村落，生态环境脆弱，在脱贫攻坚的过程中，退耕还林还草户有 3568 户，占比约 20%，但是在加强基础设施建设特别是发展扶贫产业中，无形中会对周边的环境造成破坏，从理论上来说不利于经济发展的可持续性，进而影响脱贫效果的持续性。二是人居环境卫生改善不够到位、不彻底。小部分村小组环境卫生脏、乱，卫生条件较差，部分存在猪圈牛圈无粪坑、养猪养牛粪便堆积，污水直排，垃圾没有集中焚烧和掩埋现象；个别贫困乡村饮用水源存在着不稳定、季节性缺水的问题。三是西双版纳州网络扶贫工作发展较缓，有较大发展空间。现在企业和合作社利用电商平台宣传和售卖农产品，贫困户获得收益，群众反响不错。但也存在一定困难和问题。第一，多数贫困人口文化素质低、思想观念陈旧落后，依然停留在自给自足的自然经济时期，安于现状，发展动力不足；加之受自然条件限制和农产品、畜产品市场价格波动大等因素影响，部分贫困户主动发展产业的积极性不高。第二，部分企业、合作社的社会责任感不强，没有主动参与社会扶贫的意识，特别是对扶持贫困户发展经济、发展产业兴趣不浓，有的企业虽然热心公益事业，却忽视了支持农户发展，增加"造血"功能这一重要内容；企业带农户、合作社带社员涉及贫困户甚少，多数贫困户缺乏技术指导，参与网络扶贫效果不明显。

（三）内外联动性差

从文化程度看，整体文化素质偏低。西双版纳州贫困户群体的文化程度主要集中在小学学历或无学历，文化程度低和传统小农思想束缚了贫困人口主动脱贫及自我发展的意识和能力，特别是一些集中连片贫困地区，自主脱贫意识不够，自主发展产业积极性不高，缺乏一技之长，难以应对现代化市场经济体系的风险挑战，更难以做出适应市场化的积极改革，脱贫之"志"意识较弱，对特色的产业发展思路缺乏信心，持续性获取经济收入能力不强，即使现在脱贫，对脱贫后的生活维持仍然具有一定的困难。比如瑶家村委会地处偏远山区，距离勐旺乡政府 38 公里，面积 21.41 平方公里，全村辖 8 个村民小组。瑶家村委会各村落离散，群众工作较难开展，产业主要依赖茶叶发展，结构单一，人均收入水平低，群众思想落后，尤其是"等靠要"思想严重，发展意愿不强、发展方向较少，虽然自然条件较优越，但是一直被文化程度、思想观念、地理位置、村风民风等因素所制约，发展比较缓慢。

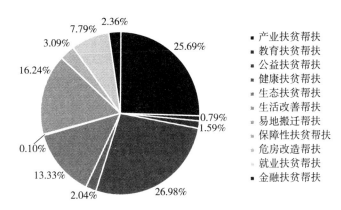

图 7-6　西双版纳州贫困人口扶贫帮扶措施占比

资料来源：西双版纳州人民政府扶贫开发办公室。

　　从帮扶措施看，缺乏长效机制。贫困户目前得到的帮扶措施（见图 7-6）中，健康扶贫帮扶占比最大，为 26.98%，产业扶贫帮扶占比 25.69%，生活改善帮扶占比 13.33%，而公益扶贫帮扶占比 1.59%，教育扶贫帮扶占比 0.79%。从此数据可以看出，贫困人口对政府、企业帮扶的依赖性较强，得到公益组织及社会组织多形式的帮扶途径较少。而在产业扶贫帮扶措施中，受劳动力技能技术限制，贫困劳动力缺乏必要技能，扶贫车间、扶贫龙头企业暂时还无法吸纳更多贫困劳动力，企业与贫困劳动力之间存在一定的供求结构性矛盾，贫困人口的劳动力技能还需进一步提升，企业带贫积极性还需要进一步激发。另外，民营企业、小微企业的发展对解决贫困人口就业、增加收入会起到重要作用，但西双版纳州相应企业组织发展还先天不足，对劳动力吸纳能力有限。

　　从自我抗贫看，缺乏内生动力。贫困不仅包括物质的贫困，还包括思想观念、行动能力、话语体系等贫困。西双版纳州沿边地区受地域影响的因素比较突出，部分直过民族贫困群众因思想比较保守，语言不通、很少与外界人士沟通交流，生活简陋，长期好吃懒做、故步自封、安于现状，导致贫困群众自我抗贫能力较弱。比如，查乐雅康村小组是边境乡镇的一个拉祜族村寨，距离中缅边境 29 公里。由于长期居住在大山深处，与外界沟通交流少，群众文化素质低、基础设施薄弱、房屋老旧简陋、环境脏乱不堪，是一个典型的"直过民族"贫困村寨。勐宋乡曼吕村地处山区，距离乡政府 40 公里，下辖 15 个村民小组共 672 户 2754 人，全村以"直过民族"拉祜族和布朗族为主，两大民族人口占全村人口 90%，其中拉祜族 1486 人占全村人口 54%，布朗族 987 人占全村人口 35.8%，其他民族 281 人占全村人口 10.2%。长期以来，由于交通条件和基础设施滞后，村民观念落后、与外界语言不通，该村成了勐海县贫困面最广、贫困程度最深、贫困人口最多的村委会。这些典型地区无论是交通、产业、教育等方面都比较闭塞，导致先进的生产技术不能引入；或受到自然、地理的影响，不适宜工业等产业的发展。在产业扶贫实践中产业帮扶措施单一，贫困村集体经济薄弱，农业组织化程度低，抵御风险能力弱。

六、提高西双版纳州脱贫攻坚效果的对策建议

（一）积极应对，加速培育新动能，实现因贫施策

习近平总书记在首个"扶贫日"中指出：对贫困地区和贫困群众要善于因地制宜，注重准确发力。西双版纳三县市地处边境，少数民族人口居多，贫困地区聚集，面对有限的扶贫资源与多元的致贫因素矛盾，必须积极应对，加速培育新动能，建立脱贫长效机制，防止脱贫后返贫。脱贫效果的持续性意味着民众在脱贫以后能够有稳定的经济收入，以支持其持续发展，长效收益。

首先，逐户落实帮扶措施，努力促进有劳动能力和就业意愿的搬迁贫困劳动力就业创业，确保每个家庭至少 1 人实现就业。加大外出务工转移力度，让群众"有就业、逐步能致富"。持续推进"一县一业""一村一品"创建。引导贫困群众和一般农户参与发展主导产业，支持有条件的行政村主导产业稳定发展，不断壮大主导产业规模，形成县、乡、村均有 1~2 个主导产业，确保全州建档立卡贫困户中有产业发展需求、有劳动能力的均能通过参与发展优势特色产业稳定脱贫。易武镇党委、政府在脱贫攻坚工作中，因地制宜，念好"茶经"。举办民间斗茶活动，引导贫困村寨和贫困户参与体验种茶、采茶、制茶、品茶、购茶等活动，感受茶艺、茶经、茶道、茶技表演，开拓他们的视野，增强脱贫致富的信心与决心。产业的"阳光雨露"，为贫困群众脱贫致富带去了

希望。

其次，培育壮大农业专业合作社等各类新型经营主体，建立健全县级示范社创建标准，积极组织申报国家级、省级、州级示范社。推进贫困村"一村一社、一村多社"发展，鼓励支持专业合作社在县域内组建联合社，扩大生产经营规模，提高专业合作社整体质量。依托当地特色优势资源，发展现代特色高效农业，围绕种植、养殖和林业产品，大力发展农副产品加工流通业，延长农业产业链、提升价值链。

再次，充分利用边民互市优势，探索具有沿边特色的边贸扶贫新路子。创新"边民互助组+贫困户"的扶贫组织形式，动员贫困户参与到边民互助组之中。伴随着互联网信息技术、国际贸易的迅速发展，充分用活用好中央和省的沿边开发开放特殊政策措施，在跨境经济合作区、重点开放开发试验区、重点生态功能区建设中，积极利用信息化手段先试先行，抢占先机。抓住国家支持建设勐腊（磨憨）重点开放开发试验区重大机遇，合理地引入和探索"边贸脱贫"的有效途径，在确保原有致富产业发展的前提下，开拓新的产业运作模式，可以将扶贫和边境贸易相结合。

最后，督促各县市逐户分析收入结构，针对脱贫户受退耕还林等转移性收入政策退出导致收入影响较大的情况，采取设置公益性岗位、临时救助、兜底保障等综合性措施，保障收入持续稳定。积极探索防止返贫致贫保险制度，关注脱贫监测户和边缘户两类重点人群，紧盯因病、因学、因灾等致贫返贫主要原因，利用返贫致贫预警和保障机制，从源头上解决因病、因学、因灾等返贫致贫现象。采取长短结合，优化长期产业，狠抓短期产业扶贫，解决人均纯收入、生产经营性收入、财产性收入连续下降的问题。采取因人而异的再次抗贫措施，避免返贫困现象，实现脱贫效果的持续性。

（二）科学规划，加强基础建设，实现后发优势

第一，完善基础设施。贫困地区受区位和交通影响，与外部联通信息滞后，贫困群众思想观念落后，扶贫干部与贫困户之间交流沟通、扶贫政策宣传受到限制，通过建立信号基站，实现网络全覆盖，利用网络和信息传播，能够让贫困群众了解到各方面的信息，改变贫困户的观念，让贫困户增加知识、增加见识，了解外面世界。

第二，巩固提升农村饮水安全。加快推进取水口围栏、水源保护警示牌、供水泵站、高位蓄水池、输水管网等基础设施建设，落实农村饮水安全动态报告制度，对工程性缺水、短期性缺水、季节性缺水等饮水安全问题，逐村逐户排查，加大抗旱保供水工作力度，制定"一村一策"供水计划，从根本上解决易反复、不稳固的问题，确保农村饮水安全。

第三，加强改善人居环境建设。深入实施村庄"七改三清"，加快推进农村"两污"治理和村容村貌提升改造等工程，充分发挥驻村工作队、第一书记和村干部作用，狠抓人居环境，带领群众集中组织开展农村环境卫生整治行动，重点对公路沿线、村寨环境卫生进行治理。将环境卫生整治纳入村规民约，大力推进农村厕所革命、厨房革命，引导群众改变陈规陋习，养成健康生活习惯。

第四，认真完善贫困数据信息。充分发挥扶贫数据管理和共享联席会议制度的作用，用好"云南扶贫通"，及时发现整改错误信息，通过识别扶贫对象和施行政策执行确保扶贫资源合理分配。加快推广使用全国扶贫开发信息系统手机 APP，进一步核准扶贫对象基础数据、扶贫措施、扶贫成效等，倒逼问题整改和完善帮扶措施，提高数据质量，做到"账账相符、账实相符"，为脱贫攻坚提供数据支撑。

第五，吸纳多元主体参与。贫困作为一种社会现象，治理的过程既是我国社会性质的体现，也是国家治理的过程。从帮扶措施上可以发现，西双版纳州贫困人口对政府帮扶的依赖程度较大，但是由于地方财政压力比较大，在西双版纳这个沿边地区脱贫攻坚中，应发动多元社会主体参与其中。重视外部力量的支持和拉动作用，聚焦政府、市场和社会的力量打攻坚战，以重大扶贫工程和到村到户帮扶为抓手，以补齐短板为目标，强化贫困地区与社会的利益联结机制为动力，形成互为支撑的"三位一体"大扶贫格局；完善沪滇扶贫协作机制，通过上海市、松江区和援滇干部的协调对接，发挥上海财政资金优势，深化多领域合作；进一步发挥商会，公益企业在扶贫中的作用，开拓扶贫产品市场，拓宽扶贫产品销售渠道。

（三）结合民族，转变封闭理念，实现自力更生

习近平在湖南湘西考察时指出："发展是甩掉贫困帽子的总办法，我们要从实际出发，因地制宜，把种什么、养什么、从哪里增收想明白，共同寻找脱贫致富的好路子。"贫困人口要实现永久脱贫，可持续的创收能力是关键，最主要的就是增强自力更生、自主发展的能力。西双版纳州原生态自然资源丰富，少数民族聚居、民族特色旅游资源丰富，通过旅游扶贫是为民众带来持续增收，满足就业的有效途径之一，为此需要厚植产业发展土壤，让产业效益持续保持

活力，增强西双版纳地区贫困人口内生动力。党的十九大报告指出，要注重扶贫同扶志、扶智相结合。

首先，从民族文化入手创新文化宣传载体，打破其固守的消极无为状态，依托文艺队，开展文艺活动，将党的扶贫政策理论融入民族舞蹈，以艺术化形式展现出来，让贫困群众在观看喜闻乐见的节目时启迪民智，提振脱贫致富的发展信心。带领少数民族参加各种活动举办的文艺比赛，采取"走出去"学习、"引进来"传授的方式开展活动，增加贫困户的生产生活积极性。坚持广泛宣传励民志。创新宣传形式，积极选树典型，提升宣传效果，用身边的致富榜样感染群众、带动群众、影响群众。勐海县拉祜族学会主动邀请省拉祜族研究委员会和澜沧县拉祜族学会多次宣传拉祜族发展史。在勐海县拉祜族学会召开年会时，特邀请了西双版纳州拉祜族会和澜沧县拉祜族学会领导到会指导；布朗山曼迈村过新米节期间，邀请了省拉祜族学会副会长一行到曼迈村和勐阿曼燕村座谈，为当地群众宣讲了拉祜族发展史，让当地拉祜族同胞受到了深刻的教育，思想上大有改观，决心回来要好好地保护自己的民族文化，好好地与村寨的老百姓说一说别人的做法。

其次，依托农业产业、自然风光、民俗风情、农耕文化等特色优势资源，开发乡村旅游，发展休闲观光农业、农家乐等乡村旅游项目，利用旅游产生的规模经济和范围经济效应，扩宽村集体经济渠道，也能够增加就业岗位，贫困人口通过多种方式参与其中，提升贫困人口多维脱贫能力。结合第一产业完善职业教育培训，培育一批贫困地区职业教育人才，鼓励其回流帮扶。职业教育通过成人教育与基础义务教育相结合，补齐贫困地区教育水平的短板，提高群众自身脱贫能力。2005年，易武镇被云南省政府列为"特色旅游小镇"。2007年，易武镇被云南省政府列为"历史文化名镇"。镇党委、政府抓住这个机遇，通过项目招商、土地招商等方式，盘活土地资源，构建起全域旅游发展支撑体系，为贫困户创造了土地流转、务工就业、产业发展等增收方式，为脱贫攻坚增添活力。

再次，目前贫困劳动力务工在扶贫车间、扶贫龙头企业务工比例仍然比较低，必须想方设法转变贫困群众观念，鼓励有务工条件的贫困户外出务工增收；激发企业带贫积极性，定向招收贫困劳动力，完善职业培训、就业创业服务、劳动维权的"三位一体"工作机制，助推扶贫车间、扶贫龙头企业提高吸纳贫困劳动力能力，使贫困劳动力能"托底安置"就近就地就业。

最后，鼓励具备条件的村集体，通过盘活集体资源、入股或参股、量化资产收益等渠道增加村集体经济收入。积极推进"资源变资产""资金变股金""农民变股东"改革，扶持一批新型农业经营主体，探索建立"企业+贫困村集体经济组织+合作社+农户""贫困村集体经济组织+合作社+农户""合作社+农村党建"等多种合作模式发展村集体经济。

另外，政府和社会组织还需从现有的低保金补贴、物质供给等帮扶的前提下，通过思想转变引导、技能培训等方面，提高贫困群众的思想觉悟和自主创新能力，改变西双版纳州沿边地区个别贫困地区的旧俗民规，提倡文明乡风建设，并培育贫困村的创业致富带头人，引领广大贫困群众接受新的思想，接受新的事物，自谋发展，促使贫困群众能够依靠自身力量实现脱贫。

目前，西双版纳州扶脱贫攻坚取得了一定成效，但也存在一些制约其长久发展的因素。全州经济基础薄弱，区域环境复杂，在推进扶贫工作的过程中必须坚持基础设施建设、产业扶持政策、新动能培育、思想扶持等措施，完善扶贫机制，引导贫困群众参与，提高脱贫持续性，实现贫困群众"真脱贫脱真贫"。

参考文献

[1] 中共中央党史和文献研究院编. 习近平扶贫论述摘编［M］. 北京：中央文献出版社，2018.

[2] 汪三贵，郭子豪. 论中国的精准扶贫［J］. 贵州社会科学，2015（5）：147-150.

[3] 唐任伍. 习近平精准扶贫思想阐释［J］. 人民论坛，2015（30）：28-30.

[4] 汪三贵，刘未. "六个精准"是精准扶贫的本质要求——习近平精准扶贫系列论述探析［J］. 毛泽东邓小平理论研究，2016（1）：40-43+93.

[5] 颜强，王国丽，陈加友. 农产品电商精准扶贫的路径与对策——以贵州贫困农村为例［J］. 农村经济，2018（2）：45-51.

分报告之七：关于西双版纳州实施兴边富民行动的调研报告

自1998年国家民委率先发起旨在"富民、兴边、强国、睦邻"的"兴边富民行动"以来，国务院先后颁布实施《兴边富民行动"十一五"规划》《兴边富民行动"十二五"规划》《兴边富民行动"十三五"规划》带动边境地区经济社会发展。兴边富民"十三五"即将结束，"十四五"即将到来，准确了解前一阶段兴边富民行动实施情况，把握"十四五"兴边富民行动的要点方向，对这一政策落实具有积极作用。为了准确了解边境地区"兴边富民"实施情况，笔者选取了云南省西双版纳傣族自治州作为实地调研样本，对当地"兴边富民行动"的推进状况深化了解。

一、调研区域基本概况

笔者调研地点选择西双版纳傣族自治州，主要是基于以下几点考虑：第一，该州所有辖区都沿边，具有鲜明沿边色彩。西双版纳州下辖一市两县（县级市景洪市、勐海县、勐腊县），而景洪市、勐海县、勐腊县都属于沿边县市，不同程度与周边国家接壤，其具体情况如表8-1所示。西双版纳是边境州，一市二县全部为边境县。第二，边境线较长，战略地位重要。全州国境线长966.3公里，占云南省边境线近1/4，其中，与老挝接壤677.8公里，占中老国境线全长的96%，与缅甸接壤288.5公里。东、西、南三面与老挝、缅甸接壤，毗邻泰国，距离印度洋只有1000多公里，素有"东方多瑙河"之称的澜沧江·湄公河从西双版纳州流出我国注入南海，是中国—东盟自由贸易区建设、大湄公河次区域合作、面向东南亚开放的重要结合部及核心区。第三，该州沿边合作类型丰富，开放通道健全。中国老挝磨憨—磨丁经济合作区于 2016 年 3 月 4 日由国务院正式批复设立，是中国第二家跨境经济合作区。按照有关规划，到 2025年，把中老合作区建设成为中老战略友好合作示范区、中国与东盟深化合作区先行区、边境地区发展样板区。2015 年 7 月 23 日，勐腊（磨憨）重点开发开放试验区经由国家发展和改革委员会同意设立，目的在于加快沿边地区开发开放步伐，加快构建"一带一路"面向西南开放的桥头堡。全州有 4 个国家一类开放口岸，占云南省近 2/5，即通往老挝的磨憨公路口岸，通往缅甸的打洛公路口岸，通往老缅泰等国的景洪港水运口岸以及西双版纳国际机场航空口岸，还有关累、勐满 2 个拟新开放口岸，有 60 余条边境通道和 3 个开放码头（景洪港中心码头、关累码头、勐罕码头）。第四，该州民族团结、融合发展，边境地区祥和。2018 年末全州总人口为 118.08 万人（其中户籍人口 100.87 万人）。州内居住着傣族、汉族、哈尼族等 13 个少数民族，少数民族人口占户籍总人口的 77.79%。对内来说，各个民族相处融洽，水乳交融，是典型的民族团结示范区域；对外来说，西双版纳州与缅甸、老挝毗邻地区相处和谐，边境地区安全且稳定。在这样一个区域推进兴边富民政策的实施，具有典型示范价值。

表 8-1　西双版纳州所辖县市基本情况

区域	景洪市	勐海县	勐腊县
人口（万人）、面积（平方公里）与民族	53.01；6958；傣族哈尼族、彝族等 8 个世居民族和 20 多个外来民族，少数民族人口占比 70.6%	34.56；5368.09；傣族、哈尼族等 9 个民族，少数民族人口占比 88.4%	29.59；6860.84；傣族、哈尼族、彝族、瑶族等 10 个民族，少数民族人口占比 74.7%
经济状况（2017 年）	全市完成生产总值 208.3 亿元，比上年增长 8.4%。城镇常住居民人均可支配收入 29661 元，比上年增长 8.4%；农村常住居民人均可支配收入 13655 元，比上年增长 9.3%	全县生产总值 100.62 亿元，比上年增长 9.2%。城镇常住居民人均可支配收入 26691 元，增长 7.7%；农村常住居民人均可支配收入 10935 元，增长 9.5%	全县生产总值 92.41 亿元，同比增长 8.2%。城镇居民人均可支配收入完成 24765 元，同比增长 7.7%；农村居民人均可支配收入完成 10699 元，同比增长 9.4%
边境线长度（公里）	112.39	146.57	740.80

区域	景洪市	勐海县	勐腊县
沿边乡镇	勐龙镇、景哈乡 2 个沿边乡镇、28 个行政村，覆盖 213 个自然村、19174 户、88037 人	打洛、勐满、西定、布朗山 4 个沿边乡镇、12 个行政村	勐捧镇、勐满镇、磨憨镇等 7 个沿边乡（镇）、27 个沿边村（社区）、190 个村小组
拥有口岸、通道	国家级口岸—澜沧江景洪港	国家级打洛口岸	磨憨国家级口岸，关累港以及勐满、曼庄、新民等多条重要的陆路通道
接邻国家	缅甸	缅甸	老挝，缅甸

资料来源：西双版纳统计局。

二、兴边富民行动实施取得重要进展

西双版纳沿边地区通过实施第一轮、第二轮兴边富民行动，"五通八有三达到"取得良好效果（见表 8-2），各项指标均实现了重要成效，各项事业有了重大发展，对推动西双版纳经济社会发展起到积极作用。

表 8-2　截至 2019 年 6 月西双版纳州及所辖县市"五通八有三达到"实施情况

	州（市）				西双版纳州
	县（市、区）	景洪市	勐海县	勐腊县	3
	乡（镇）	2	4	7	13
	村委会（社区）	28	30	44	102
	自然村数（个）	205	269	381	855
	其中：20 户以上自然村数（个）	205	269	381	855
	总人口数（人）	89407	84924	139616	313947
	其中贫困人口数（人）	0	0	0	0
"五通"情况	村到乡通硬化路建设（个）	28	30	44	102
	自然村内道路硬化（个）	213	267	393	873
	其中 20 户以上自然村内道路硬化（个）	205	259	380	844
	通电自然村（个）	213	284	398	895

续表

州（市）					西双版纳州
"五通"情况	有安全饮用水自然村（个）	213	284	398	895
	通广播电视自然村（个）	213	284	398	895
	村委会通 4G 移动电话和宽带互联网	28	30	44	102
	通电话网络自然村（个）	213	284	398	895
"八有"情况	有合格村级组织活动场所（个）	28	30	44	102
	村委会有合格卫生室（个）	29	30	44	103
	20 户以上自然村有公共活动场所（个）	205	269	380	854
	20 户以上有垃圾池和排污管的自然村（个）	205	241	305	751
	建设抗震安居房（户）	19909	5737	18357	44003
	有高稳产农田地（亩）	80585	129550	132092.65	342227.65
	有经济作物（亩）	313050	493769	708510.9	1515329.9
	有商品畜（头）	47846	36390	75391	159627
	劳动力掌握实用技术人数（人）	60375	31224	26800	118399
"三达到"指标	贫困发生率（%）	3602.0	2.12869	0.311	38.45969
	农村常住居民人均可支配收入（元）	286574	241976	420659.21	949208.98

（一）综合经济实力稳步增长

第一，近几年西双版纳全州生产总值保持稳定增长。统计资料显示，2012年 GDP 为 232.64 亿元，2018 年达到 417.79 亿元，增长幅度达到 79.59%，期间 2014 年全州生产总值跨越 300 亿元关口，2018 年跨越 400 亿元关口。从增长幅度看，整体呈现下行趋势。2012 年增长最快为 13.70%，2018 年下降到 8.1%，2015 年以前保持 10% 以上的增速，2015 年以后向上趋近于 8% 的增速（见图 8-1）。

将经济增速放到全国的视域下来进行比照：2012~2015 年西双版纳 GDP 增长速度保持下降趋势，但高于全国平均水平；2016~2018 年西双版纳 GDP 增速保持总体平稳，高于全国平均水平。整体来看，西双版纳经济增长与全国经济下行整体趋势存在一定平行趋势，但要高于全国增长速度。

第二，近几年西双版纳城乡居民收入保持稳定的增长，农村人均收入增幅

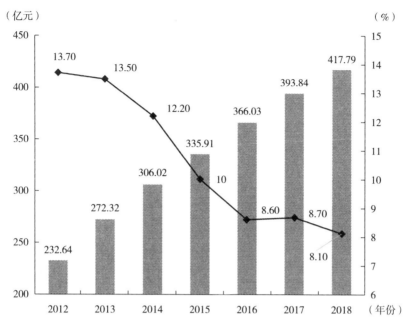

图 8-1　2012~2018 年西双版纳 GDP 及经济增速情况

资料来源：西双版纳统计局。

高于城镇人均可支配收入增幅。如图 8-2、图 8-3 所示，一是 2012~2018 年城镇人均收入由 17562 元上涨到 29323 元，增幅达到 66.78%；2014 年城镇人均收入突破 2 万元关口，达到了 21478 元；从人均增幅来看，增长幅度逐年呈现下降趋势，2012~2014 年降幅较大，2015~2018 年保持比较平稳的增长速度。二是 2012~2018 年农村居民人均可支配收入由 6953 元上涨到 13079 元，涨幅达到 88.11%；2015 年人均收入突破 1 万元关口，达到 10080 元；人均增长幅度呈现下降趋势，2014~2015 年下降幅度比较明显，2012~2014 年、2016~2018 年均保持稳定的下降。三是农村居民人均可支配收入增长幅度要高于城镇居民人均可支配收入增长幅度。

将西双版纳州的人均收入情况放到全国整体比较来看，可以发现以下特征：与全国比较来看，2012~2015 年西双版纳城镇居民人均可支配收入增长高于全国水平，2016~2018 年相对稳定，略低于全国平均水平，或者与全国水平持平；与全国比较来看，2012~2017 年西双版纳农村人均可支配收入增长率高于全国平均水平，2018 年西双版纳农村人均可支配收入略低于全国平均水平 0.2%；西双版纳农村人均可支配收入增长率高于城镇人均可支配收入增长率，体现出

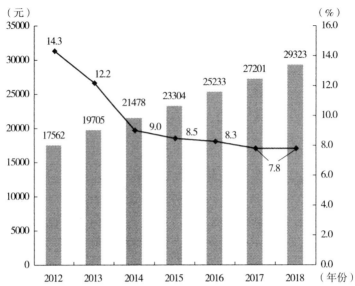

图 8-2 2012~2018 年西双版纳城镇居民人均可支配收入及增长情况

资料来源：西双版纳统计局。

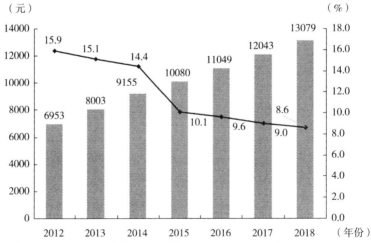

图 8-3 2012~2018 年西双版纳城农村居民人均可支配收入及增长情况

资料来源：西双版纳统计局。

西双版纳兴边富民行动着力改善农村人民生活水平起到了良好的效果，普遍带动了农村居民收入的增长。

（二）基础设施条件强化

第一，沿边地区基础设施投入超额增长。西双版纳在第一轮和第二轮行动计划中在沿边地区 13 个乡镇基础设施资金投入增长幅度大。2015～2017 年投资额度达到 114171.1 万元，占计划任务的 315.29%；2018～2019 年完成投资 95068.39 万元，占计划任务比例为 170.84%（见表 8-3）。

表 8-3　2015～2019 年西双版纳沿边地区基础设施建设资金投入情况

单位：万元，%

年份	完成投资	计划任务	占计划任务比例
2015～2017	114171.10	36212	315.29
2018～2019	95068.39	55647	170.84

第二，内外联系大通道强化。公路方面建设效果显著，勐醒至江城至绿春高速公路路线起于西双版纳州勐仑镇藤蔑山附近，止于红河州绿春县城，全长 210.72 公里，其中西双版纳州境内路线全长 73.73 公里，项目计划 2020 年 10 月建成通车，总投资 368.11 亿元。该项目的建成，将方便西双版纳边境沿线与外界连接。港口和机场网络建设也有突出成效。关累码头续建工程、勐罕作业区一期工程建设加快推进，2018 年景洪港全年货物吞吐量增长 32.2%，旅客吞吐量增长 16.5%。西双版纳机场四期改扩建完成总体规划修编。2018 年机场旅客吞吐量达 444.6 万人次，增长 11.4%。铁路方面，中老铁路中国段：即玉磨铁路（玉溪至西双版纳磨憨铁路）正线全长 508.53 公里，属于昆磨铁路（云南昆明经云南景洪至云南磨憨铁路）的一部分，将于 2020 年 12 月完工，届时西双版纳将成为中国与南亚国家通道的前沿阵地。

第三，沿边农村基础设施条件、信息基础设施条件有了较大程度改善。西双版纳沿边农村基础设施建设力度大大增强，通自然村道路硬化工程大面积铺开，2015～2017 年完成 681.96 公里，2018～2019 年完成 477.09 公里（见表 8-4），行政村道路硬化率达 100%；城乡客运一体化建设加快，农村客运站总数达 23 个，招呼站 280 个，乡镇和建制村通客车率分别达到 100% 和 91.4%；村内道路硬化投入、农村电网全覆盖建设、农村安全饮用水提升改造建设资金投入分别达到 6729.8 万元、30995.49 万元、10197.37 万元，改善了农村居民生产生活基础设施条件；大力推进"宽带中国"战略。截至 2018 年底，宽带互联网用户达 41.78 万户,固定电话用户 10.11 万户,移动电话用户达 187.02 万户,所有城区、大部分行政村均实现了 100% 光纤覆盖,城乡家庭互联网接入能力基本达到 100M。

表 8-4 2015~2019 年西双版纳沿边农村基础设施建设资金投入情况

单位:公里,万元

年份	通自然村道路硬化工程	村内道路硬化建设投入资金	农村电网全覆盖建设	农村安全饮用水提升改造建设
2015~2017	681.96	4312	30951.49	4187.14
2018~2019	477.09	2417.8	44	6010.23

第四,水利基础设施建设有了较大程度改善。骨干水源工程建设顺利推进,景洪曼点水库、大寨水库、红光水库,勐海曼桂水库,勐腊纳甲河水库等一批骨干水源工程完成投资 61366 万元;景洪市回亚麻水库、勐海县长田坝和幸福水库等小型病险水库除险加固工程加快推进;勐海大型灌区续建配套与节水改造工程全面完工,完成投资 4871.72 万元。

第五,建设沿边特色城镇取得实效。2015~2019 年抵边城镇建设,投入资金 2562.34 万元,加强打洛镇、磨憨镇 2 个抵边乡镇和磨憨抵边口岸建设,改造提升基础设施、公共服务。抵边小集镇建设,投入资金 1554 万元,建设勐捧农场小集镇。民族特色旅游村寨建设,投入资金 1477 万元,建设 5 个特色突出、地域优势明显的少数民族特色旅游村寨 (见表 8-5)。

表 8-5 2015~2019 年西双版纳建设沿边特色城镇资金投入情况

单位:万元

年份	抵边城镇建设	抵边小集镇建设	民族特色旅游村寨建设	合计
2015~2017	2126.34	1434.00	788.50	4348.84
2018~2019	436.00	120.00	688.50	1244.50
合计	2562.34	1554.00	1477.00	5593.34

(三) 精准脱贫取得突破性进展

贫困人口逐年减少,达到零贫困发生率。近年来西双版纳聚焦精准扶贫,解决沿边地区贫困情况，采取一户一策、定点帮扶、对口帮扶等措施，贫困人口逐年减少。2014 年初贫困人数 65432 人，贫困发生率 10.70%，以每年年均 1 万人以上净脱贫人数、近 2% 的贫困发生率减少，截至 2019 年 12 月 1 日西双版纳贫困人口数量为 0，贫困发生率为 0，实现历史性减少。资助贫困家庭学生 22.6 万人次，建档立卡贫困人口 100% 参加基本医保和大病保险（见表 8-6）。

表 8-6　西双版纳历年贫困人口变化①

年份	净脱贫人口数	年底贫困人口数 （含应纳尽纳新增人口）	贫困发生率（%）
2013	—	65432	10.70
2014	15965	49467	8.09
2015	10963	38504	6.29
2016	13449	26868	4.39
2017	11930	14938	2.44
2018	11614	3324	0.54
2019	3324	0	0.00

贫困区域历史性减少。2018 年以前勐腊县、勐海县为滇西边境片区区域发展与扶贫攻坚县，勐腊县还是全国扶贫开发工作重点县，到 2018 年、2019 年勐海县、勐腊县先后实现贫困县退出摘帽；西双版纳州 6 个贫困乡实现了全部退出；贫困村数量从 92 个实现全部脱贫出列，实现了历史性的突破。

直过民族脱贫取得突出进展。西双版纳州居住着傣族、汉族、哈尼族、布朗族等 13 个民族，其中拉祜族、基诺族、佤族、布朗族、景颇族 5 个族为"直过民族"。例如，勐海县是"直过民族"聚居区，扶贫脱困任务繁重。全国政协主席汪洋同志曾到勐海考察，指示勐海抓紧"直过民族"脱贫攻坚工作。当时勐海贫困人口 29344 人，其中直过民族贫困 17414 人，占比 59.3%。按照"既富脑袋、又富口袋"的发展思路，勐海县通过精准帮扶、破解瓶颈、素质提升等举措，2019 年全县直过民族 17414 人全部脱贫，实现了整族脱贫的目标。

精准产业扶贫见成效。2018 年全州投入财政资金 7548.22 万元用于产业扶

---

① 贫困发生率计算是贫困人口数量除以全部农村户籍人口。按照公安部的数据，2014 年西双版纳农村户籍人口 61.1 万人。应纳尽纳新增人口数除了 2016 年为 1813 人之外，其他年份为 0，因此上一年度贫困人口数加上应纳尽纳人口数即得到下一年度贫困人口数。

贫，带动农户发展产业、与农户间建立利益联结机制新型经营主体共 370 个。实施精准就业扶贫，开展农村贫困劳动力转移就业培训 54443 人，对 119 户贫困户开展电商相关技能培训。2018 年，安排 6 个省级单位和 413 个州县乡三级共 419 个单位的 11300 余名干部参与"挂包帮"工作。组建驻村扶贫工作队 145 支，选派驻村扶贫工作队员 527 名，实现"挂包帮"定点扶贫全覆盖。

（四）民生保障水平大幅提升

边民生产生活条件有了较大幅度改善。实施改善沿边群众生产生活条件三年行动计划，两轮行动计划的实行，2015～2019 年共投入 38.19 亿元，边境地区基础设施条件、村寨发展环境、公共服务都有了较大的提升，两轮沿边计划的实行使边民生产生活条件有了实质性改善。

严格落实边民补助政策，边民收益增长明显。以勐腊县为例，按照国家边民补助政策落实，2018 年以前按照每户每年 1000 元，并未给出严格认定条件；2018 年按照距离边境线 1 公里内计算认定，依据标准的 50% 落实，发放 28077 户 113324 人，金额达到了 5027.67 万元；2019 年按照居住距边境线纵深 5 公里内认定，依据标准的 60% 发放，发放 29822 户 118929 人，金额达到 8175.78 万元（见表 8-7）。到 2020 年即将按照政策标准的 100% 执行。边民补贴发放方式、认定条件逐渐规范，政策落实力度逐渐加大，使边民收益增长明显，对于稳边固边起到切实的带动作用。

表 8-7 勐腊县边民补助发放情况

时间	边民补助方式	认定条件	发放总金额
2018 年以前	每户每年 1000 元	符合条件的边民	—
2018 年	按照补助标准的 50% 落实，发放 28077 户 113324 人	居住距边境线 1 公里以内计	5027.67 万元
2019 年	按照补助标准的 60% 发放，发放 29822 户 118929 人	居住距边境线纵深 5 公里内计	8175.78 万元

构建起覆盖城乡的社会保障体系。根据 2013 年以来的统计，西双版纳基本养老保险人数保持逐年增长趋势，到 2018 年底达到了 47.14 万人（见表 8-8）；城乡居民基本医疗保险人数在 2016 年以前按照农村新型合作医疗开始统计，整体来看，保持平稳有序变化。享受城乡居民最低生活保障人数保持逐年递减，

说明扶贫攻坚取得实际效果，也表明社会最低生活保障政策对于居民生活的覆盖。同时，实施保险保障工程，投入资金204.132万元，全州抵边48个行政村全部人口人身意外伤害保险实现全覆盖，每人每年补助10元。对符合参保条件的建档立卡贫困户100%参加基本养老保险，符合待遇领取条件的建档立卡贫困户100%享受养老金待遇。截至2018年底，全州社会保险参保192.6万人次，完成目标任务的101.37%。

表8-8　西双版纳社会保障情况①　　　　　　　　　　　单位：万人

年份	城乡居民基本养老保险人数	增加额度	城乡居民基本医疗保险	享受城乡居民最低生活保障居民人数
2013	44.8	—	65.88	13.52
2014	45.45	0.65	66.6	6.38
2015	45.62	0.02	65.56	5.49
2016	46.23	0.6	62.74	4.14
2017	46.78	0.55	78.9	2.23
2018	47.14	0.36	79.76	2.81

教育水平全面提升、医疗卫生服务体系不断完善。"全面改薄"项目建设加快，办学条件持续改善，九年义务教育巩固率为88.3%。高考总上线率实现新的增长，本科上线率达39.4%，比2017年提高3.2个百分点。职业教育东西协作、国际合作办学特色鲜明，外籍在校生共计1118人。

建设全州"医疗联合体"，成立州医疗集团，分级诊疗实现二级三级医院和乡镇卫生院全覆盖，全部公立医院取消药品加成。傣医药服务体系基本建成，43种傣药制剂进入医保目录。同时，支持5家县级医院老年病专科建设。西双版纳州人民医院在老挝北部五省省级医院（南塔省、琅勃拉邦省、波乔省、丰沙里省、乌多姆塞省）建设了"医疗卫生服务共同体"，建成了首家跨国"医疗卫生服务共同体"，开创了医疗卫生"走出去"新模式。2017年起，"医共体"辐射到老挝北部6省，被确定为"国家卫生计生委东盟10+1中老边境6省医疗卫生服务合作体建设"项目，这是国家卫生计生委首个涉外边境地区医疗卫生帮扶项目。

---

① 城乡居民基本医疗保险人数在2016年及以前是按照参加新农合的数据统计的。

强化劳动力培训，稳定就业新探索。对沿边地区农村实用技术、技能等方面进行培训，2015~2017 年投入 572.36 万元，对农村实用技术、劳动技能、新型职业农民培训达到 15524 人次；2017~2019 年投入 303.24 万元，培训 2438 人次（见表 8-9）。同时，实施"云岭全民创业计划"，累计扶持各类群体自主创业 7444 人，创业带动就业 19352 人，发放各类创业贷款 7.958 亿元；累计实现城镇下岗失业人员再就业 15739 人；深入开展"农村劳动力转移就业扶贫专项行动"和"技能扶贫专项行动"，累计开展各类转移就业培训 37.78 万人次，累计新增农村劳动力转移就业 12.16 万人。

表 8-9　2015~2019 年西双版纳沿边劳动力培训情况　　　　单位：万元

年份	投入资金额度	劳动培训或者补贴（人次）
2015~2017 年	572.36	15524
2018~2019 年	303.24	2438

（五）特色优势产业取得良性发展

第一，茶叶、干胶、热带水果为主的农业产业特色显著。西双版纳是全国主要的橡胶种植区，橡胶种植面积和干胶产量继续保持全国地级市第一，2012~2018 年干胶产量保持在 29.2 万吨以上。西双版纳具有独特的气候条件，茶叶品质好，国内有 5 座著名古茶山分布在西双版纳。2012~2018 年茶叶产量保持稳步增长，从原有的 3.62 万吨到 4.96 万吨，增幅达到 37.05%（见图 8-4）。近几年茶叶价格高，茶叶种植整体效益好，成为居民收入增长的重要手段。同时，农业发展呈现多元化趋势，蔬菜、甘蔗、水果成为农民增收新的增长点。2018 年，蔬菜、甘蔗、热带水果产量分别达 29.67 万吨、104.51 万吨、65.35 万吨。

第二，培育发展"绿色食品牌"。建立健全农产品质量安全管理可追溯机制，2018 年新认证无公害农产品 38 个，全州"三品一标"认证企业累计达 19 家。勐海县格朗和乡南糯山村（古树茶）被列入全国第八批一村一品茶叶示范村；陈升茶业、雨林古茶坊、合和昌、中吉号、六大茶山等茶业公司荣获中国茶叶百强企业。

第三，带动旅游业良性发展，打响"健康生活目的地牌"。西双版纳自然条件优厚、人文条件良好，以其独有的自然和人文风光成为全国重要的旅游聚

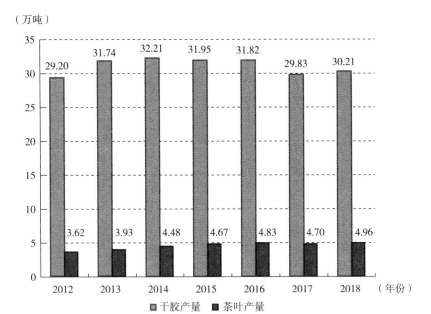

（万吨）

图 8-4　2012~2018 年西双版纳干胶和茶叶产量情况

资料来源：西双版纳统计局。

集地。自 2012 年以来，来西双版纳旅游人数由 1253.61 万人次到 2018 年达到
4043.41 万人次，增长了 223%；旅游人数保持每年至少 13.8%的增幅。旅游总
收入大幅增长，2012 年版纳旅游总收入 139.96 亿元，2018 年达到 674.14 亿
元，增长了 381.67%，保持每年至少 20.8%的增长幅度（见表 8-10）。5 个特
色小镇，除了基诺风情小镇外，均按期开工建设，并且都通过了 2018 年云南省
政府考核。西双版纳列入全国第二批医养结合试点单位，有助于把医疗、养生、
旅游发展结合起来。

表 8-10　西双版纳旅游人数及收入增长情况

年份	旅游人数（万人次）	人数增长速度（%）	旅游总收入（亿元）	收入增长速度（%）
2012	1253.61	23.8	139.96	39.6
2013	1494.35	19.2	171.67	22.7
2014	1700.26	13.8	228.02	32.8
2015	2001.4	17.7	286.7	25.7

年份	旅游人数 （万人次）	人数增长 速度（％）	旅游总收入 （亿元）	收入增长速度 （％）
2016	2519.95	25.9	420.28	46.6
2017	3326.47	32	507.75	20.8
2018	4043.41	21.6	674.14	32.2

第四，特色加工制造和产业园区稳步发展。加工制造方面，2019年上半年西双版纳规模以上加工制造企业68户，占全州规模以上工业企业98户的69.4％，产值在10亿元以上的加工制造企业4户。园区建设方面，2018年，工业园区新增入园企业7户，累计入园企业113户。完成规模以上工业增加值26.9亿元，同比增长13.9％；新增固定资产投资额28.8亿元，同比增长37.5％；主营业务收入110.7亿元，同比增长18.5％；利税总额14.2亿元，同比增长11.2％。2018年工业园区共签约12个项目，招商引资实际到位资金46亿元。

（六）污染防治和生态保护力度加大

第一，落实村寨环境整治工程。2015~2017年完成投资1898.34万元，占计划任务1200万元的158.2％。其中，实施垃圾池、排污管（沟）建设18个，实施农村环境综合整治示范点建设25个。2018~2019年投入资金额度1103.2万元，20户以上自然村有垃圾池和排污管751个，占87.84％（见表8-11）。

表8-11　2015~2019年西双版纳村寨环境整治情况　　单位：万元，％

年份	资金投入额度	计划任务	占比
2015~2017	1898.34	1200	158.2
2018~2019	1103.2	—	—

第二，全面打响污染防治攻坚战，稳步推进自然生态保护，巩固生态文明建设示范成果。一方面，在州委州政府领导下，西双版纳全力抓好中央环境保护督察"回头看"问题整改落实，68件举报案件已完成整改45件，对举报案件正在按期抓紧整改；扎实推进净土保卫战，完成农用地土壤污染状况详查、全州土壤污染重点行业企业用地污染状况详查等，开展全州工业固体废物堆存

场所排查整治工作。同时，推进自然生态保护工作，到 2018 年底完成珍贵树种植 10 万亩，建设环境友好型胶园 20 万亩、生态茶园 15 万亩，全州森林覆盖率达 80.9%。另一方面，巩固提升生态文明创建成果，2018 年西双版纳州荣获"美丽山水城市"称号，2019 年西双版纳州荣获"山水林田湖草生命共同体试验示范基地"，加强生态环境对外合作交流，参与开展全球环境基金"建立和实施遗传资源及其相关传统知识获取与惠益分享国家框架项目"（以下简称"ABS 项目"）云南试点示范项目，联合中国—东盟环境保护合作中心在景洪举办了"一带一路"环保产业合作平台项目对接系列活动。

（七）着力维护民族团结和边防稳固

第一，加强边境地区基层治理能力建设。加强城乡社区组织建设和保障，西双版纳全州 223 个村委会和 30 个社区都建有为群众办事的综合服务设施。推进城乡社区居民自治和民主协商，制定完善议事规则、财务管理、村（居）代表大会、《村规民约》、《居民公约》和《自治章程》等制度；健全社区准入制度，推进社区减负工作；不断强化城乡社区服务能力，完善管理服务网络；努力培育社区社会组织、社工队伍和志愿者队伍；积极开展"绿色社区""平安社区"等创建活动，着力提高社区服务功能。深入推进基层群众自治领域扫黑除恶专项斗争，持续净化基层治理环境。

第二，持续推进民族团结进步示范区建设。2016 年 12 月，西双版纳州"全国民族团结进步创建活动示范州"试点工作通过国家民委、省民宗委考核验收并授牌，成为首批"全国民族团结进步创建示范州"。着力抓好"15885"和"5525"示范创建工程，争取各类项目资金 1.5809 亿元，创建民族团结进步示范市 1 个、民族团结进步示范乡镇 10 个、民族团结进步示范村 73 个、民族特色村 50 个、民族团结进步示范户 1381 户。表彰了 250 个民族团结进步模范集体，750 名民族团结进步模范个人。同时，积极推进民族团结进步示范创建进机关、进农村、进社区、进企业、进学校、进军营、进宗教活动场所"七进"活动，至 2017 年底，"七进"活动共命名了 107 个"民族团结进步创建活动示范单位"。

第三，大力培养使用少数民族干部。坚持把培养少数民族干部作为管长远、管根本的大事。在干部招考中，安排不少于 70% 的岗位专门用于招录少数民族考生；设立基金、安排学习支持少数民族干部培养。在选配班子和干部时保证少数民族干部数量与民族人口比例相适应。目前，全州科级以上领导干部中，少数民族占 58.2%；县市党政班子成员中，少数民族干部占 60% 以上；全州公务员队伍中，少数民族占 56.8%。

第四，扎实推动军民深度融合发展，共建和谐边疆。深入实施爱民固边战略，广泛开展"平安乡镇""平安社区""平安口岸"等创建活动。采取军民共建形式，推动少数民族地区平安建设。深化党政军警民"五位一体"联管联防，协同加强边境管控，深入开展禁毒防艾人民战争。以国防教育和民族团结为主题，突出国防教育和军政军民团结元素，加大宣传教育力度，切实增强全民忧患意识和国防观念，夯实爱国强边思想基础。维护少数民族合法权益，充分利用民兵训练基地、"青年民兵之家"和"预备役军人之家"等场所，帮助民族群众脱贫致富，增强自我发展能力。与此同时，地方政府积极支持驻州部队边防信息化建设，边防道路建设，边防拦阻设施建设，最大限度提高军地基础设施共建共用效率，充分发挥军事设施民用效能和民用设施军事效能。

三、西双版纳实施兴边富民行动的主要经验

（一）各级政府重视兴边富民行动，出台并落实一系列政策和措施

兴边富民行动是国家推进沿边地区发展的重要举措，历来就受到党中央和国务院的高度关注。江泽民、胡锦涛、朱镕基等国家领导人专门为加快边境地区、民族地区发展做出指示。党的十八大后，习近平总书记先后在内蒙古、新疆和云南等地考察时，就边疆地区经济发展、民族团结做出系列论述。为了推动沿边地区发展，国家先后制定了"十一五""十二五""十三五"兴边富民规划，通过规划引领、集合资源、严格落地带动边境地区发展。国家民委牵头协调其他部门，推动兴边富民行动深入开展，国务院扶贫办、国家发展改革委、住房和城乡建设部、民政部、财政部等相关部委都落实相关政策倾斜边境地区发展。

云南省、西双版纳州和各市县积极推动政策实施。云南省自 2015 年开始先后实施《云南省深入实施兴边富民工程改善沿边群众生产生活条件三年行动计划（2015—2017 年）》《云南省深入实施兴边富民工程改善沿边群众生产生活条件三年行动计划（2018—2020 年）》，开展"十县百乡千村万户示范创建工程"三年行动计划（2019—2021 年），着力改善边境地区发展条件。

西双版纳州严格落实相关政策，积极推进兴边富民行动。2015～2017 年，

第一轮行动计划以沿边 13 个乡镇、48 个行政村为范围，覆盖 464 个村民小组、2.5 万户、13 万人。围绕"五通八有三达到"目标（见表 8-12），扎实推进抗震安居、产业培育壮大、基础设施建设、公共服务提升、村寨环境整治、劳动者素质提高六项工程 31 个子工程建设，计划投入 7.5 亿元，完成投资 20.6 亿元。2018~2020 年，实施第二轮沿边三年行动计划，以 3 个边境县（市）的 13 个沿边乡镇和 5 个沿边农场为建设范围，覆盖 102 个行政村（社区）、895 个自然村，7.5 万户、30.1 万人。围绕"城镇建设目标"和"村寨建设目标"，重点实施支持沿边集镇建设、加强基础设施建设、培育特色优势产业、完善基本公共服务、提升开放活边水平、加强稳边固边建设六大任务 38 项重点工程，计划投入 12.1 亿元，完成投资 17.59 亿元。

表 8-12　云南省沿边一线行政村"五通八有三达到"主要指标

分类	序号	指标内容	2020 年
"五通"	1	通路：20 户以上自然村通村道路硬化	80%
	2	通电：自然村农网完成改造升级，群众生产生活用电有保障	100%
	3	通水：采取集中式或者分散式供水，达到高集中供水率	85%以上
	4	通广播电视：广播电视进村入户高比例	100%
	5	通电话、网络：行政村自然村通电话、网络	100%
"八有"	6	村委会有合格村级组织活动场所	100%
	7	村委会有标准卫生室	100%
	8	垃圾有效治理率	100%
	9	4 类重点对象有安全稳固住房	100%
	10	人均 1 亩高稳产农田地	80%
	11	人均 1 亩经济作物或者经济林果	100%
	12	人均每年出栏 1 头牲畜	90%
	13	每个劳动力掌握一门实用技术	100%
"三达到"	14	行政村综合贫困发生率	低于 3%
	15	农村常住居民人均可支配收入	增幅达到或超过所在县市平均水平
	16	基本公共服务水平	达到或超过所在县市平均水平

资料来源：《云南省深入实施兴边富民工程改善沿边群众生产生活水平三年行动计划（2018—2020）》。

（二）强化新时代中国特色社会主义思想宣传教育，注重促进民族融合

根据与西双版纳州有关座谈和提供的相关材料显示，该州将习近平新时代中国特色社会主义思想与民族团结紧密结合，在全州范围内深入开展中国特色社会主义、社会主义核心价值观和中国梦宣传，大力弘扬中华民族优秀传统文化，深入开展民族团结进步宣传日、宣传周、宣传月活动，在全社会营造民族团结和谐的正能量环境，强化全州各族群众"共同团结奋斗，共同繁荣发展"的"共同体"意识。笔者在调研期间走访景洪市市区、勐腊县县区及村寨和磨憨磨丁口岸等地，都印有傣文和汉族双语的社会主义核心价值观、中国梦等宣传标语，整个区域宣传中国特色社会主义思想氛围浓厚。

尤其是，西双版纳也特别重视加强各民族交往交流。与部分干部交流中了解到，不少干部会被邀请出席"泼水节""嘎汤帕节"等传统节庆活动，干部与群众之间、各民族群众之间交流频繁、相处融洽。干部组织各族群众开展民族传统文化、生产技术、商贸劳资等交流活动，紧密各民族之间互帮互助的关系和"你中有我、我中有你"关系，加深各民族之间的了解，促进各民族交往、交流、交融。

（三）结合当地实际，开展了突破性探索

西双版纳州属于沿边地区，也是少数民族聚居区，还是"一带一路"政策前沿区。在边境地区管理、少数民族融合、"一带一路"政策执行等方面具有独特地理优势，该州有一些独特探索走在全国前列，具有独特价值。

其一，在民族交流方面，该州在少数民族主要节假日期间也作为公休假，鼓励干部参与到少数民族节庆活动中，干群走动频繁、群众间交流频繁。各个民族通婚也十分常见。在民族关系中，倡导形成你中有我、我中有你的良好关系。

其二，探索人口较少民族和边民保险工作。2019 年，西双版纳州民宗委筹集、安排人口较少民族和沿边行政村群众保险资金 230 万元，为 23 万人购买保险。虽然购买数额不大，但能够发挥保险的风险分散和转移功能，帮助受灾群众恢复生产，避免"因灾致贫，因灾返贫"情况，也为人口较少民族和沿边群众的财产、安全提供综合保障。

其三，探索民族地区精准扶贫新模式。西双版纳下辖的景洪市通过异地集中办学新措施，阻断"直过民族"贫困代际传递。2018 年，景洪市组织 382 名

来自勐旺乡大山深处的瑶族学生到景洪市第一中学、第三小学就读，给予贫困学生各方面帮助，教育扶贫取得实效。一些学生在城里就读假期回家中，能够通过自己的生活经历与积累的知识，帮助父母整理家务，带动父母开展田间劳作，改变了父母原来的生活方式。以往"等靠要"的农户，开始自力更生。州扶贫办通过构建"上下联动、社会参与、共同发力"的工作机制，形成"目标聚焦、深化政策、资源聚合"的强大合力，落实"对症下药、精准到人、分类推进"的帮扶举措，突出"集中精力、聚焦深度、各个击破"的攻坚重点，确保了2019年贫困发生率为0的历史突破。

其四，探索与周边国家民间交往、建立外事机制等方式。西双版纳边境区域与老挝、缅甸、泰国民间交往频繁，多年交流交往有历史传统。勐腊县民宗局的一个干部是哈尼族，在缅甸、泰国、老挝等国都有亲戚，每年节假日常常走动，这种现象在西双版纳并不少见。

（四）整合各方资源，强调协同配合，集中力量办大事

西双版纳在第一轮、第二轮兴边富民行动中集中优势资源，各个部门配合，强调协同办大事，2015~2019年共投资38.19亿元，有效改善当地情况。据了解，为了打赢扶贫攻坚战，勐腊县集中全县财力一年投资近50亿元，助力全县脱贫。精准扶贫中，积极吸纳社会资源、外地援助，推动扶贫工作取得实效。

（五）在兴边富民行动中先富边民，增加造血能力

注重改善边民生产生活条件，引导边民从事生产、劳作活动，自己致富。调研中了解到，选派专门干部参与少数民族驻村扶贫，针对部分直过民族不注重卫生、不爱劳作等问题，定期进入家庭帮助村民叠被子、洗衣服，并引导其自己改善自己的工作与生活环境。同时，引导居民种谷物、经济作物以及拾野生菌，以增加家庭收入。

（六）注重发挥示范和培育典型

陈升茶厂采取"农户+订单"方式，收购茶农茶叶，雇佣茶农参与茶加工，降低茶农风险的同时提高了茶农收益。景洪旺达魔芋种植专业合作社吸纳当地110农户入社，带动170余贫困户橡胶林下套种魔芋发展致富。中船重工集团自2002年与勐腊县结对以来，选派13名干部挂职、投入1.3亿元、实施70多个项目，通过人才帮扶、教育帮扶、资金帮扶、产业帮扶等系列"组合拳"取得良好扶贫效果。

四、西双版纳实施兴边富民行动存在的问题

(一) 经济发展相对乏力

近几年西双版纳经济发展相对乏力。统计数据显示，2016~2018 年西双版纳 GDP 增速虽高于全国平均水平，但低于云南省平均水平；农村居民可支配收入和城镇居民可支配收入在 2016~2018 年都低于云南平均水平；这些增收数据相比 2012~2015 年有所下滑。具体来说，农业方面转型效果不明显，干胶价格持续低迷，以橡胶为主的农业结构增长不显著；工业企业入驻相对少，缺乏有影响力的大企业；第三产业发展相对粗放，拉动作用受限。

(二) 个别地方出现政府举债扶贫和扣发公务员工资等现象

根据座谈笔者了解到西双版纳州勐腊县存在政府举债扶贫现象，查阅到的资料验证了这一事实，2018 年勐腊县全部公共财政收入 7.8 亿元，当年年末地方政府债务余额 20.56 亿元，比上年增加 1.66 亿元。部分干部反映，鉴于县级财政困难，2019 年 1 月开始扣发每个机关干部 2000 元绩效。政府举债扶贫，扣发公务员工资现象客观上会影响到扶贫政策的连续性、干部的积极性，不利于边境扶贫事业长远发展。

(三) 发展不平衡比较突出

首先，部分产业之间不平衡。西双版纳的茶叶和橡胶属于本地优势产品，两种产品、产业之间发展不平衡问题显著。最近几年茶叶价格高位运行，部分茶价格高，出现泡沫化趋势，笔者走在景洪市区大街上茶叶的店铺比较普及；比较之下，橡胶价格持续低迷，橡胶产量有所下降，甚至还存在部分胶农弃割胶的现象。

其次，边民之间收入不平衡。受制于茶叶价格高影响，拥有茶园的边民收入较高，部分边民一季春茶就可收入 30 万~50 万元，种茶村庄收入较高，相比之下，橡胶价格不高，种橡胶边民收入受影响。

再次，部分企业之间发展不平衡。现有的陈升茶业、雨林古茶坊、合和昌、中吉号、六大茶山等茶业公司荣获中国茶叶百强企业，然而调研了解到部分茶

厂也出现亏损，经营不景气。原勐腊糖厂 1997 年建成后，多年连续亏损。到 2006 年以后，由云南中云投资有限公司通过承债式收购兼并改制，通过体制机制改革，当年就实现盈利。

最后，区域增长不平衡。勐腊、勐海开展兴边富民行动，着重解决基础设施等制约问题。但投资规模扩大后，经济增长过度依赖基础设施建设，而经济增长没体现在核心竞争性产业发展上，发展可持续性不足。

（四）沿边开放优势与资源优势没有充分挖掘

其一，沿边地区处于"一带一路"的前沿区域，但"一带一路"倡议并未有效转化为经济优势，带动沿边边民增收。其二，现有的边民互市政策本意是带动边民增收，然而实际并未充分发挥效果。勐腊县全县符合条件边民 5400 余人，仅 1100 余人有参与边民互市的意愿。有企业利用一次边民证付酬 23 元，以集团贸易方式走边民互市政策，导致边民互市政策未发挥实效。其三，旅游资源、茶叶资源的优势没有精细化挖掘。西双版纳旅游资源丰富，然而旅游发展条件、旅游品牌化、茶叶资源的品牌化、深加工等方面优势利用不够。

（五）存在政策空白区或者薄弱区

政策执行还存在着空白区，民族文化保护与发展意识有偏差、人才缺乏、效益总体不佳，未设立文化遗产保护工作经费，非遗和文物保护工作开展困难；许多民间非遗手工艺"因人而存"，独门绝技、口授身传，往往随着民间艺人的离世而消亡。民族语言使用危机日益加剧，极少数传承人能够对古籍、文物资料简单读识，大多数人不具备读识能力，老一辈去世后，有珍贵价值的文字资料就成为"天书"。此外，非遗开发经济效益总体不足，公权保护、地域文化保护和知识产权保护关系尚待完善。

另外，调研也发现，有关方面对部分特困民族帮扶支持力度不够，拉祜族和瑶族整体贫困面大、贫困程度深，得到的支持力度还不够大；城市民族工作还停留在思路上，需要具体规划加以实施；民族团结示范区建设取得了丰富成果，但是受人才、时间等限制，理论研究成果还不足，分析提炼工作不够深入，可复制、可推广的经验还没有完全总结出来。

五、未来西双版纳实施兴边富民行动的关注点

经济学理论表明，后发地区通过学习、借鉴、吸收相对先进技术、管理水

平、发展经验能够实现短期内快速发展目标。实践中，中国自改革开放以来的发展也验证了这一理论的可行性。当前，我国中西部地区正处于后发赶超发展的重要时期，西部地区特别是边境少数民族聚居区通过科学理解后发赶超的经验，有助于推动改善后发地区发展水平。按照基本理论逻辑，边境民族地区作为后发区域要实现赶超发展需要注重以下几个方面：

其一，要注重先富思想，创新思维。穷困的根源在思维穷，要从根源上发展需要消除贫困的思维，更新原有观念，解放思想，把握新的趋势、新情况，利用新思想、新观念解决新情况；结合当地实际，创新发展思维，利用科学思想指导发展，形成新连接、新方式、新模式，带动区域创新发展。

其二，要注重深度挖掘区域本地优势。后发地区发展要将先进技术与本地发展要素深度匹配，走适合本地发展的道路。由此，后发地区发展要更注重挖掘本地优势。根据本地的要素禀赋特征，改善本地优势产品、优势产业发展条件，拓展产业链条、拓宽产业链宽度，推动产业市场化、规模化、利润化，从而带动区域将禀赋优势转化为竞争优势。

其三，要注重发挥人力资本的动力作用。后发地区落后很大程度上在于人才缺乏，缺乏留住人才的氛围、缺乏培养人才的渠道，未能培养本土人才。要注重发挥人力资本在优化要素组合、改善管理经验、利用先进技术、改造升级当地产业等方面的优势，推动人力资本与本地经济发展深度融合；要注重发挥人力资本在推动科学技术进步，带动创新发展，科技创新发展等方面的作用，引导区域形成新模式、新业态、新产业等发展形态。

其四，要注重全面科学高质量发展。后发地区发展不能再走先破坏再治理的老路，不能再走过度依靠消耗资源的发展道路，需要走突出本地优势的高质量发展道路。做到实现全面、协调、可持续、绿色、融合发展，更多关注人民生活水平改善、区域生态环境保护、社会治理良性、经济稳定发展，把发展的成果惠及人民，改善整体对幸福生活的追求。

其五，要注重培育后发赶超发展的系统机制。后发地区发展不是简单的过程，要注重全面协调全社会的力量，集中力量办大事，需要有系统的机制。一方面，培育后发地区发展的社会氛围，形成全社会共识。后发地区发展是全民的事，要发动全民参与。通过舆论引导、典型宣传、深入走访、定期宣传等方式带动后发地区氛围改善。另一方面，出台配套的管理制度、激励体制、考核体制、协调体制、管理规范等。利用管理制度，达成共识、形成发展的实效；利用激励和考核体系，鼓励和调动参与者积极性；利用协调体系，处理发展过程中出现的困难和难题；利用管理规范，协调和培育社会赶超范围，形成一种赶超文化，带动发展。

2020年是"十三五"兴边富民行动的收官之年，也是"十四五"兴边富民行动的开局之年。结合调研了解到的情况，提出以下相关建议：

第一，以"十四五"兴边富民行动编制为契机补短板，弥补政策制定不足。国家及边境地区"十四五"兴边富民行动编制在即，应以新一轮规划编制为契机，结合前一阶段兴边富民行动实施中存在的问题和主要障碍入手，弥补兴边富民行动中存在的短板。比如西双版纳调研中发现的边境农场享受沿边政策薄弱的问题，边境地区少数民族语言、文化、非物质遗产保护等问题，虽然在"十三五"兴边富民行动中有提及，然而实际给予支持不够、落实效果不好，需要予以强调。再如，西双版纳橡胶产业转型问题值得关注。橡胶是国家重要的战略物资，近几年受制于进口橡胶进入我国市场，国内生产干胶价格低迷，胶农普遍收益不高，影响边民收益。如何引导边民在橡胶种植过程中进行多样化经营增加收益、鼓励当地推进橡胶产业深加工，集约化、高端化发展都是需要切实解决的问题。新一轮规划的制定，可以适当给予地方政府执行空间，考虑边境地区实际情况，使得在满足中央政策前提下更大效益带动边境地区发展。

第二，结合实际探索，强化对不同区域分类指导。调研中发现，西双版纳州两县一市实际情况不同，边境村寨乡镇与边境农场实际情况也不同，难以用一种方式来协调处理这些可能面临的全部问题。加之，我国广西、新疆、内蒙古、黑龙江等边境地区实际情况有较大差别，面临的问题也有差异，需要强化鼓励各地根据实际情况来进行探索解决各地问题的办法，强化类似共性问题的针对性提炼，从而对不同区域进行分类指导。

第三，突出教育作用，强化思想引领。边民富起来，要先富脑袋，发挥教育引领的作用至关重要。景洪市采取直过民族异地办学的举措具有特色，也能斩断贫困的根源。精准扶贫过程中，驻村干部、村里能手可以组织当地群众开展种子培训、养殖知识培训、学习传统文化等多样的教育活动，也可以深入边民家中现场教学，引导边民自力更生，强化自主意识。还可以在现有措施基础上，鼓励边境地区适龄民族青年进入西双版纳职业技术学院、滇西应用技术大学傣医药学院学习文化知识、培训技能，提高自己素养；争取将西双版纳职业学校升级为本科院校，加大民族地区招生，吸纳更多的周边国家留学生，为边境稳固、民族融合提供人才支持。

第四，挖掘特色产业潜力，关注产业富民。西双版纳自然、文化等条件优厚，然而产业发展潜力有待挖掘。热带水果、坚果等产品品质好，可以加大力度扶持，培育相关品牌，畅通物流渠道，为边民增收创造新渠道；西双版纳茶产业具有优势，但宣传上却不如大理普洱，需要鼓励企业做好宣传、包装，将现有产业做大、做精细；旅游产业发展中宣传力度不够，旅游产品的组合搭配不强，需要重点挖掘现有潜力，突出旅游的特色，打造差异化发展；重点培育发展农产品深加工工业、橡胶深加工产业、茶叶深加工产业，带动西双版纳地区就业和社会经济发展。

第五，培育典型和发挥龙头带动作用。调研中发现，陈升茶业、景洪旺达魔芋种植专业合作社作为当地民族团结发展的典型，中船重工集团作为扶贫的典型起到了良好的示范作用。应继续鼓励和挖掘产业发展的典型，注重培育当地的龙头企业，利用龙头企业的带动，带来边民增收。边境区域自身业务工作比较多，对这些做法的总结缺乏、与上级部门报送渠道不畅。建议建立相应的反馈渠道和组织机构，强化对经验的总结和推广工作。

第六，强化民宗部门作用，加强兴边富民行动的组织体系建设，优化跨部门协作，但各个部门各自执行对口政策，相关的协调和配合不足。兴边富民行动是一项大的持续工程，需要集中精力打组合拳，要充分强化边境地区兴边富民组织体系建设。允许民宗部门牵头发挥更大作用，从方案制定、方案执行、相关政策落实、监管上赋予一定权限；鼓励建立兴边富民行动跨部门的组织机构，由当地政府负责人牵头协调统筹，形成跨部门的优化协作；强化各个部门之间定期交流、沟通机制，加强信息共享、消息互通，从而带动兴边富民行动的协调开展。

分报告之八：关于西双版纳州边境农场的调研报告

在以往涉边类政策实践中，对于"三农"问题高度关注，也因而对一线从事农业的边民予以补助。这是因为，一线边民义务承担守边责任，虽然所从事的行业与其他地区无异，但是其职业具有较强的正外部性，表现为守边护边，国家给予其政策支持甚至补助无可厚非。但是，对于城镇职工一般没有相应补助，这往往是基于城镇职工收入较高、居住在基础设施与社会服务相对较好的区域。但是，对于边境农场、林场等类情况，在涉边政策中往往较少提及。为弥补对这一问题的政策研究不足，2019 年 12 月 11～13 日，中国社会科学院工业经济研究所课题组对西双版纳州边境农场的状况进行了调研。在西双版纳州民宗委的协调支持下，调研组先后在州扶贫办、农垦局和勐捧农场进行了调查走访，获得了许多基础信息，并在此基础上提交以下报告：

一、西双版纳州边境农场建设背景

西双版纳州农场原来隶属于云南农垦集团，建于 1953 年。中华人民共和国成立后，为保障国防及经济建设的需要，1951 年 8 月 31 日，当时的政务院提出了《关于扩大培植橡胶树的决定》，要以最快速度扩大橡胶树种植，其中在云南发展 200 万亩。云南省委、省政府根据这个决定，于 1951 年 9 月在省农林厅林业局成立林垦处。1953 年，在西双版纳州建立了车里县特种林试验场（现热作所）。之后，1955 年、1956 年、1957 年、1958 年先后建立了黎明、景洪、勐养、橄榄坝、东风等农场。到 2017 年，西双版纳农垦系统有 12 个农场，分布在云南省西双版纳傣族自治州景洪市、勐海县、勐腊县境内（见表 9-1）。巴西橡胶树因其经济寿命长、采收方便、胶乳产量高、橡胶品质好等优点，成为世界上人工栽培最重要的产胶植物，也成为西双版纳农场发展橡胶产业的首选。

为弥补人才短缺问题，农垦系统在组建初期，就从广东引进了部分管理人员和技术骨干，之后又有大批部队复转官兵，省内部分县市的科技人员，湖南支边的青壮年，北京、上海、重庆、昆明的大批知识青年来到各农场，开垦种植橡胶。其中，也有些农场周边村寨带地入队，成为农垦队伍的重要组成部分，这些村寨村民也因此转型成为农场职工。

2010年10月，云南农垦集团西双版纳农垦分局撤销，设立西双版纳州农垦局，为西双版纳州政府直属单位。目前，垦区拥有土地总面积164.70万亩，已种植各类作物125万亩，总人口17.2万人，其中从业人员7.7万人，签订劳动合同职工2.2万人，离退休人员3.6万人。

表9-1　西双版纳州的12个农场分布

景洪市范围	勐海县范围	勐腊县范围
景洪农场	黎明农场	勐腊农场
东风农场		勐捧农场
勐养农场		勐满农场
橄榄坝农场		勐醒农场
大渡岗农场		
南联山农场		
曼沙农场		

部分农场属于边境农场西双版纳傣族自治州设置一市二县——景洪市、勐海县、勐腊县。各县市都有部分土地邻接边界，因而一市二县都应属于沿边县市。但是，因为距离边界线距远近不同，根据农垦部门提供的资料有东风农场、橄榄坝农场、黎明农场、勐捧农场、勐满农场5个农场属于边境农场（农场在边境线5公里距离范围之内。笔者课题组考察的勐捧农场就属于边境农场）但也有7个农场距离边境数十公里甚至上百公里，不属于边境农场。

西双版纳垦区自组建以来，承担了国家发展的重要职能与使命，一代代农垦人坚守"艰苦奋斗、勇于创新、乐于奉献、顾全大局"的农垦精神，在热带北部边缘非传统植胶区取得了橡胶大面积种植成功和丰产高产两项成果，初步建成了我国第二个天然橡胶生产基地，创造了橡胶大面积单位面积产量世界领先的奇迹，建成了我国最好的天然橡胶基地，为国家做出了重要贡献。

二、边境农场在改革发展方面迈出重要步伐

经过多年的改革发展，西双版纳边境农场取得了一系列突出成绩。尤其是，近年来在上级政府包括国有资产管理部门的指导下，边境农场所在垦区作出了一系列深化改革和调整结构的举措，实现了经济调整、结构优化和激励机制增强的效果。

第一，积极深化体制机制改革。近年来，西双版纳垦区出台了一系列改革措施，突出表现为渐进式、分阶段推进。首先，从属地化改革角度，把原来由农垦集团管理的企业下放到所在县乡，使企业与地方发展更好地融合在一起。其次，深化企业体制改革。在政府指导下，推进了一系列改制措施，垦区12个农场全部完成企业化挂牌，建立健全了完整的"农场—分场—生产队"经营管理模式，实行农场法人实体登记，落实农场生产经营自主权。再次，进一步完善内部治理体系。恢复职工代表大会，完善企业民主决策程序；企业日益重视建章立制工作，加强对财务管理制度、干部考核制度修订完善；制定考核分配办法，落实奖惩激励制度，把个人工资与企业各项考核目标任务相挂钩。最后，企业还进行了国有土地的确权登记、逐步解决企业办社会问题，为此推进了一系列相关领域的改革。

第二，建成了我国著名的橡胶基地。自1956年规模植胶以来，垦区充分发挥技术优势、规模优势、管理优势、人才优势，依靠科技进步，取得了橡胶大面积种植成功和丰产高产两项成果，初步建成了我国第二个天然橡胶生产基地。1993年垦区橡胶平均亩产过100公斤大关，且长期保持在125~130公斤的水平，远远高于全省和全国的平均亩产。至2017年，累计生产干胶268.38万吨。橡胶生产、研究与加工的基本格局也已经形成。根据有关资料，2016年，云南天然橡胶种植面积888.4万亩，投产面积480万亩，分别占全国51.1%与44.5%；平均每亩单产100公斤，高出全国平均每亩单产水平近30%；干胶总产量45万吨，占全国总产量58.5%。西双版纳胶树种植面积占云南八成，合计产量占云南总产量的98%。

第三，保留了橡胶生产，重视了多种经济作物发展，同时拓展第二、第三产业多元化发展空间。在市场化变革中，垦区的发展也逐渐适应市场竞争的需要，走向多元化发展道路。比如，2017年垦区投资25542万元，向第一产业投

资 8889 万元，向第二产业投资 502 万元，向第三产业投资 16151 万元，减少了生产结构单一、收入来源单一的风险。在企业自主权扩大的情况下，各个农场发挥各自优势，积极开拓就业渠道与收入来源。比如，景洪农场组建了木业、房地产、旅游等公司，形成新的利润增长点；勐捧农场在老挝南塔省勐龙县建设橡胶种植基地，现已种植橡胶 7000 余亩，投入资金 500 多万元在基地创办的橡胶加工厂也已建成投产，并对金凤木材厂进行技改和改扩建；黎明农场成立桑蚕公司，已发展种植桑树 500 亩，2019 年上半年实现蚕茧产量 38 吨，产值 234.6 万元。此外，垦区还注重发展原材料工业和加工工业。2017 年，垦区白糖产量达 42004 吨，茶叶产量达 4031 吨，水泥产量也达到 51607 吨。尤其是，水泥形成一定规模，显示出垦区重视推进工业化。

在第一产业内部结构优化上，垦区下了较大功夫。在发展橡胶产业的同时，发展包括茶叶、甘蔗和其他水果种植。目前，垦区有橡胶林地 110 万亩，年产干胶约 10 万吨；茶叶种植面积 2.01 万亩，年产干毛茶约 2600 吨；甘蔗种植面积 8600 亩，年产量约 6.8 万吨；各类水果 1.85 万亩，年产量约 2 万吨。与橡胶产业形成互补的是，垦区重点推广不与主业争地的林下种植产业，如种植魔芋、砂仁、各类中草药材等。根据有关方面提供资料，垦区已种植早柚、菠萝、珠芽黄魔芋等各类品种 5.68 万亩，林下土地利用率达 5.2%，产值 1.27 亿元，承包人人均增收 1556 元，覆盖职工群众 9543 人。

第四，加强农场产业园区的标准化建设，着力提高特色产业产出效率。近年来，西双版纳垦区十分重视打造现代化产业体系，促进橡胶产业转型升级。为此，推进各类产业示范园（区）建设。根据农垦部门提供的信息，垦区已经建成环境友好型生态胶园。2014～2019 年建设总面积 85281.5 亩（其中示范区面积 49050.9 亩）；建设特色热作标准化示范园 2.12 万亩；东风、景洪 2 个农场已通过农业技术试验示范项目验收；农业农村部"橡胶标准化抚育示范项目"4 个，总面积 4718.9 亩（其中核心区面积 1531.6 亩），已通过验收；对景洪、黎明、东风 3 个农场 2015 年农业产业化扶持项目进行了验收。此类建设具有长远意义，而且建设也延伸到边境农场。

第五，农场职工有了较大的选择权。由于农场的生产基本上是经济作物或者经济林木的生产，生产时间高度集中于少数采收季节，因而农场职工有较多的闲暇时间从事非农产业。因而，在土地承包确权的背景下，农场职工从事其他产业的生产、经营甚至外出打工也成为常态，由此也获得一定的附加收益。

三、边境农场面临的发展困境与现实问题

但是，目前垦区尤其是边境农场遭遇到一系列突出问题，影响到农场下一步的可持续性发展。在垦区向 2019 年向上级部门的汇报中，一再提起除了改革进展缓慢外，"垦区职工群众生活困难，基础建设资金缺口大，专业人才匮乏，维稳工作压力大等困难和问题"十分突出。根据笔者的调研，垦区目前的主要问题集中于以下几个方面：

第一，橡胶产业发展面临可持续性问题。农场因胶而生，农场尤其是职工对于橡胶发展有较强的依赖性，但也因胶陷入困境。自 2012 年以来，市场干胶价格一路下滑，从 2011 年最高位的每吨 3.7 万元降至 2019 年每吨不足 0.8 万元，造成橡胶林地的种植效益锐减，种植橡胶的亩产效益远远低于种植香蕉或者茶叶。以往的粮贱伤农现象在橡胶种植领域重演，形成胶贱伤工现象。橡胶价格的大幅度降低，直接冲击到橡胶种植的一线农场职工，导致职工种植橡胶积极性大幅度下降，甚至一些地方出现不同程度的毁林、弃割现象，对橡胶产业可持续发展极为不利。事实上，整个西双版纳州干胶产量在 2013 年后基本上处于徘徊状态，甚至产量有所减少（见图 9-1），市场走势不好。

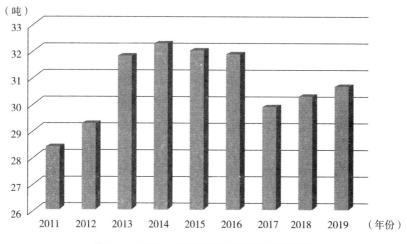

图 9-1　2011~2019 年西双版纳市干胶产量

资料来源：西双版纳市政府办、统计局等：《西双版纳傣族自治州经济工作手册》（2017~2019）、《2019 年西双版纳州国民经济主要统计指标》（快报）。

第二，职工收入明显偏低，橡胶种植业对年轻人的吸引力下降。垦区职工因承包关系，对橡胶产业有较强的依赖性。但橡胶价格的升降，也影响到农场职工收入。近年来橡胶价格大幅下降，导致承包人收入锐减。根据垦区提供的信息，目前农场职工人均割株 400 株，产量不足 2 吨，非职工身份人均割株 200 株、产量不足 1 吨。也就是说，农场职工人均毛收入只有 2 万元，非职工身份承包橡胶林地的人均毛收入只有 1 万元。除去人力、物资成本，承包人净收益非常低，交纳各项费用后经济十分困难，甚至一些人连最基本的生活开支都难以维持。另据西双版纳州"十三五"专项规划透露的数据，2015 年，西双版纳州城镇居民人均可支配收入达到 23304 元，农村常住居民人均可支配收入达到 11075 元，但农垦职工人均可支配收入只有 7458 元。农垦职工属于城镇职工，但是个人收入远远低于农村居民收入，这是极不正常的。

勐捧农场建场时，职工收入比周边村民高得多。由于收入差距过大，周边 24 个村寨村民带地入场，纷纷要求转为农场职工，以为转成城镇职工衣食无忧，"吃了皇粮"。但是，后来这些新入的农场职工发现自己比周边村寨的村民收入差了许多，由此引起较多社会矛盾和管理冲突。特别是，国家实行了一系列支持"三农"的政策，优先支持农业、农村、农民，农场不在国家政策支持范围内，成为市场和政策关心的空白地。"农场塌陷"效应已经形成，农场就业对农场职工子弟及周边年轻人几乎没有什么吸引力。

第三，农场基础设施建设落后。相对于西双版纳的广大城镇甚至于一些农村地区，农场的基础设施较差。笔者考察的边境农场之一勐捧农场就是典型。勐捧农场有 353 公里道路，一半以上没有硬化；九分场有 50 多公里进村道路没有硬化。西双版纳雨季较长，带来极大的交通不便。还有好几个分场饮水安全没有完全解决；在 130 个居民点中，相当部分居民点没有垃圾堆放点。勐捧农场的基础设施落后状况，在西双版纳其他农场也广泛存在。因农场日常开支基本上依赖于收取资源承包费，在橡胶价格较高时，资源承包费比较容易收取，但是在橡胶价格下跌时，资源承包费已经很难收取。而农场依赖资源承包费自身运转已经十分困难，无法再挤出更多资金开展民生基础设施建设。这一问题也引起当地政府重视。2012 年开始至今，先后拨付新农场建设专项资金 3408.4 万元，帮助农垦企业改善基础设施。但因资金分年度按农场分摊下达，资金量少且分散，对农场的民生基础设施建设需求杯水车薪，无法解决好更多的现实问题，形成农场职工群众对民生基础设施建设不断增长的需求与农场民生基础设施建设现实滞后的矛盾日益突出，农场民生基础设施建设与周边村寨建设的差距日益明显的现状。

第四，政府政策供给落后于企业现实需求。西双版纳的农场面临的发展困境，在其他地区的农场中也存在，反映多年来从全国层面解决农场问题的政策供给不足。除此之外，橡胶行业本身称之为战略性产业，但是没有按照战略性产业配置政策资源。28万亩橡胶林划定了保护红线，但是没有保护性配套政策；农场政策性救济提了多年，但是没有转化为政策推动实践，甚至进行适应性结构调整的政策灵活性也较差。举例来说，胶树采伐政策管理相当落后，不符合橡胶林木更替的基本规律。一般来说，胶树种植7~8年就可开割，再两年后产量达到高位，多数胶树能割20~25年，农场管理好的话可割30多年。但过了30年，橡胶树就会树龄老化、产量下降趋势，应该通过采伐及时更新。根据有关方面在2016年的研究，像1974年种植的橡胶树，更新前每公顷产量只有375公斤，平均株产0.8公斤，生产效率十分低下（石昭武等，2016）。

低效率老龄胶树如果及时采伐更新，还可以在胶树幼苗期发展林下经济，实行经济作物套种，采伐下来的木材还可用于木业发展。当然，在市场干胶低价格水平下，适度减少橡胶产品原料供给，有助于适度提升价格，改善职工收入。

但目前的政策是，林业部门对橡胶林采伐指标有所限制，使得进入老龄化阶段的林木得不到采伐更新，影响了橡胶产业的可持续发展，也影响到农场经济效益。比如，勐捧农场希望采伐更新橡胶林地面积1.4万亩，但林业部门批准数量只有0.38万亩，与企业需求存在较大差距，也使企业和职工利益受到影响。

第五，体制改革相对落后。因为各类因素影响尤其是体制机制的影响，农场橡胶产出效率不高。根据毛昭庆等提供的数据，2016年云南省橡胶开割面积480.67万亩，产量达到45.29万吨（见表9-2），平均每亩生产的橡胶产量为94.22公斤；农场平均每亩生产的橡胶产量为93.35公斤，民营平均亩产94.67公斤，民营的平均亩产略高于农场；从西双版纳州的数据来看，农场每亩开割的橡胶产量为93.45公斤，民营每亩开割的橡胶产量为108.68公斤，民营橡胶产出效率明显高于农场，说明民营橡胶亩均产出效率高于农场。

西双版纳橡胶产业发展脉络是，先发展起来农场橡胶产业，然后带动周边少数民族发展橡胶产业。1963年12月，曾任农垦部长的王震指出，国营农垦系统"要帮助少数民族种植橡胶"，由此拉开橡胶种植业民营发展的序幕。王欣在其论文中详细讨论过国营农场对民营橡胶产业的帮助过程，显示民营橡胶产业发展历程十分清晰，完全受益于农场的帮助（王欣，2019）。应该说，民营部分的分散经营、缺乏专业技术人员等限制因素是客观存在的，但是，西双版纳民营橡胶园区超越民族生产生活习惯落后的差异、超越技术约束、超越规模经济等方面的因素，单位面积生产效率后来居上，明显高于农场（毛昭庆，2019），应是体制机制优于农场造成的。

表 9-2　2016 年云南省各市州种植橡胶面积与产量

	胶园面积（万亩）			开割面积（万亩）			产量（万吨）		
	小计	农场	民营	小计	农场	民营	小计	农场	民营
西双版纳	475.35	133.85	341.50	308.35	111.08	197.27	31.82	10.38	21.44
普洱市	187.24	50.80	136.44	81.14	32.46	48.68	6.37	3.18	3.19
临沧市	100.90	9.33	91.57	38.98	5.65	33.33	4.32	0.62	3.70
红河州	99.49	13.82	85.67	43.37	9.14	34.23	1.75	0.61	1.14
德宏州	24.19	6.96	17.23	8.49	4.37	4.12	0.93	0.33	0.60
文山州	1.08	1.07	0.01	0.34	0.34	—	0.10	0.10	—
保山市	0.16	0.16	—	—	—	—	—	—	—
合计	888.41	215.99	672.42	480.67	163.04	317.63	45.29	15.22	30.07

资料来源：毛昭庆等（2019）。

与体制机制因素相关的另一个问题是，农垦企业的资产监管体系没有很好建立起来。根据西双版纳农垦局提供的信息，边境农场的资产虽然属于国有资产，各县市区也授权本级国有资产管理部门履行出资人职责，集中统一监管，但农场国有资产仍被有的县市区当作政府直属事业单位资产进行处置。部分农场国有资产处置收益被纳入政府非税收入，个别农场国有资产被平调、侵占。

第六，农场职工社会保障资金缴付存在困难。2016 年 9 月 18 日，云南省人社厅印发了《关于进一步规范与国有农场签订劳动合同的农业从业人员参加社会保险有关问题的通知》，其中规定，"与国有农场签订劳动合同的农业从业人员，可按上年度全省在岗职工平均工资的 100% 或 60% 作为养老保险缴费基数"。由于种植橡胶农场职工收入低，按照城镇在岗职工平均工资缴费负担偏重。据社保部门提供的数据，截至 2019 年 5 月 31 日，垦区社保欠费已达 9.39亿元，其中：基本养老保险欠费 6.79 亿元，医疗保险欠费 2.26 亿元，失业工伤保险欠费 0.34 亿元。为此，农场职工多次上访和向上级反映，但是问题依然没有得到解决。以勐满农场来说，2013 年职工欠缴养老保险金人数占全场职工的 6.26%；2014 年占 16.76%；2015 年占 25.36%；2016 年占 29.03%；2017 年占 31.92%；2018 年占 38.06%，欠费人数在逐年递增。尤其是年轻人对缴纳社会保障越来越缺乏意愿。这也是因为社保项目设计中存在的一个巨大缺陷：缴纳资金中留存个人账户资金偏少，年轻人对年复一年缴纳繁重的社会保障资金感到压力巨大，同时对未来获得社会保障救济缺乏信心。对社会保障中存在的问题，云南省、西双版纳州也积极设法解决。2018 年，省人民政府主要领导作出批示，对 2008 年末各农场累计欠缴的职工基本养老金 1.89 亿元，省级财政按照 50% 的补助分 3 年进行补缴，已经下发了部分款项。自农场移交属地管理后，西双版纳州将核定的职工养老保险、工伤保险、失业保险等缴费比例基数或者费率下调。但是，由于农场职工自身收入过低，问题依然没有得到根本解决。

第七，橡胶产业的深加工发展不够。近年来，西双版纳也已经上马了一些橡胶加工类项目，比如，西双版纳勐腊曼庄橡胶有限公司年产 6 万吨天然橡胶湿法炼胶（绿色橡胶）建设项目、勐腊田野橡胶销售有限责任公司年产 15 万吨天然橡胶深加工改扩建项目，但是，此类项目不少由本地企业家投资，鉴于本地企业资本有限，项目规模通常不大，技术含量还不够高。如何进一步发展橡胶产业深加工还有待破解。

第八，农场抵御恶劣自然环境侵犯的能力还比较薄弱。虽然西双版纳地处内陆，不像海南岛那样易于遭受台风等自然灾害的影响。但是作为典型的林业生产领域，西双版纳边境农场还是难逃一些典型恶劣自然环境与自然灾害的影响。比如，2019 年西双版纳就曾遭受病虫害和旱灾的影响。根据西双版纳农垦部门提供的信息，2019 年是白粉病大暴发年份，尽管农垦部门投入防治资金 65.63 万元，防治用药 52.7 吨。但垦区白粉病发生面积达 102.24 万亩，危害达到重度的开割林为 14.74 万亩，经济损失达 1590.06 万元。不仅如此，2019 年 4~6 月，罕见的高温天气导致部分胶园、茶园停割、停采。干旱导致各农场累计停割 48 天，累计受灾面积 92.84 万亩，干胶产量减产近 1 万吨，累计损失 9754.62 万元。

四、深化对边境农场天然橡胶作用的认识

（一）国家要进一步认识到西双版纳天然橡胶生产的地位与作用

1. 要更加重视天然橡胶产业的生产与加工

天然橡胶曾经与煤炭、钢铁、石油一起，并列为四大工业原料，在军事、

航空航天、汽车制造、医疗救护、装备制造业等领域发挥着广泛作用，是国家重要的战略物资。日常生活中使用的雨鞋、暖水袋、松紧带；医疗卫生行业所用的外科医生手套、输血管、避孕套；交通运输上使用的各种轮胎等制造，都与天然橡胶有很大关系。技术含量高的高级胶产品，往往用于航天和国防，在国民经济中占有重要地位。天然橡胶的生产基地主要集中在东南亚、南亚、拉丁美洲低纬度国家，近年来非洲增长较快，但其深加工行业主要在欧美国家。米其林、巴斯夫等是全球橡胶加工领域的佼佼者。我国虽然是世界制造大国，但是在橡胶生产领域和加工领域，与全球领先国家的企业都存在一定距离。中国要从制造大国走向制造强国，就有必要建设橡胶深加工强国，做大做强橡胶加工产业。为此，也需要重视橡胶产业。

2. 重视西双版纳天然橡胶的生产

西双版纳气候条件较好，自然环境有利于天然橡胶生产。目前，全国有两大主要橡胶产区：海南与西双版纳，西双版纳因为地处内陆，较少受到海洋气候的影响。根据海南省农垦部门的估计，2005 年海南省因为维达台风的袭击，导致了天然橡胶的大幅度减产，当年减产天然橡胶 6 万吨，橡胶树小苗受灾面积达 5 万公顷，直接经济损失 23.78 亿元。同时，由于多种原因尤其是自然资源禀赋的差距，海南的天然橡胶亩产和总产量都低于西双版纳。从全国天然橡胶产业的合理布局看，应使天然橡胶生产更加向西双版纳集中。从近些年的市场竞争趋势看，天然橡胶的生产有向云南集中的趋势，西双版纳的天然橡胶产量占全国的一半以上，地位与影响不断加大（见表 9-3），海南与云南在天然橡胶方面的产量差距也进一步拉开。从全国天然橡胶林产品供给、地区栽植生产力优化布局角度看，应该更加重视云南省橡胶产业发展。

表 9-3 2004 年以来全国主要产胶省份天然橡胶产量   单位：万吨

年份	云南	海南	广西	广东
2004	21.92	32.98	0.08	2.49
2005	24.03	24.78	0.07	2.48
2006	26.42	24.75	0.08	2.54
2007	28.22	28.06	0.08	2.48
2008	25.72	27.74	0.03	1.29
2009	29.84	30.71	0.04	1.30
2010	33.06	34.64	0.04	1.34

续表

年份	云南	海南	广西	广东
2011	36.34	37.18	0.02	1.55
2012	38.98	39.51	0.02	1.71
2013	42.56	42.08	0.10	1.74
2014	43.33	39.12	0.02	1.55
2015	43.93	36.11	0.01	1.56
2016	44.86	35.14	0.02	1.57

资料来源：《中国农业统计年鉴（2017）》。

而在云南省的天然橡胶种植中，应该更加重视发挥西双版纳的作用。根据笔者 2019 年 12 月对西双版纳州工业和信息化局调研获取的信息，西双版纳州天然橡胶种植面积占全省总面积的 52%，但天然橡胶产量占全省的 74%，产出效率高于全省平均水平 40% 以上。

3. 重视发展西双版纳橡胶精深加工业

多年来，西双版纳生产一直作为原料和初加工生产基地存在，橡胶加工产品在国内处于相对较低的加工层次，产品加工层次、加工深度、品牌影响力都较小，反而是一些远离原料生产基地的城市如山东的青岛，橡胶深加工产品的市场影响力较大。这种原料基地与加工基地的分离现象，使得西双版纳获得不了原料深加工的收益，产业的税收贡献率、就业带动力与市场影响力都较低。同时，深加工过程的正效应不能反馈或者回补到原料生产环节，对于橡胶种植领域产生不了应有的正向激励，从而未形成有效的产业链条延伸——产业整体抗风险能力增强——产业规模扩大对经济增长的贡献增强的效果。

（二）边境农场要认清橡胶市场形势与自身不足

西双版纳橡胶产业发展有一定竞争优势，比如，多年积累下的栽植管护经验，专门化的技能型人才和职工队伍，集聚了服务于天然橡胶生产的一定的研发队伍，各级政府注重推动天然橡胶生产等，这些十分有利于西双版纳的橡胶生产。但是也应该注意到，西双版纳当前的橡胶生产也存在着许多不足，应该充分加以正视。

第一，西双版纳在全球天然橡胶市场的影响力远远不足。

近几十年来，全球天然橡胶种植格局一直发生调整，20 世纪前期，东南亚成为全球主要的橡胶生产地。1900 年，东南亚生产的橡胶产量占全球的 1%，但到 1921 年时，橡胶产量已经占全球的 90%，1941 年时已经占全球的 97%。近几十年来，全球的橡胶生产地在不断扩展。1980 年全球有 43 个国家生产天然橡胶，但是到 2010 年时，生产天然橡胶的国家多达 63 个，非洲生产橡胶的国家明显增多。但全球的天然橡胶生产重心还在东南亚地区，以 2016 年的数据为例，泰国和印度尼西亚两国的橡胶产量就占全球的接近 60%（见表 9-4），橡胶在全球的产地高度集中。根据有关方面的统计，2016 年中国天然橡胶总产量 81.13 万吨，居于全球第五位，仅相当于第一位泰国的不到 1/5。中国在全球橡胶市场所占的比重只有 6%，西双版纳在中国橡胶产品市场的占有比例不足 40%，在全球市场所占比重只有 2% 左右，对全球市场的左右能力与影响力很小。

表 9-4　2016 年全球橡胶产量前 10 强国家

国家	总产量（万吨）	占比（%）
泰国	447.66	34.04
印度尼西亚	315.78	24.01
越南	103.53	7.87
印度	95.28	7.24
中国	81.13	6.17
马来西亚	67.35	5.12
菲律宾	36.26	2.76
危地马拉	33.28	2.53
科特迪瓦	31.07	2.36
缅甸	22.17	1.69

资料来源：联合国粮食及农业组织统计资料。

第二，西双版纳橡胶的单位面积产量在全球地位不高。

从单位面积产量来看，2016 年，全国天然橡胶的单产为每亩 75.32 公斤，进不到全球前十名行列（见表 9-5）。云南省单产每亩 92.9 公斤，海南省亩产 61.7 公斤，广东省亩产只有 23.14 公斤。数据显示，云南省的亩产勉强超过几内亚，进入到全球前十行列。西双版纳在云南省的单位面积产量相对较高，未来提高还有一定潜力。但与全球高产区域相比，西双版纳橡胶产业的竞争优势不突出。不仅单位面积产量较低，且当地的劳动力成本也高于东南亚国家。这使得在同等竞争条件下，西双版纳州单位劳动力产出效率和单位土地面积的产出效率都较低，难以主动发起价格竞争，在全球市场更多地表现出价格接受者的角色。

表9-5　2016年全球橡胶单产前10名国家数据

国家	单产（千克/亩）
危地马拉	221.50
墨西哥	179.97
印度	139.90
菲律宾	112.11
越南	111.08
科特迪瓦	109.04
加蓬	99.90
厄瓜多尔	97.70
泰国	96.46
几内亚	88.32

资料来源：联合国粮食及农业组织统计资料。

第三，全球市场基本上维持供大于求的态势，产品价格难以再次暴涨。

有关数据显示，国际橡胶树木的新种植面积在2012年以后明显加大。由于种植面积扩大，全球总产量从2010年的不足1100万吨提高到2017年的接近1400万吨，但是，这一期间全球消费也出现了近乎相同的上升走势。但总体上看，供需相对平衡。由于天然橡胶价格相对低迷，一些主要产胶国如泰国已经开展一定规模的林木更新。事实上，由于橡胶的需求方主要在发达国家，天然橡胶的生产区主要位于发展中国家。发达国家的需求规模虽大，但增长相对缓慢，发展中国家因为栽植者对价格敏感性强，一旦橡胶产品价格上涨，种植面积的扩大相对容易。从中国自身的国内市场看，天然橡胶的需求主要在轮胎生产领域，70%的天然橡胶用于轮胎生产，支持了汽车等终端产品生产。但是，目前汽车已经供过于求，橡胶产品的需求增长空间有限。市场竞争终归取决于价格竞争。从产销形势看，产品价格在相当一段时期内难以出现类似于2012年的大幅度上升，未来的价格走势很可能进入由竞争约束难以大涨和成本约束难以大跌的"新常态"状态。由此推论，西双版纳州边境农场的橡胶产品要保持竞争优势，必须更多地走上依靠集约经营、品种改进、技术创新的精益求精之路。

五、关于推动边境农场持续发展的政策建议

边境农场是我国兴边稳边固边政策实施的重要一环，农场发展状况也是检验兴边富民工作开展的重要标准。农场兴，则职工兴、家庭兴、边防稳。农场不兴，则意味着兴边富民的工作有薄弱、有缺陷、有遗漏，更需亡羊补牢，动员各方力量加以解决，进一步补紧织牢兴边富民政策网。

第一，对于农垦系统实行国家政策"补短"性援助，把"三农"政策调整为"四农"政策。农场的低、弱、差现象在全国各地带有一定的普遍性，新疆、内蒙古、西藏等地都存在农场低水平发展问题，显示以往的政府"三农"政策覆盖明显不到位，需要加以弥补。建议中央在制定国家重大经济政策比如"十四五"规划时，把农垦纳入进来，作为政策支持的对象。具体建议是，在"十四五"规划制定中，改变以往的"三农"政策安排范围，把农垦纳入，实行"四农"政策即制定对农业、农村、农垦、农民的"四农"帮扶政策。由于我国的农场主要分布在沿边地区，实行"四农"政策，有助于把政府对弱势产业、弱势群体的援助更好地送到边疆。许多此类国有经济或者集体经济过去在国家计划体制中发挥了重要作用，目前发展中的困难较多，国家有必要从财力物力角度支持这些块状经济形态发展。至少在乡村振兴国家发展政策上，应该把农垦区域和农垦企业作为重要内容。在国家与各地制定"兴边富民""十四五"规划建设中，也可专门列举针对边境团场、边境林场、边境农场的建设项目。国家有关部门如国家发改委、工信部、国家民委等在制定"十四五"沿边地区发展规划、工业规划或者兴边富民规划时，可明确把西双版纳橡胶产业作为重要特色优势产业加以支持。

第二，把加强"农场建设"列入云南省乃至西双版纳各地的"十四五"国民经济与社会发展规划。鉴于边境农场已经按照属地化方式进行管理，建议在"十四五"各地州开展的地区国民经济与社会发展规划中，把类似"加强农场建设""加强团场建设"列入各地经济社会发展规划中。各地地方政府可以根据本地财力和边境农场、团场基础设施建设的短缺状况，甚至制定农场和团场发展的专项规划，把其作为在地区经济社会发展中"补短板"的内容。

第三，赋予边境农场、林场职工以边民同等待遇，给予这些职工护边补助。其理由是，虽然拥有城镇职工身份，但是仍然住在边境集镇乃至乡村；这些职工尽管身份是城镇职工，但从事的是低收入农林牧业；虽然不具有农民身份，

但是农场职工也像农民一样与土地完全结合；这些职工虽然没有城镇职工的基本收入，却承担了与城镇职工身份一致的社会保障支出。尤其是，这些职工是名副其实的边境居民，因而在日常的工作与生活中，自觉承担了一定守边固边责任。给予这些职工相应的边民补助，顺应经济需要，体现人文关怀，合乎政策要求。

第四，进一步深化边境农场的体制机制改革。中国古语有"山高皇帝远"的说法，反映了从政治权力中心向边远地区监管力度逐渐降低的事实。而且，边境农场是一个外部关注程度较低企业形态，一旦发生企业资产被侵权、"内部人控制"或者管理者侵权时，往往很难自下而上地反映出来。因而，更加需要深化体制机制改革。首先，必须理顺政府与国有资产的管理关系。应该借鉴全国国有资产的管理规范，建立西双版纳国有资产的管理、运营、处置政策规范，各级政府不得随意处置农场资产。其次，要公平地配置农场土地资源，给予所有农场职工以初始公平。应要求农场管理层及家属配置的土地资源，维持在农场职工的平均水平，不得超规格配置，农场管理层及家属承包的土地资源应该公示。再次，必须形成农场土地资源的流转机制，促进土地资源向栽植和管护能手集中；还有，农场收取的资源费等费用，应该公开账目，明确使用用途。上级下达的支持农场发展的政府支持援助性资金，应该明确发放使用途径。最后，加强职工代表大会对农场管理的参与权，更多地注重维护职工利益。对于风险较大、效率不高甚至存在内外勾结掏空农场资产风险的决策项目，职工代表大会可以否决。另外，作为改制企业，各个边境农场在完成属地化管理的改革后，应该定期提交管理运行报告，接受本地人大代表的监督。

第五，推进橡胶林产业高质量发展。建设高水平橡胶林产业，推动橡胶林业高质量发展，符合垦区建设和发展的需要，也是塑造垦区核心竞争力的需要。为此，必须确立推动橡胶林产业高质量发展的规划与实施方案；高规格、高标准建设橡胶林生产基地，规范化地按照产业生命周期加强林产培育、管护和更替；从全国高度重视西双版纳边境农场的地位与作用，优化资源配置结构，使全国橡胶林产业向效率较高的区域如西双版纳集中；注重引进高产新品种，积极加强品种改良与老旧林种淘汰替换；加强水利基础设施建设，提高水利对林产业发展的保障能力；重视与高等院校科研机构合作，加强病虫害防治工作；重视培养工作在林业生产与管护一线，技艺上精益求精、工作上吃苦耐劳的林业工匠队伍。

第六，从国家层面支持西双版纳橡胶加工产业发展。在我国工业化推进中，橡胶产业具有重要地位。橡胶产品作为中间投入品，在许多工业制成品生产中都发挥着重要作用，而我国许多高级胶产品还依赖于国际市场进口，中国的橡胶制造业与国际先进水平相比，是一个相对薄弱的产业，也需要在深化工业化中加以补强。因而，做大做强橡胶加工产业符合国家战略需要。一是要积极发展天然橡胶产品的下游加工工业。除了目前生产的标准橡胶、子午线轮胎胶、恒黏胶、复合橡胶等产品外，还应积极调整与优化产品结构，大力发展天然乳胶产品，如开发乳胶床垫、乳胶枕、安全套、医用手套、家用手套、气球等产品，增加产品附加价值；积极开发能够用于国防与航天等领域的高端胶，尽可能替代进口产品。二是对橡胶副产品加以利用和转化。注重加强橡胶木的防腐化处理，提高木材使用效率；重视对橡胶籽中油料和蛋白质的开发利用。三是在橡胶产业领域形成一批能够代表中国制造水平的品牌企业。应该加强橡胶加工产品的质量、标准、检验等方面的建设力度，鼓励橡胶加工产业领域的优胜劣汰，促进优势橡胶企业走向国际市场，参与全球竞争。

第七，建议在推进举国体制建设国字号科研机构时，在西双版纳建设国家级橡胶产品研发机构。西双版纳州南面是东南亚国家，比之西双版纳，东南亚各国由于纬度低、雨量和热量高，更适合种植橡胶，各个国家从种植到收割的周期比西双版纳更短，劳动力成本也更低，因而，在同等竞争条件下，西双版纳州的橡胶产业难以与东南亚国家开展竞争。西双版纳必须在产业从种植到加工层面，形成由创新支撑的精细化发展模式，才会比低纬度国家和地区的橡胶产业更具竞争力。为此建议，必须实行创新驱动发展战略，在国家建立新型举国体制推动科研机构建设时要顺应这一规律。可在西双版纳建设集橡胶种植到橡胶加工的国字号科研研发机构，引进先进科研仪器设备，建设国际一流的科研团队，展开理论性、应用性研究，使中国的橡胶产业科研走在全球前列，支撑西双版纳的农场生产出世界高产的橡胶、加工世界高端橡胶，形成全球高水平的品牌，促进西双版纳橡胶事业从科研到产业走在国际前列，以便在未来提高西双版纳橡胶产业的辐射度，以西双版纳橡胶产业的高质量科研、高端化产品、高水平企业、高知名度品牌，整合东南亚、南亚的橡胶产业，提高西双版纳橡胶产业的国际竞争力。

第八，鼓励西双版纳州的边境农场"走出去"。东南亚地区适合于种植橡胶的地方较多，鼓励边境农场"走出去"，利用东南亚的土地、劳动力，发展种植产业，在国内注重加工产业发展，形成内外一体化的发展模式，有利于边境农场做大做强，同时避免边境农场受制于现有的土地制约。商务、发改等部门应该为边境农场"走出去"和推进橡胶产业全球化布局、国内国外一体化发展创造条件。与此同时，企业要加强对投资对象国的政策研究，避免政策管制和政策调整风险。当然，在企业在"走出去"前，应积极研究"一带一路"倡议与投资对象国的政策，尽可能把自己的对外投资项目纳入"一带一路"建设项目中，通过国家和地方协议的方式，更好体现政府参与、政府合作。一旦所在国出现重大政策调整类的政策风险，可以更加依赖政府协调解决企业的困难。在有政府协议的情况下，由政府协调比企业协调的成本会更低，成功率也更高。

第九，优化针对边境农场的政策资源配置。农业产业是弱势产业，橡胶产业估计将在较长时期处于供过于求状态，边境农场与其他地方不同，政策配置应该体现专业化、援助型，因而，要构筑针对农场的专门化扶持政策，加强政策精细化、专门化服务。首先，应该解决好边境农场社会保障遇到的现实问题，国家相关部门和云南省都从各自的支持政策出发，在社会保障缴费方面尽可能减少职工交付的比例。由国家和云南省各拿一部分，企业拿出一部分，减少职工交付比例。同时，因应橡胶产业价格变化与产业发展的起落，适度进行动态政策调整与优化。其次，在企业采伐更替橡胶林木决策上，可在土地用途不变的基础上，以林木单位面积生产效率和林木种植年代等标准化指标为基础，确定更替技术标准。在此基础上，尊重企业的采伐更替自主权。林业管理部门应该改革以往的计划指标管理模式，实行更加基于技术标准的专业化管理政策，尽可能使政府保护目标与企业的发展目标相统一。

第十，积极推动西双版纳橡胶产业领域的对内对外开放。西双版纳沿边优势和橡胶资源，有利于扩大对内对外开放。在对内开放上，西双版纳可以引进国有大型化工企业进入西双版纳，建设橡胶深加工产业。借助于国有大型企业的资本实力、管理实力和研发实力，强化本地在发展橡胶化工领域相对薄弱的技术创新，并通过发展橡胶深加工产业促进上下游一体化。鉴于中国与缅甸的中缅走廊谈判取得进展，未来原油进口可由缅甸皎漂港卸载通过中缅走廊输送到中国云南。在云南已有磷化工的基础上，加上石油化工与橡胶化工，有利于云南未来建设综合性、互补式大型化工基地，加快云南建设具有竞争力的先进制造化工产业群，促进沿边地区的产业升级与产业规模化发展。同时，西双版纳应该积极学习国际橡胶林产管护领域的先进经验与做法，引进高产优质橡胶树木，积极淘汰老旧橡胶产品品种；西双版纳要积极引进各类橡胶林产、橡胶化工的专门人才，调整优化区域尤其是边境农场的人才结构。

当然，由此可以延伸出另外一个建议，就是在今后选择国有大型企业的结扶贫脱困对子时，西双版纳可以与中石化类的大型化工企业结对子，这有可能在推动双方深化扶贫脱困合作的同时，把企业优势与区域资源优势结合起来，寻求产业发展合作新空间。

参考文献

［1］石昭武等.2016年西双版纳勐捧农场胶园更新的经验和体会［J］.热带农业科技，2017（2）.

［2］毛昭庆等.基于SWOT分析的云南天然橡胶产业发展战略研究［J］.中国热带农业，2019（1）.

［3］王欣."国家发展模式"视野下的国家垦边与地方族群关系——以西双版纳国营农场为例［J］.中国农业大学学报，2019（2）.

［4］莫业勇.全球有60多个国家生产天然橡胶［J］.中国热带农业，2014（5）.

后　记

多年来，国家民委一直重视经济问题的调查研究和政策建议工作。早在1987年，中央统战部、国家民族事务委员会撰写了《关于民族工作几个重要问题的报告》，向中央提出当时民族工作的问题与建议。这一报告明确指出，国家民委在参与经济工作的具体做法是，"围绕发展商品经济和脱贫致富，通过深入细致的调查研究，力求透彻了解和掌握少数民族地区和少数民族的特点，对少数民族地区的经济发展战略和规划，重要的政策问题和实际问题，提出有价值的报告和建议，协助经济部门和地方，因地制宜地做好经济工作"。事实上，国家民委坚持和发展了这一良好工作传统。除了政府部门重视经济工作调查研究外，还列举一些重点课题支持学术界开展调查研究和形成政策建议。民委在经济工作中的良好传统，通过最终的政策建议和政策转化，在推动民族地区经济与社会发展中发挥了重要作用。

2019年8月，中国社会科学院工业经济研究所课题组接到民委经济司关于《构筑沿边开放新格局》的研究任务以后，遵循国家民委优良传统模式，把学术研究与调查研究结合起来，形成完善思路、收集资料、加强分工、深入调查和撰写报告的研究工作流程。在收集资料和阅读相关文献后，对这一领域的基本情况有了进一步了解。2019年10~11月，课题组成员在商务部和国家民委分别进行了调研走访。2019年12月，在国家民委、云南省民宗委和西双版纳州民宗委大力支持下，课题组到云南西双版纳州进行了为期一周的调查研究，在此基础上撰写了调研报告和政策建议。本课题研究也得到国家民委另外一个课题"'一带一路'与'十三五'兴边富民规划实施进展"课题的支持。

课题研究报告包括一个主报告和八个分报告。

主报告是在对沿边开放相关政策历程、成就、问题等分析的基础上，提出中华人民共和国成立后前30年并非闭关锁国也可由沿边开放证明，梳理了沿边开放推进的主要政策、取得的主要成就，积累的主要经验和遇到的诸多现实问题。在新的国际形势背景下，推动沿边开放也面临一系列机遇与挑战。在此基础上，阐述了新时期沿边开放的五大定位：抓手、纽带、部署、保障、依托。明确了在"十四五"期间，在沿边开放主要任务实现上应采取六个"积极推动"；在区域布局上应该构筑"双层推进"模式，在具体措施上实施"30条"。在这一报告中，课题组总体上认为应该扩大开放试验试点范围，提高开放平台建设和运行质量，增设沿边自由贸易区、增设重点开发开放试验区、增设边境开放城市、增设边境经济合作区等，并建议把边民互市贸易免税额度从现在的8000元提高到10000元，实施"'十四五'沿边开放基础设施补短工程"等一系列有利于对外开放和兴边富民的具体措施。同时，我也认为，一些沿边地区具体执行的把边境贸易政策延伸到整个地市州的做法，不符合世界贸易组织和国家相关规定，易于成为国际贸易冲突诱因；个别跨境经济合作区我方人员希望吸引国内企业入园，借用合作外方的名义对西方出口，以此规避发达国家对我国增加关税。这种设想看似有利可图，但实际带有一定政策性风险。希望国家有关方面明确制止这两种地方不当做法，避免因小失大，得不偿失，损害国家整体对外开放大局。

第一个分报告是关于跨境开放开发的国际经验。在这一报告中，对跨境经济合作的基本理论予以介绍，同时描述了世界海关组织等机构在推动跨境交流的政策与做法。其后，提供了三个案例，对欧盟跨境合作、墨西哥蒂华纳地区与越南北方沿边地区开放开发的经验进行总结。这三个地区都位于北半球，是全球经济相对发达和比较活跃的热点地区。总结这三个地区开放经验，有利于深化对我国沿边开放的理解。

第二个分报告是关于边界效应的国内外研究进展与展望。从国际上看，开展边界效应的研究，起因在于人们希望边界线对边境两边经济社会发展的影响程度认识不一。但是，就目前看，我国沿边开放采用相关分析研究方法还不够多。这一报告对相关概念进行了阐释，对目前学术界研究的数量分析方法做了归纳，对于该理论的应用进行了总结，对学术界关注热点问题进行了分析。做该综述研究，对认识沿边开放的作用与影响有一定学术价值。

第三个分报告是关于边境口岸建设的调研。这一调研主要基于对广西、云南两地的数次近距离调研，获得大量建设发展信息，在此基础上撰写生成。边境口岸建设，把沿边地区与周边国家成功串接，成为"一带一路"建设的前沿阵地。广西、云南面向经济发展较快东盟国家，口岸经济活动活跃，发展速度快于其他地区，加强边境口岸建设具有重要意义。调研发现，边境口岸建设速度加快，建设成绩显著，口岸建设支撑沿边经济发展与对外开放的效果突出。

同时，边境口岸还存在着一些薄弱环节与不足之处，在"十四五"时期，需要进一步加快口岸建设步伐。

第四个分报告是关于边境经济合作区的调研报告。边境经济合作区建设已经接近30年，在中央和地方政府的支持下，边境经济合作区建设取得一定发展成效，但是目前也面临一定发展问题与矛盾。尽管边境经济合作区建设规模不大、层次不高、影响有限，但是课题组认为，边境经济合作区建设不可或缺、不可言喻、不可限量、不可轻忽、不可高估、不可止步，并在此基础上提出了一系列政策建议。

从第五到第八个分报告，都是关于对西双版纳进行考察后的专项调研报告，都着眼于加强"一带一路"建设与兴边富民行动的战略衔接，涉及西双版纳对外开放、精准扶贫、兴边富民和边境农场发展。

调研西双版纳沿边地区对外开放，是课题组的一项重要研究任务。在对西双版纳州商务局、西双版纳州发改委等部门调研后，课题组认为，西双版纳州在对外开放上贯彻了中央和云南省的一系列政策方针，出台了许多支持"一带一路"倡议和加大沿边开放的措施，取得了明显的开放成效。但是，西双版纳在开放中也遇到了一些问题，其中一些问题需要在国家层面上加以解决。课题组据此提出了一些政策建议。

精准扶贫是党中央确定的全面建设小康社会的重大方略，在沿边地区推动精准扶贫，有助于改善沿边经济社会发展基础，奠定扩大开放的良好形象。按照中央部署，西双版纳通过精准识别、建档立卡，确立了贫困人口的范围，在此基础上开展了多元化精准帮扶，扶贫效率十分明显。但贫困人口如何在全面小康后，按照高标准实现可持续性脱贫，依然需要多方面政策支持。同时，贫困户也需要转变观念，不断提升自身能力，尽可能在市场经济大潮中实现自主性内生性脱贫。

兴边富民行动是从国家民委到地方民委一直着力推进的主要工作，也是课题组调研重要内容之一。在对西双版纳调研中，课题组对自治区民宗委、发改委和扶贫办等部门进行了调研，了解到西双版纳州兴边富民行动的实施进展。客观地说，云南省在实施兴边富民行动上是十分尽力的，甚至曾专门动员资源搞"大会战"，创造了有利于兴边富民的良好环境。政策实施的努力，也得到社会各界的认可，成为云南民族团结示范区建设中的重要成果。课题组在调研中，对西双版纳落实兴边富民行动的相关政策努力进行了总结，也发现了一些需要改进的问题，提出了一些政策建议。

边境农场调研报告对以往兴边富民政策关注不足的类型区给予新的关注。课题组在西双版纳调研期间，发现边境农场的发展和民生问题比较突出，因而专门花费时间和精力对西双版纳农垦局和边境农场做了专题研究。事实上，边境农场、边境林场等问题，从国家到各省区没有统一的政策。即使在云南，各地做法也不一样。比如，文山州把边境农场纳入兴边富民政策补助范围内，边境农场工人与其他人员一样，可获得边民补助。而西双版纳州因边境农场数量较多、地方财政困难等因素，农场职工没有享受到边民补助。调研报告对边境农场橡胶产业发展以及农场职工的生活状况予以特别关注，并有针对性地提出改善边境农场发展状况和改善农场职工生活的建议。课题组希望，在"十四五"时期，国家相关政策对诸如边境农场、边境林场、边境团场问题予以特别关注和具体化的政策扶持。

原国家民委副主任陈改户先生对本课题高度关注，对课题组的研究给予大力支持、悉心指导和具体帮助。国家民委经济司张志刚司长、中央民族大学黄泰岩校长对课题组研究积极关心，给予研究指导。中央民族大学经济学院院长张丽君教授、国家民委经济司黄春霞处长给予课题组多方积极协助。商务部外资司、云南省民宗委、西双版纳州民宗委相关领导都费心费力，在百忙公务中提供资料，安排座谈，为课题组的调研开展发挥了重要作用。另外，宁夏生态文明智库主任宋乃平教授、中央民族大学经济学院副院长王润球博士对课题开展给予关心与支持。著名经济学家、本丛书顾问汪海波先生一如既往地关心课题组的研究与出版工作，多次问询了解情况。课题管理单位中国社会科学院工业经济研究所相关处室进行了必要协助。在课题组调研中，商务部外资司、云南西双版纳州民宗委、扶贫办、发改委、工信局、商务局、外事办、统计局、农垦局、勐腊县民宗局等部门的领导与专业人员，对课题组调研工作提供了大量协助，不仅召开专门会议介绍情况，还提供了大量资料。在扶贫办挂职的西双版纳州委党校学者高琳女士，不仅做了大量的沟通协助工作，最后还参与到课题组的研究工作中来，为课题组专门贡献了关于西双版纳精准扶贫研究章节。对此，我们深表谢意。

本书是我、云南学者高琳与我的两位博士生梁娜、陈凡共同合作的结果。各部分执笔人如下：总报告：周民良；分报告之二：梁娜；分报告之五：周民良、梁娜；分报告之六：高琳；分报告之七：陈凡；分报告之一、之三、之四、之八：周民良。

区域高质量发展要以新发展理念为指导，新发展理念的五大重要支撑之一是开放发展。推动沿边地区的对外开放，符合区域高质量发展的要求。因而，本书作为区域高质量发展研究丛书的组成部分，得到经济管理出版社的支持。张艳副社长亲自为课题出版多方协调，大力支持，责任编辑乔倩颖等在著作出版审稿过程中兢兢业业，一丝不苟，对课题组帮助巨大。对此，我们表示感谢。

当然，作为一个应用经济与政策类研究，本书主要着眼于从政策调研角度分析问题和提供解决思路。不过，写作者因为自己的调研范围、知识积累、个性化价值判断、专业化研究视野局限等限制，撰写出来的研究报告难免存在种种不足，难以把沿边开放这样一个具体宏大的思路与政策方向描写得准确、清晰与合乎各方需要，提供的方案也仅是一家之言，仅供参考。而且，由于各种各样的原因，这一著作中各类错漏一定在所难免，希望社会各方予以指教与批评。

周民良

2020 年 6 月 15 日